KB144285

**문화로 먹고살기**

경제학자 우석훈의 한국 문화산업 대해부

# 문화로
# 먹고살기

우석훈 지음  김태권 그림

반비

일러두기

1. 각 절의 말미에 있는 QR 코드는 본문의 내용과 관련된 자료들을 제공하기 위해 편집부에서 정리한 것
이다. 해당 자료들은 2011년 3월을 기준으로 하며 추후에 업데이트될 수 있다. 한꺼번에 자료를 보고자
하는 독자들은 반비 블로그(banbi.tistory.com)에서 전체 내용을 확인할 수 있다.

경제학은, 쉽게 표현하면 돈에 관한 학문이다. 경제학자로 살아가면서 내 눈에 가장 먼저 들어오는 것은 돈이다. 돈은 어디에서 와서 어디로 가나, 사람들이 세끼 밥은 제대로 챙겨 먹고 사나, 그 정도 돈은 버는 걸까……. 이렇게 돈을 중심으로 세상을 본다. 고전경제학에는 노동이 가치를 만들어낸다는 '노동가치'라는 개념이 있었는데, 21세기에 경제학에서 가치를 찾자면 '부가가치' 정도뿐이다. 역시 화폐로 표현되는, 돈에 관한 개념이다. 부가가치를 다 더하면 국민소득이 된다. 그러나 돈을 중심으로 세상을 보는 경제학의 눈은 '돈을 위해서' 혹은 '돈만을 위해서'라는 눈과는 좀 다르다.

경제학과 경영학의 차이를 종종 물어오는 사람이 있다. 경제학은 국민경제를, 경영학은 기업을 다룬다고 말할 수도 있을 텐데 이것은 정직한 대답은 아니다. 경영학은 원래 2차 세계대전 때의 작전계획(Operation Research: OR)에서 분화한 학문인데, 이걸 우리말로는 계량

경영학으로 번역한다. 나는 다른 경제학자보다는 경영학 공부를 많이 한 편인데, 로지스틱과 관련된 계산기법이 필요했고, 환경경영이나 기술경영 같은 문제를 기업에서 다루어야 했기 때문이기도 하다. 현실적으로 경제학과 경영학을 구분하자면, 경제학은 학부에서부터 기초학문으로 배우는 것이고, 경영학은 다른 분야의 공부를 한 사람들이 기업 업무에 활용하기 위해 대학원에서 배우는 것이라 할 수 있다. 현대 경제학은 가치, 철학이라는 단어를 잊어버렸는데, 오히려 현대 경영학은 가치라는 덕목을 다시 찾아가는 중이다. 가치경영이라는 단어는 이제 그리 어색하게 들리지 않는데, 기업의 지속 가능성은 세상이 요구하는 가치를 어떻게 기업 경영에 잘 반영하느냐에 달렸다는 식으로 이해할 수 있다. 기업이 오로지 이윤 극대화를 위해서 움직인다는 것은 경제학에만 남아 있는 이데올로기일지도 모른다. 진짜 기업 경영자들은 자신의 기업이 오래오래, 혹은 영원히 살아남기를 더 바란다.

돈과 가치 혹은 사회가 가져야 할 덕목들을 어떻게 연결할 것인가, 이것은 나의 오래된 질문이다. 그러나 나는 가치보다는 돈을 먼저 생각한다. 돈이 어디에서 와서 어디로 가는가를 분석하는 사람은, 돈 되는 일만 하는 사람과는 조금 다른 시각을 갖고 있다. 기아에 허덕이는 사람들을 위해 기도하는 것은 아름다운 행동이다. 그러나 경제학자는 좀 다른 고민을 한다. 어떻게 하면 기아 상태의 아동들에게 밥이나 빵이 가게 할 것인가, 그리고 궁극적으로는 어떻게 저들이 스스로 먹고살 수 있는 경제 시스템과 지원 장치를 만들 것인가, 그런 고민을 하는 것이다.

이런 시각을 한국 경제의 약한 고리들, 문화, 농업, 과학기술, 그리고 정당과 언론이라는 분야에 적용해보자는 것이 이번에 펴내는 경제대장정의 세 번째이자 마지막 시리즈, '응용경제학'의 기본 개념이다. 이 시리즈의 네 권을 끝으로, 지난 수년간을 끌었던 경제대장정 시리즈도 열두 권으로 완간된다. 누구나 중요성을 인정하지만 한국에서는 점점 더 소외되고 살 길을 찾기 어려운 분야, 이쪽이 잘돼야 한국 경제가 튼튼해질 뿐 아니라 장기적인 안정성도 높아진다고 볼 수 있는 분야, 하지만 이 상태로 내버려두면 시름시름 앓고 여기에 관련된 많은 사람이 제 목숨을 버리고 말 분야들이기도 하다. 우리에겐 참 잔인한 구석이 있는 것 같다. 농민들이나 젊은 문화인들의 자살이나 죽음에 대해서도 무덤덤하고 쉬 냉담해지는가 하면 금세 잊는다. 이처럼 사악한 구조에서 생기는 비극을 그저 나약한 마음 탓으로 돌리면 문제는 절대 해결되지 않는다.

문화는 본질적으로 돈과는 별 상관이 없는 영역이다. '하고 싶다.'는 동기가 워낙 강렬한 분야라서, 넉넉하든 가난하든 새로운 문화 분야의 지망생, 즉 '문화 생산자'들은 계속 생겨난다. 지금의 10대와 20대는, 적어도 전 세대에 비해 문화 생산자나 기획자로 살아가려는 욕구가 강렬한 것 같다. 분명히 좋은 흐름이고, 새로운 에너지이다. 그러나 이 사회에는 그런 에너지를 경제의 원천적 에너지로 전환시킬 장치가 아예 없다. 아니, 그것이 중요하다는 생각 자체를 못 하는 듯하다. 문화경제라는 시야도 없고 전체적인 구조를 조망해본 적이 없으며 잘해야 수출역군 정도로만 본 것 같다. 그러나 '한류 열풍'과 산업화 담론이 문화와 예술을 지배하던 지난 수년 동안 현장은 참

담한 속살을 드러내고 있었다. 그리고 이러한 경향은 더욱 강해지고 있다.

2010년대, 새로이 문을 연 이 시기에 우리가 해야 할 첫째 과제를 꼽자면, 바로 '문화로 먹고살기'이다. 문화 부문에서 더도 말고 지금보다 딱 두 배만 더 많이 고용할 수 있다면, 한국을 지배하는 토건 경제의 문제도 어느 정도 해소할 수 있고, 다음 세대 일자리 문제도 실마리를 잡을 수 있다. '하고 싶은 일을 할 수 있게 해주자. 이런 자연스럽고 인간적인 소망을 외면하지 말자'. 바로 이런 이유들로, 지금 문화경제로의 전환이 시급하다.

가끔 나이 지긋한 기성세대들이 '쟤들은 자기들이 뭘 하고 싶은지도 몰라.' 그렇게 혀를 차는 걸 보게 된다. 물론 20대에게 하는 말이다. 그렇지 않다. 그들이 하고 싶어하는 일들이 있다. 한국의 많은 젊은이들은 그 어느 때보다 강렬하게 문화 소비자가 아니라 문화 생산자나 기획자로 살고 싶어한다. 다만 그 길이 아주 좁고, 경제적으로 실현 불가능한 꿈이라는 사실을 알기 때문에 심드렁한 반응을 보이는 것이라고 할 수 있다. 하고 싶은 일이 없는 게 아니라, 하고 싶은 일을 할 방법이 없고 길이 보이지 않는다. 그것이 정확한 진단인 듯하다. 배우든, 영화감독이든, 사진작가든, 할 수만 있다면 그런 직업을 갖고 살아가려는 청춘이 1980년대보다 두 배 이상은 늘어난 것 같다. 하지만 그 욕구를 실현할 장치가 없다.

하고 싶지 않은 일을 원하게 만드는 재주는 경제학에서 가르칠 수도 배울 수도 없다. 그러나 우리 사회에 해롭지 않은 나름의 동기가 있을 때, 그 길을 열어주는 구체적인 제도나 경제적 장치를 디자인하는 방법은 경제학에 있다. '문화로 먹고살기', 이것이 다음 단계의 진화를 열어주는 문이라고 생각한다.

　서문을 빌려 영화 이야기를 조금 해보자. 브라질이든 멕시코든, 일단 자국 영화가 죽었다가 다시 살아난 예가 영화사에 없다. 우리에게 주어진 시간이 그리 많지 않다는 이야기다. 나머지 분야도 매일반인 것 같다. 영화를 살리고 국민경제를 문화경제 쪽으로 전환하는 것과 20대가 원하는 일자리를 제공하는 것은 현 시점에서 서로 긴밀한 관계가 있다.

　방송, 출판, 음악, 모두 나름의 문제점을 가지고 있는데, 버라이어티쇼를 제외하면 사정이 좋지 않다. 리얼리티쇼에서 오디션쇼로 전환되고 있는 버라이어티쇼의 성공에는 다 이유가 있을 법한데, 어쨌든 각 분야의 문제를 푸는 방법이 있을 것이다. 우리는 시장과 국가 사이에 시민이라는 주체를 설정하는 대신 그들을 소비자 취급이나 하지 않았던가? 그러다간 한국의 문화는 결국 길을 잃고 말 것이다.

　혹시 이 책을 집어든 20대 중에서 문화 생산자 혹은 문화 기획자를 자신의 삶으로 이미 선택했거나 선택하려는 분이 있다면, '협업'이라는 단어의 의미를 한번쯤 생각해보셨으면 좋겠다. 영화, 드라마 혹은 연극과 같이 대표적인 종합예술은 물론이고, 음악도 기본적으로는 협업이라는 시스템에서 굴러간다. 노래를 아주 잘 불러서 그걸로 충분히 먹고살 만한 20대가 있다고 치자. 기획자와 더불어 수많은 조력자들의 협업 없이는 공연 자체가 불가능하다. 하다못해 표 파는 사람 혹은 포스터를 붙이는 사람들이라도 필요하다. 바로 이것이 문화 분야의 특징이다. 영화나 드라마는 작은 현장이라도 수십 명 이상이 동시에 움직이는 곳이다. '혼자 일하기'를 좋아하는 20대들이 문화 분야를 전공하고 싶어할 수 있지만, 고독한 천재형보다는 협업에 익숙한 사람들이 자기 재능을 발휘하기에 더 유리한 경우가 많다. 물론 그렇다고 줄만 잘 서서 인맥을 구축하란 얘기는 아니다. 하지만 협업이라는 문화 분야의 특성상, 골방에 처박혀서도 혼자 뭔가 잘할 수 있다고 믿는 게 좋은 생각은 아니다. 협업에 익숙해지기, 그런 것을 좀 고민해보면 좋겠다. 착취가 아닌 협업, 2010년대 한국 사회는 아직 이것에 미숙하다. 그러나 다른 경제 분야와는 달리, 극단적인 개별적 계약관계가 문화 분야에서는 그리 효과적으로 작동하지는 않을 것이다. 아마 앞으로도 그럴 것이다. 문화 분야에서도 계약서는 중요하지만, 그렇다고 계약에 의한 관계가 전부는 아니다. 문화 분야는, 상징적 자본 혹은 비경제적 가치와 아름다움을 다루는 곳이라서, 협업에 익숙해질 필요가 있고, 거기에 따른 새로운 관계들을 우리는 계속해서 만들어나가야 한다.

이 책이 나오기까지 너무나 많은 사람들에게 도움을 받았다. 편집자인 김희진 씨, 그림을 그려준 김태권 씨에게 각별히 감사드린다. 김선아 씨와 반비 여러분에게도 감사를 드린다. 영화에 관해 조언을 아끼지 않은 조철현 타이거픽처스 사장과 변영주 감독에게도 깊이 감사드린다. 경제학자인 내게 진짜 스승이 있다면, 바로 「짝패」의 류승완 감독이다. 아울러 그의 아내이자 영화사 외유내강의 대표 강혜정 씨의 자문에도 감사드린다. 배우에 관한 장에서 스타들의 애환을 가감없이 들려준 배우 박중훈 씨에게도 감사드린다. 드라마 「커피 프린스 1호점」의 이윤정 PD에게도 이 기회를 빌려 감사의 뜻을 전한다.

잡지에 대한 시각을 새롭게 해준《바자》의 김경 차장,《한겨레 21》의 안수찬 기자에게도 고마움을 표한다. 대중음악 분야에서의 여러 고민거리에 대해 허심탄회하게 이야기해준 붕가붕가레코드의 곰사장, 연극에 대한 자문을 해주신 나진환 교수, 여러 태권도 사범님들, MBC 사장 시절의 이야기를 들려주신 최문순 강원도지사께도 감사드린다. 수많은 분들의 조언과 자문을 받아 쓸 수 있었던 책이다. 도움을 주신 분들을 일일이 열거하기도 어렵다. 그 모든 분들에게 진심으로 감사드린다.

# 차례

## 1장  방송은 이제 언어다

## 2장  텍스트는 문화의 기본

# 프롤로그

## 1

    2008년 8월 목동 SBS 본사 23층에서 젊은 작가가 뛰어내리는 안타까운 사건이 일어났다. 지난 수년 동안 문화경제학이라는 주제를 붙들고 현장을 돌아다녔지만 이 사건처럼 안타까운 일은 많지 않았다. 방송작가는 글 쓰는 일이 업이니만큼, 전문성과 감수성 등 글쓰기에 필요한 자질을 갖출 만큼 갖춘 사람이라고 할 수 있다. 그에게 현실은 너무나 춥고 배고프고 외롭게 다가온 듯하다. 거기에는 경쟁은 심하고 미래는 불투명한, 비정규직을 단물 빼먹듯 부리는 방송사의 특수 구조가 도사리고 있다. 그런데 젊은 작가의 죽음 이후 작가들의 삶은 개선되었을까? 아니, 오히려 더 힘들어졌다. 방송 제작비 절감이라는 명분으로 PD로 하여금 직접 대본을 쓰게 하는 일이 일어났을 정도다. 영화 쪽 일이지만, 시나리오작가 최고은의 죽음은 그야말로 사회적 타살이라고밖에 달리 표현할 수가 없다.

    한쪽 끝에 제대로 빛을 보지 못한 방송작가나 시나리오작가의 죽음이 있다면, 또 다른 끝에는 「겨울 나그네」(1986년)와 「청춘」(2000년)의 곽지균 감독의 자살이 있었다. 안성기와 강석우 그리고 이미숙을 캐스팅해 청춘 로맨스의 전성기를 열었던 곽지균 감독의 자살 뒤에는 돈이, 경제가 숨어 있었다.

그리고 너무나 화려했던 한류 스타 박용하의 자살이 있었다. 드라마 「겨울연가」, 「온에어」 등의 성공으로도 안정된 삶을 보장받지는 못한 것 같다.

가장 어두운 곳에서 가장 화려한 곳까지, 문화라는 영역이 생각과는 달리 탄탄하지 못할뿐더러 구석구석에서 불안과 고독은 트렌드로 굳어가는 듯하다. 그동안 국립오페라단을 비롯해 한국 문화계에서는 비정규직화가 고착되었고, 영화계를 비롯해 각 부문 스태프들의 삶은 더욱 팍팍해졌다. '문화경제'라는 구호를 내걸고 싶지만, 20대에게 문화 생산자의 삶을 이야기하는 게 과연 책임질 만한 일인가, 이런 생각을 종종 하게 된다. 생태학에 익숙했던 나에게 문화경제학은 생태학과 마찬가지로 작은 것들을 지키고, 조금씩 죽어가는 것들을 위해 눈물 흘리는 것이었다. 또 한편 불도저와 트랙터에 익숙해진 한국 경제에 꿈과 노래가 돌아오게 하는 일이기도 했다. 문화경제, 어쩌면 이제부터 우리 모두 함께 만들어볼 가치가 있는 영역이 아닐까 한다.

## 2

존 스튜어트 밀이라는 아주 멋지고 낭만적인 학자가 있다. 경제학자로 유명한 제임스 밀의 아들이다. 지독한 아버지 제임스는 평생의 라이벌이었던 맬서스를 아들이 이겨주기를 바랐다. 아들 밀은 다섯 살 때 라틴어를 떼는 등 지금까지도 경제학 사상 최고의 천재로 불리는 사람인데 그만 옆집 유부녀와 사랑에 빠졌다. 사실 존은 자신의 사랑에 반대하는 아버지와 결별한 후에 비로소 제대로 된 경제학자가 되었다. 아들 밀은 그 여인의 남편이 사망할 때까지 기다려서 결국 결혼을 했다. 여성에게도 투표권을 주자는 연설을 했던 최초의 국회의원이 바로 존 스튜어트 밀이다. 그런 그가 자신의 주저인『정치경제학 원론』에서 우리의 미래를 상상한 바 있다. 요약하자면, 언젠가 더는 경제성장을 할 수 없는 시절이 올 텐데, 그때가 되면 사람들은 바보같이 억지로 경제를 키우려 하기보다는 문화를 가꾸고 역사를 공부하면서 발전을 계속하리라는 이야기다. 존 스튜어트 밀 이전의 학자들은 이를 아주 '우울한 상황'이라고 생각하거나, 그때가 와도 혁명으로 기존 사회를 뒤엎고 더 열심히 일하는 사회로 바꿀 수 있다고 주장했다.

밀의 이 발랄한 상상은 바로 무시되었다. 인간은 생산하는 기계로 묘사되었고 경제의 노예 비슷한 존재가 되었다. "논다." 이는 어느덧 악덕으로 여겨졌고, 우리는 노동하는 주체로 정체성을 정립해 나갔다. 그런데 웬걸? 1987년 노동자 대투쟁 이후 한국 기업들은 노동자 대신 아예 로봇을 공장에 전격 투입했다. 한때 블루칼라와 화이트칼라 같은, 셔츠 색깔과 넥타이를 표지로 삼아 남자들을 구분했는데, 20년 넘게 로봇을 부려먹다 보니 사람은 놀고 로봇이 일하는 시대가 어느덧 눈앞에 보이기 시작했다. 석유화학 공장에서 사람은 상황실에만 있다. 10억 원이 투입되면 자동차 공장에서는 1.6명, 석유화학 공장에서는 고작 0.37명이 더 고용된다. 로봇은 월급도 받지 않고, 지치지 않고, 불평하는 법도 없으며, 수명이 끝나면 조용히 폐기될 뿐이다. 자, 이제 사람들은 무엇을 해야 하나? 로봇은 일하고 사람은 놀면 되나? 하지만 이건 사회주의국가나 복지국가에서나 할 법한 이야기고, 지금 우리가 발 딛고 선 2011년 한국에서 돈 못 버는 사람이 서 있을 곳은 없다.

자, 이 상황에서는 어떡하든 로봇들 틈바구니에서 사람의 가치를 찾고, 존재 이유("저 이런 것도 할 수 있어요.")를 찾아야 하는데, 사실 좀 비참하다. 기계를 유지·보수하거나 기계가 하기 어려운 오토바이 피자 배달 같은 일자리만 남게 되는 건 아닐까? 이제는 로봇이 하기에는 너무 고급스러운 일, 아니면 너무 구질구질해서 로봇을 투입하기도 아까운 일, 이렇게 두 가지 일만 남는 건 아닐까?

수년 전에 스위스에서 로봇 논쟁이 벌어진 적이 있다. 유기농 농장에 로봇을 투입하는 일이 진짜 유기농인가, 혹은 도덕적으로 정당한 일인가, 뭐 그런 내용이다. 농약과 제초제를 사용하지 않으면 결국 사람이 힘들게 잡초를 뽑아야 한다. 그런 이유로 유기농 농산물은 키우기도 어렵고 값도 비싸다. 그렇다면 여기에 로봇을 투입하면? 물론 로봇을 운용하기 위해 사용하는 에너지 문제 따위로 시비가 생길 수도 있겠으나 그것도 태양광으로 자체 조달한다면 더 뭐라고 하기도 어렵다. 카타르 월드컵경기장의 냉방을 태양광 에너지로 하겠다는 시대가 아닌가? 물론 아직은 로봇을 운용하는 비용보다는 사람 임금이 싼 경우가 많다. 아마 우리가 살아 있는 동안에는 최소한 농업은 사람의 일이겠지만, 다음 세기에는 어떤 모습일지 미리 알기는 어렵다.

극단적으로 이야기하면, 먼 미래에 인간이 하는 일이란 지시하는 일과 가르치는 일 그리고 노는 일, 딱

세 가지만 남을 개연성이 높다. 아, 「공각기동대」처럼 로봇과 관련된 일을 수사하는 일자리가 생길 수도 있을 것이다.

## 3

문화와 예술, 이런 것들이 한국 경제에서 차지하는 위치, 혹은 앞으로의 위상과 가능성 등을 생각해본 지 3~4년 된다. 그동안 많은 사람을 만났고, 정권이 바뀌면서 생각보다 많은 변화가 생겼다. 2008년부터 《시사인》이라는 주간지에 '경제프리즘'이라는 제목으로 문화경제학 관련 글을 연재하면서 단행본을 출간하기로 했으나 이 계획이 좀 지연되었다.

문화경제학과 생태경제학의 형식적 공통점은 '가치평가'에 대한 해석에서 시작한다는 점이다. 생태경제학의 출발점 가운데 하나는 생명의 가치 혹은 생태계의 가치처럼 우리가 지키고 보존해야 할 것에 대한 논의다. 지키려는 사람은 조금이라도 더 비싸게 가치를 매기려 하고, 파괴하려는 사람은 "별 보존 가치가 없다."면서 조금이라도 가치를 깎으려 한다. 문화경제학에서도 마찬가지 논란이 나온다. 남대문 경비 회사에는 얼마를 지출하는 게 좋을까? 결국 너무 낮은 가치를 매겨 헐값에 경비를 맡겨 화재가 난 것 아닌가? 오래된 서울시청사를 보존하는 것이 좋을까, 아니면 지금처럼 파사드만 남기고 부수는 것이 좋을까, 이 역시 "얼마냐?"를 둘러싼 가치평가의 문제이다. 4대강 개발로 훼손되는 자연과 문화재에도 가치평가의 문제가 숨어 있다. 별 가치 없다고 생각하는 개발업자와 그렇지 않다고 생각해 그것을 지키려는 사람들……. 상당히 오래전부터 생태와 문화는 생각보다 밀접한 관계를 맺고 있었다. 제주도 사투리는 우리에게 어떤 가치가 있는가? 과연 많은 돈을 들여 보존할 가치가 있는가, 아니면 그냥 사라져도 아무 상관없는 것인가? 이렇게 지키려는 사람과 파괴하려는 사람 사이의 실랑이가 문화경제학의 중요한 부분을 형성한다.

하지만 나는 문화경제학을 좀 다른 관점에서 접근해보려 한다. 이는 기존의 문화담론 혹은 문화사회학 같은 담론 중심의 접근과 내가 새롭게 시도해보려는 문화경제학의 차이점이기도 하다. '문화로 먹고살기'라는 제목을 달았는데, 이건 노동경제학과 연관 지어, 고용을 전면에 내세워 새로운 삶의 터전인 문화라는 특수한 시장에 접근해보겠다는 의미를 가지고 있다. 문화를 배들의 모임, 즉 선단이라고 한다면, 이 선단에 얼마나 많은 사람이 올라타 항해할 수 있는가, 어떻게 하면 더 많은 사람이 이 배에 탈 수 있는가, 이런 질문을 해보고 싶었다. 물론 우리 모두가 문화라는 배에 탈 수 있다고 생각하는 것은 아니다. 그러나 지금보다는 더 많은 사람들이 이 배에 탈 수 있지 않을까? 그런 질문은 던질 수 있을 것이다.

항해로 계속 비유해보면, 한국에서는 많은 사람이 대기업이라는 선단에 타고 싶어하는 듯하다. 실제 거기에 있는 사람들은 어떻게 생각할지 모르지만, 이 배는 유조선이나 컨테이너선 같은 화물선이다. 효율성이 우선이고, 배의 주인공은 화물인데, 선주는 따로 있다. 돈은 물론 선주가 벌어간다. 회사원들은 석유나 컨테이너 따위를 모시는 입장이고, 그런 일을 하는 대가로 월급을 받는다. 대양에서 화물선은 항해의 안정성은 보장한다. 1등항해사 이상은 넥타이를 매고 있어 폼도 난다. 공무원들이 타고 가는 배는 아마 군함이나 경비정 정도로 생각할 수 있을 것이다. 여기서는 대포와 미사일 등이 주인공 노릇을 한다. 항공모함이라면 전투기들이 배의 주인공일 것이다. 군함은 강력하지만 항해는 생각보다 거칠고 위험하다. 언제 전투에 돌입하거나 긴박한 작전에 투입될지 모르기 때문에 긴장감은 매우 높다. 별로 할 일이 없을 때도 군함은 늘 분주하게 돌아간다. 아무 일도 없을 때에도 훈련이라는 이름으로, 특히 함장이 바뀔 때에는, 괜히 바쁘다. 전력 생산은 민간에서 할 수도 있고 정부가 할 수도 있는데, 우리는 공기업 형태로 정부가 직접 생산하는 방식을 취하고 있다. 국가 기간산업이라고 해서 평소에는 폼 나지만, 더울 때나 추울 때나 전력예비율에 문제가 생기면 한전 사무실 전기부터 차단한다. 직접 전력을 만들면서도 정작 자기 사무실에는 공급할 수 없는 순간, 전투력을 잃은 군함이나 마찬가지 신세가 되는 것이다.

문화를 배에 비유한다면 유람선과 같다. 그중에는 10만 톤급의 크루즈도 있고, 작지만 아주 비싼 디럭스 요트도 있으며, 그야말로 돛단배 같은 범선도 있을 것이다. 요즘은 소형 어선들이 아예 낚시꾼들의 관광용 배로 전업하는 경우도 있다. 이런 어선도 사실은 유람선이다. 놀기 위한 배가 아닌가. 유람선에서 비로소 화물이나 무기가 아닌 사람이 주인공이 된다. 이 배는 안전해야 할 뿐 아니라 즐겁고 편안해야 한다.

수송선은 거기에 실을 수 있는 화물의 크기와 배의 속도로 유용성이 결정된다. 군함은 주포의 화력이나 (예를 들면) 적재한 토마호크 미사일의 파괴력으로 유용성을 평가한다. 그렇다면 유람선은? 바로 재미다. 특별한 목적을 가지고 유람선을 타는 사람은 거의 없다. 보통은 원래 출발했던 항구로 다시 돌아오지만 아무도 불평하지 않는다. 가끔은 다른 항구에 내려서 아예 집으로 돌아가버려도 된다. 값으로 치면 자장면 한 그릇과 영화 한 편이 경쟁하는 셈인데, 영화를 보고 나서 자장면처럼 몇 칼로리를 섭취했는지 알 수 있는 것도 아니고 그렇다고 포만감을 느낄 수 있는 것도 아니다. 영화를 보고 나면 아련한 잔상만 남는다. 그래서 문화의 유용성은 정확히 측정하기 어렵다.

내가 생각하는 문화경제학은 우리가 탈 수 있는 유람선을 더 크고 안전하게 만들어 많은 사람이 타고 즐기는 방법을 연구하는 것이다. 한 번 타면 다시는 내리고 싶지 않은 배를 어떻게 만들까 하는 것이다. 그런 점에서 문화사회학이나 문화분석과 비교하자면 연구대상은 같지만 접근방식이 좀 다르다. 나는 크루즈에서 뭘 하고 놀아야 한다거나 어떤 프로그램을 운용해야 한다는 이야기는 가급적 하지 않으려 한다. 좋은 문화, 나쁜 문화, 좋은 드라마, 나쁜 드라마, 그렇게 말하지는 않을 생각이다. 물론 나도 나름의 취향이 있어서 좋아하는 것과 좋았던 것에 더 많은 분량을 할애할지도 모른다. 문화 분야에 포함하기 어려운 스포츠를 한 장으로 다루는 이유는 그저 내가 스포츠를 중시하기 때문일 수도 있다. 하지만 나는 경제학자로서, 배 자체에 관심이 있을 뿐만 아니라 이에 더해 항해의 기술적 측면에 더 관심을 기울인다.

나쁜 문화에 대한 이야기는 누군가에게 배에서 내리라고 하는 말인데, 그건 내 일이 아닌 듯하다. 만약 나쁜 게 있다 하더라도, 더 재미있고 유쾌한 것들을 많이 만들어 우점종이 되도록 하면 되지 않겠는가. 재미는 재미로 극복해야지, 힘으로 누르려 해선 안 된다는 게 평소 소신이다.

배를 만들고 정비하는 일은 배를 타고 즐기는 것에 비해서는 좀 구질구질하고 귀찮은 작업이다. 영화감독을 만났는데, 영화의 내용에 대해선 일언반구도 없이 사무실 운영비와 일하는 사람들의 월급, '단가 후려치기' 따위를 물어보는 건 좀 구질구질하다. 기껏 만나고 싶었던 스타를 만났는데, 연소득과 경비 지출 그리고 고용안정성 같은 것을 물어보면서 나도 자신이 좀 한심스럽다는 생각을 했다. 그러나 경제학자라는 사람은 원래 이런 사람이다. 사실 수치와 통계를 다루는 것이 현장 조사보다는 더 편하다. 그러나 이번 작업을 하면서 나는 몸으로 때우는 방식을 선택했다. 물론 이걸 필드스터디, 필드워크 따위로 고상하고 우아하게 부를 수도 있다. 그러나 실제 현실은 '몸빵'에 가까웠다. 이렇게 할 수밖에 없었던 이유는, 기존 보고서들이 대개 '문화산업'이라는 이름으로 유람선을 전함으로 만들려 했기 때문이다. 그들은 유람선이 대포를 장착해 정부 기능을 수행하거나 사람 대신 화물을 잔뜩 실은 수출역군의 화물선이 되기를 바랐던 것 같다. 이렇게 하면 배는 힘이야 좋아지겠지만 재미는 없어진다. 내가 생각하는 유람선의 주인은 바로 사람이다. 그걸 군함이나 화물선 취급을 하고 싶지는 않았다.

"연극이 끝나고 난 후, 혼자 객석에 앉아……"

문화나 예술이라는 것을 들여다보는 눈은 몇 가지가 있다. 비평가의 눈은 소비자를 대변한다. "자, 이렇게 해봐, 저렇게 해봐, 왜 이렇게밖에 못 했어……" 이런 시각은 아주 고급스럽기는 한데, 기본적으로는 관객이나 관중, 요컨대 소비자들의 시선이다. 물론 최근에는 비평가들의 시선이 좀더 복합적이고 자율적으로 바뀌었다. 시청자나 청취자, 관객, 관람객, 독자, 이렇게 분야에 따라 다양하게 불리는 사람들은 때로 시민이나 국민이라고도 불린다. 하지만 어쨌든 시장을 중심으로 보면 소비자들이다. 물론 이 사람들이 문화라는 유람선에서는 고객이고 배의 운명을 결정한다는 사실은 변하지 않는다. 아무리 자체 평이 좋고, 평론가들의 호평이 뒤따른다 하더라도 영화를 보기로 최종 결정하는 사람은 결국 관객이다. 관객은 정말 까다롭고 변덕스럽다. 많은 사람이 소비자들의 취향도 직접 만들 수 있다고 생각하지만, 그런 경지나 수준에 이른 사람은 많지 않다. '트렌드 세터'라고 부를 수 있는 경지에는 드라마작가인 김수현 정도나 도달하지 않았을까? 소비자의 눈으로 보는 것은 현실을 통해서 본다는 장점이 있지만, 그 작품이 만들어진 경로나 이면의 구조를 은폐하는 속성이 있다. 그래서 연극 공연을 위해 조명이나 세트 혹은 소품들을 담당했던 사람들은 곧잘 잊혀진다. 상품으로 보든 예술로 보든 문화 작업은 결코 혼자 하는 일이 아니다. 거기에는 수많은 기획자와 생산자들이 때로는 스태프로, 때로는 2차 생산자로 참여한다. 그래서 생태학의 용어를 차용하여 '문화생태계'라는 개념을 사용한다면 문화계야말로 전형적인 생태계의 모습을 보여준다. 스타 연예인 한 사람 뒤에서는 수십 명이 그를 뒷받침하는데, 때로는 이 숫자가 100명이 넘어가기도 한다. 스타 감독의 경우도 마찬가지이다. 이처럼 뒤에 있는 사람들이 「살인의 추억」에서 송강호가 내뱉었듯이 "밥은 먹고 다니냐?", 이것이 바로 내가 문화경제학을 고민하면서 현상을 살펴볼 때 했던 생각이다.

　　그런 점에서 돈을 댄 사람 혹은 회사의 관점에서 문화를 보는 시선도 분명 존재한다. 문화 마케팅이나 스포츠 마케팅은 경제학보다는 시각을 좁혀서 특정 분야나 업체를 중심으로 분석한다. 경영학과 경제학은 돈을 중심으로 분석한다는 점에서는 유사하지만 누구를 중심으로 혹은 어떤 범위에서 볼 것인가에 따라 미묘한 차이가 생긴다. 경제학은 CEO나 오너의 입장에서만 보지 않고 사물을 더 넓은 차원에서, 기본적으로는 국민경제라는 틀에서 바라본다. 회사 입장에서는 관객 1000만 명이 드는 영화 한 편이 나을 수 있지만, 건전한 국민경제라는 관점에서는 관객이 10만 명 드는 영화 100편이 더 나을 수도 있다. 고용효과나 다양성이라는 관점에서 보면 그렇다. 마찬가지로 근사한 오페라하우스 하나 있으면 멋있어 보이기는 하지만, 그 돈으로 100명 정도를 수용할 수 있는 1000개의 소규모 공연장을 짓는 편이 나을 수도 있다. 만약 오페라하우스를 한 개만 짓는다면 보나마나 서울에 지을 것이고, 이는 서울중심주의를 더욱 강화하는 심각한 패착이 될 개연성이 높다. 마케팅의 눈으로 본다면 '강호동쇼'라고도 할 법한 버라이어티쇼를 더욱 강화하는 게 돈벌이에는 훨씬 낫고, 수익성을 높이는 길이다. 그렇다고 시사교양방송을 전부 없애고 방송의 연성화만을 추진하면 국민경제 차원에서는 또 다른 문제들이 생겨날 것이다.

올림픽에서 인기 종목과 그렇지 않은 종목의 차이는 너무나 확연하다. 문화와 예술 분야에도 그런 비인기 종목들이 있다. 애니메이션 영화처럼 말로는 누구나 중요하다고 하지만 실제 예산 배분 과정이나 시장 형성에서 밀리는 것도 있고, 다큐멘터리 영화처럼 누구나 중요하다고 말하고 실제 예산에도 반영하려 하지만 영 시장 형성이 안 되는 분야도 있다.

시가 중요하다고, 다시 시를 읽거나 쓰는 시대를 만들어야 한다고 말은 하지만, 시장이 제대로 형성되지 않아 전업시인의 숫자는 손으로 꼽을 정도다. 일반적인 시장에서 통용되는 수익성의 눈으로만 본다면 이런 부문은 이미 경쟁력을 잃었기 때문에 구조조정을 통해 인력을 더 생산적인 분야로 재배치하는 것이 옳을지도 모른다. 그러나 이런 관점을 단순히 문화에 적용하면 정말 무시무시한 사태가 벌어진다. 생산력 없는 시인은 차밭으로……? 이원규 시인은 차밭에서 찻잎을 따는 일로 오랫동안 근근이 생계를 꾸려갔다. 확실히 찻잎은 잘 땄다고 한다. 그러나 누군가 인위적으로 혹은 시장의 힘을 빌려서 정책으로 이걸 밀어붙인다면 정말 무시무시한 시대가 되는 것이다.

낮에 편의점에서 아르바이트하는 연극배우를 만나기란 그러지 않는 연극배우를 만나기보다 쉽다. 연극배우들의 평균 연봉은 80만 원에서 200만 원 사이다. 이들도 먹고살기 쉬워 보이지는 않는데, 아직도 대학로에 연극이 넘치고 있으니 정말 신기한 일이다. 2주에 한 번 공연하는 홍대 앞 인디밴드의 연봉은 밴드 전체로 100만 원 미만. 그럼에도 불구하고 노래가 좋아서, 음악이 좋아서 무대에 올라가는 사람들, 이런 사람들이 문화계의 1차 생산자들이다. 과연 겁도 없이 예술가들에게도 '생산자'라는 라벨을 붙이는 것이 옳은가라는 고민을 했지만, 그렇다고 그들을 사람들의 지친 영혼을 위로해주는 위무사로만 볼 수는 없다. 시장이라는 영역에서 크든 작든 상품을 생산하고 또 시장을 통해 소비자와 만나니까. 물론 지역경제 차원에서는 돈과는 전혀 상관없이 움직이는 사람들도 있지만, 그들의 삶 자체가 경제와 완전히 괴리되어 있는 것은 아니다.

좀 넓게 정의하면 문화 생산자에는 1차 생산자와 문화 기획자들이 포함된다. 생산자와 기획자, 매니저의 경계가 불분명한 곳도 있지만, 분명 21세기 들어 문화 영역에서도 기획자의 역할이 전 세계적으로 커지고 있는 것도 사실이다. 때때로 사장이나 부장, 차장이라는 직함을 달기도 하고 스태프라고도 불리는데, 이런 기획자들과 1차 생산자들은 서로 협력하기도 하나 그들 사이에도 긴장감이 조성되고 극단적인 경우 배타적으로 흐르기도 한다. 이런 집단이 하나가 되어 매니지먼트사가 세워지는 경우, 과연 이것이 효율화된 것인가, 아니면 '뜯어먹는 관계'가 공고해진 것인가를 묻게 된다. 아마 여러분이 문화 영역에서 살아가기로 결정하는 순간, 매니지먼트사 직원이 되었든 아니면 출판 분야 편집자나 마케터가 되었든 스태프들, 즉 문화 기획자들의 세상을 만나게 될 것이다. 어쨌든 경제 영역에는 생산뿐만이 아니라 유통과 판매 등 예술가들이 그닥 달가워하지 않는 분야도 있다. 1차 생산자와 기획자가 공생 및 협력 관계에 있는가, 아니면 한편에서 생각하듯이 그냥 서로에게 기생하는가, 이는 경우에 따라 다르다고 할 수밖에 없다. 게다가 문화계가 분화하면서 드라마 크리에이터 같은, 새로운 직종이 계속 생겨난다. 이런 것들을 단순히 좋다 나쁘다 혹은 발전이다 퇴행이다, 이렇게 간단히 분석하기가 쉽지는 않다.

　　문화경제학에서 나는 1차 생산자와 기획자를 모두 생산자의 범주에 두고, 이 속에서 벌어지는 일들을 부문별 문화생태계 그리고 전체적으로 하나의 생태계로 보고 이에 접근하려 한다. 다시 한 번, 배에 비유하자면 항해하는 수많은 배들이 어떻게 하면 하나의 선단으로서 더 안전하고 재미있게 항해를 즐기도록 할까, 그것이 문화경제학의 시각이라고 할 수 있을 듯하다. 물론 이 선단의 관리자이자 지휘자, 보증자임을 자임하는 사람이 한국에는 한 사람 있다. 바로 문화체육관광부장관이다. 그러나 지난 3년 동안의 현실을 보자. 우리는 유인촌 장관 덕에 문화가 꽃을 피우는 시대를 만난 게 아니라, "유인촌 장관 시절에도 죽지 않고 버텼는데, 더 어려운 일이 있더라도……." 이렇게 말하는 상황에 이른 것이다. 일제 시대에 한국어와 한국문화 말살 정책에서도 버텼던 그 시절을 연상하게 한다. 한국을 접수한 일본 제국주의는 궁중악사들을 이씨 왕가의 사설음악단 정도로 깎아내렸다. 하지만 그래도 음악을 보존했던 것은 사실이다. 만약 그들을 모두 도쿄로 데려갔다면, 우리 음악 보존은 더 어려워졌을 것이다. 우리는 삼청동 같은 오래된 동네를 개발하면서 '휴먼 타운'이라는 해괴한 이름을 붙이는 미감이 지배하는 시대를 살아가는 중이다. 그렇다면 다른 아파트나 개발지들은 로봇들의 동네, 아니면 괴물들의 동네라는 말인가? 사실은 그렇게 생각했다는 고백을 하는 것인가? 이 지독한 저질 미감에 말이 안 되는 영어 범벅의 행정 용어를 개발해내느라 고심하는 사람들이 문화를 논할 자격이 있을까? 그러나 어쩌랴! 대통령 휘하, 그들이 한국 문화 정책의 지배자들인 것을!

## 5

경제에서는 가끔 전쟁에 비유해 설명한다. 이명박 정부는 특히나 전쟁에 대한 비유를 좋아한다. 예를 들면 4대강과 관련한 '속도전'이란 말이 있다. 한국에서는 문화인들도 뭔가를 전쟁에 비유하기를 좋아한다. 간접적인 은유든, 노골적인 직설 화법이든 우리는 문화인들도 수출역군이 되어야 한다고 종종 주장한다. 북한의 달러벌이를 꼴불견이라고 하면서, 정작 자신들도 문화와 예술에 전쟁에나 걸맞은 임무 수행을 아주 당당히 요청한다. 물론 문화의 국경도 낮아져 서로 다른 나라 문화를 적극 소비하는 추세지만, 한국에서는 여기에 국수주의와 수출중심주의 같은 특이한 시각이 들러붙으면서 문화 생산자들을 '수출의 전사' 아니면 정복자처럼 인식하는 경우가 많다.

IMF 경제위기 때 박찬호와 박세리가 국민 영웅이 되었던 적이 있었다. 그때 박찬호의 연봉이 대략 현대자동차가 미국에서 낸 흑자 규모와 비슷했다. 그러면 자동차산업을 유지하는 것보다 박찬호 급 투수 열 명을 키워 미국에 보내는 편이 더 낫지 않을까? 단순히 무역수지만 생각하면서 이런 이야기로 수다를 떨 수는 있지만, 누군가 그걸 진짜로 실행하려 들면 정말 큰일 날 노릇이다. 원청업체는 물론이고 하청업체에 이르기까지 수십만 명이 갑자기 실업자가 되고 국민경제가 휘청할 것이다. 또 사람들이 그렇게 목매달고 읊어대는 1인당 GDP는 진짜로 마이너스 성장을 기록할 것이다. 수출만 높아지면 경제가 다 좋아지는가? 그렇지 않다. 수출액수는 경제에서 작은 그림에 불과하다. 단순히 기계적으로 자동차산업과 박찬호의 연봉을 비교해서는 산업생태계의 전체 그림을 볼 수가 없다. 자국 시장을 키우지 않고 거대한 외부 시장에 외삽하는 방식으로는 국민경제의 활로를 찾기 어렵다.

'수출만이 살 길', 여기에 일종의 국가 패권주의가 결합하면서 튀어나온 것이 '한류 열풍'이었다. 이걸로 먹고살 수 있고, 한류가 흥성하면 우리 문화계는 더욱 풍성해질까? 택도 없는 일이다. 현대자동차와 박찬호 사례와 마찬가지이다. 처음부터 전 세계를 대상으로 제작하는 할리우드 영화를 너무 많이 보다가 살짝 시각이 이상해진 셈이다. 한국 문화의 수출을 반대하는 것은 아니다. 그러나 문화에서 수출은 파생상품일 뿐 본원상품이 아니다. 패권주의자들의 손에 들어간 한류는 부작용만 심했고 사실은 경제 효과도 그리 높지 않았다. 여기에 토건세력까지 결합되었다. 일산의 '한류우드'를 생각해보라. 그런 걸 고안해낸 공무원들의 발상이 기가 막히기도 했지만, "그건 아니다."라고 말하지 못하는 영화인들도 "할 말은 좀 하고 삽시다."란 소리를 들을 수밖에 없을 것이다.

영화사상 가장 멋진 세트 가운데 하나로 꼽히는, 「반지의 제왕」을 촬영한 뉴질랜드의 미나스티리스 성을 비롯한 고대 도시들을 보

자. 한류우드식 발상이라면 이런 세트들은 벌써 '반지우드'가 되고도 남았을 것이고, 고이고이 모셔두고 관광객을 맞아들이기 바쁠 터다. 하지만 이 세트들은 영화 촬영이 끝나고 전부 철거되었다. 아깝다고? 그렇다고 지자체에서 계속 유지·보수에 매달리면 결국에는 세금이 더 많이 들어간다. 영화 「카사블랑카」의 카페는 미국에 있던 걸 죽자 사자 모로코에 옮겨다 놨지만, 이제는 기억하는 사람도 별로 없다. 우리나라에서 드라마 세트장을 관광지로 바꾼답시고 열심히 토건 사업을 했지만, 드라마와 영화의 기억은 그렇게 오래가지 않는다. 세트장은 결국 흉터로 바뀌거나 지자체의 뼛골을 빠지게 할 뿐이다. 애니메이션 「센과 치히로의 행방불명」에 나왔던 일본 테마파크는 1990년대 버블 공황과 함께 추억 속으로 사라져버리지 않았는가.

사실 영화산업을 비롯해 문화산업은 미국을 제외한 모든 나라에서 통상을 통해 커지는 분야가 아니다. 보호무역으로 지켜야 할 분야다. 한미 FTA 협상 과정에서 그나마 계속 항의 집회를 열었던 농업 분야 피해는 어느 정도 부각이라도 되었지만, 4대 선결조건 중 하나였던 스크린쿼터를 축소당한 영화산업의 위기는 기억하는 사람도 없을 지경이다. 「왕의 남자」가 유행하던 시절 고 노무현 대통령이 배우 이준기를 청와대로 불러서 "그렇게 자신이 없냐?"고 했었다. 이준기가 무슨 죄가 있겠는가. 이준기 씨는 별 말 안 했다지만, 사실 "자신 없다."는 답이 정답이다. 할리우드의 위력 앞에서 자국 영화의 틀이라도 지키기가 쉽지 않다. 프랑스나 독일 같은 나라에서도 아주 어려운 일이다. 북미자유무역협정 이후에 나름 유명하던 멕시코 영화감독들이 CF 감독으로 근근이 먹고산다는 후일담이 있다. 남 얘기가 아니다. 한국에서도 대부분의 영화감독들이 대개 자기 영화 출시 시점도 못 잡는 실정이다.

자국 영화를 지키기가 얼마나 힘들었으면 EU 차원에서 프랑스나 독일이 적극 나서서 '문화다양성협약'이라는 것을 만들었겠는가? 우리는 너무 수출과 패권주의에 눈을 돌리다 보니, 우리의 자산이 얼마나 소중한지 가끔 잊는 것 같다. 자기네 영화시장을 가진 나라가 많지 않고, 애니메이션 제작 기반을 갖춘 나라도 별로 없다. 유럽 국가들 중에도 우리처럼 자국 드라마를 상영하고, 시트콤 수준을 뛰어넘는 본격 드라마를 자기네 배우들 연기로 보는  데가 많지는 않다. 수출 안 하는 문화산업을 어디에 써먹어? 이런 걱정 안 하셔도 된다. 수출하지 않더라도 문화는 충분히 경제에 기여할 수 있다. 자, 생각을 좀 해보자.

# 6

경제학이 사용할 수 있는 문화 분석 수단은 여럿 있다. 생산비, 원가, 경쟁력, 한계효용, 문화 노동자, 노동조합, 이런 개념들이 있지만, 사실 문화 생산자들이 이런 말까지 고민할 필요는 없을 것이다. 한국경제에서 문화의 역할을 설명할 수 있는 경제학 개념 한 가지를 찾아냈는데, 바로 '우회생산(roundabout) 원칙'이다.

자, 여기 가구 하나를 만든다고 생각해보자. 가구는 100의 가치가 있다. 가구 하나를 손으로 뚝딱 만들면 사회적 총가치는 100이다. 그런데 가구를 만들기 위해서는 톱도 필요하고 못도 필요하다. 이제

톱을 만드는 기계를 하나 만들었다고 생각해보자. 톱 만드는 기계의 가치는 100이다. 이제 사회적 총가치는 200이 되었다. 이번에는 못 만드는 기계도 만들었다고 생각해보자. 이 기계의 가치도 100이다. 그러면 사회적 총가치는 300이 된다. 그리고 노동자들이 지겹지 않도록 옆에서 노래를 불러주는 사람이 한 명 생겨났다고 해보자. 이것도 일종의 우회생산이고, 이 노래 부르기의 가치는 100이라고 하자. 이러면 총가치는 400이 된다. 여기에 노래를 가르치는 노래 선생님이 나타났다 치고, 이 가치 역시 100이라고 하자. 총가치는 500이 되었다. 그리고 노래를 가르치는 사람에게 교양을 쌓게 하기 위해서 책을 읽어주는 사람이 우회생산 요소로 들어왔다고 해보자. 이런 우회생산의 개념을 사용한다면, 문화 요소가 국민경제 활동으로 새롭게 들어올 때마다 국민경제의 규모는 커진다. 이것이 산술적으로 가능한 이유는 우리가 GDP를 산출할 때 사용하는 요소가 부가가치라는 비물질적 요소이기 때문이다. 이때 상품이 아닌 투입 요소들을 서비스라고 부른다. 재화와 용역, 우회생산은 재화뿐만 아니라 용역에도 해당한다. 사람들을 즐겁게 해주는 일이 많아지면 문화 서비스의 크기가커지고, 국민경제의 부가가치 크기도 커진다. 쓸데없는 일 아니냐고? 어차피 전후방 연관효과에 따라 수출이 없더라도 경제성장 효과가 생겨난다. 바로 이것이 1국 경제 모델의 특징이고 대부분 이런 이론을 기반으로 국민경제를 운용한다.

선진국은 이런 식으로 내수를 늘려나간다. 하지만 우리는 너무 오랫동안 수출 비중을 늘려가다 보니 그에 기반한 이데올로기가 강해져서 내수를 통한 경제발전은 깊이 생각해보지 못했다. 그렇지만 결국 어디선가 석유를 사오는 달러를 마련해야 할 텐데, 그건 어떻게 하지? 이런 질문들이 튀어나올 것이다. 문화에도 부분적으로 무역 요소가 있어서 어느 정도는 이에 기여할 것이다. 또 한국 경제의 모든 분야를 내수용으로 전환하자는 이야기는 아니기 때문에 그런 걱정은 하지 않아도 좋다. 게다가 문화는 다른 제조업에 비해 적은 에너지와 자원을 투입하는 분야라서, 국민경제 내에서 문화가 차지하는 비중이 지금보다 높아지면 자원대체 효과가 생기고 '국민경제의 생태적 전환'을 촉진할 가능성이 높다.

우리가 신경 쓸 것은, 우리 문화를 성공적으로 산업화하여 얼마나 수출할 것이냐가 아니라, 생산자든 기획자든 문화를 업으로 삼고 살아가는 사람들이 세끼 밥을 제대로 챙겨먹는가, 그리고 혼자서는 감당할 수 없는 빚더미에 올라 앉아 자살을 고민하지는 않는가…… 그런 것들이 아닐까? 맨 앞줄의 선수들도 세끼 밥을 보장할 수 없다면 번영은커녕 대를 잇기도 어렵다. 우리는 문화를 팽창의 논리로만 보았지, 재생산의 눈으로는 보지 않은 것 같다. 누군가 일일이 조정하거나 기획할 필요는 없다. 다만 더 많은 젊은이들이, 더 많은 여성들이 문화 영역으로 들어오고, 그들이 좌절하지 않고 정상적인 생활인의 삶을 영위할 수 있으면 된다. 우리가 띄우려는 선단은 수송선이나 군함이 아니라 바로 유람선 아닌가? 유람선에 화물을 실어 수출선으로 바꾸려 하거나, 해군 문선대쯤으로 쓰려 하면 정말 재미없는 유람선이 된다. 그러나 지난 수십 년 동안 우리는 유람선을 수송선이나 군함처럼 쓰려고 했던 것이다.

그 속에서 문화 생산자들은 국민경제의 부속품으로 전락해 화부나 군인처럼 움직여야 했던 것이다.

## 7

지금부터 나는 텔레비전에서 시작해 책과 잡지, 영화를 비롯한 영상문화, 음악 그리고 스포츠를 통해 '문화로 먹고살기'라는 주제를 나눌 것이다. 일반적인 문화 섭근에 비해서는 스포츠가 두드러지게 한 자리를 차지하는데, 내가 스포츠경제학을 전공하길 바랐던 은사에 대한 애틋함이 남아 있어서 그렇다. 패션도 별도로 다룰 수 있는 큰 분야지만, 잡지에 관련한 부분에서 조금만 다룰 수밖에 없었다. 만화와 애니메이션은 연결되는 분야지만, 만화는 출판문화에서, 애니메이션은 영상문화에서 다룰 것이다.

자, 이 정도 분류면 요즘 가장 큰 문화시장이자, 성장률은 물론이고 잠재력도 가장 높은 시장 하나를 의도적으로 빼놓았다고 느끼셨을 텐데, 바로 보셨다. 미술을 뺐다. 물론 미술시장에서도 기업 후원 활동, 경매 방식, 큐레이터시장, 양도소득세 논쟁 등 흥미로운 분석이 없지는 않다. 하지만 나는 미술을 너무 모른다. 돈 중심으로 이야기하려 해도 어느 정도는 분야에 대한 이해가 필요한데, 너무 문외한이라 처음부터 분석 작업에서 뺐다. 이 점은 양해해주십사 말씀드릴 수밖에 없다.

게다가 문외한의 눈으로 본 피상적인 견해지만, 미술 분야는 정말로 우울하다. 겉보기에 화려해 보이지만, 사실 화가가 죽어야 미술작품이 제 가치를 찾는 작동 원리가 있다. 물론 피카소처럼 살아서도 영광을 보는 화가도 있지만, 대부분의 작품은 화가가 죽은 후에야 비로소 제 값을 받게 된다. 아직 살아 있는 사람의 작품은 그가 앞으로 얼마나 많은 그림을 그릴지 알 수 없기 때문에 기본 가격만 형성되고, 죽어서 더 이상 공급될 수 없게 된 후에야 진짜 가격을 형성한다. 그래서 자식들도 생전의 기억을 되새기면서 부모의 그림 하나를 다시 구해보려 하지만, 그게 불가능하다. 너무나 「빈처」스러운 이야기라서 슬펐다. 경제학자로서 텅스텐시장, 구리시장, 설탕시장, 하다못해 도요새 불법 박제 시장까지 뒤져본 적이 있었지만, 아프리카 해안을 뒤덮던 노예시장 이후로 이렇게 슬픈 시장이 또 있을까 싶었다. 화가들이나 미술시장에서 경제활동을 하는 사람들에게는 죄송한 이야기지만, 나처럼 딱딱한 경제학자도 감당하기 어려울 정도로 기본 구조가 너무 슬퍼 보인다. 나는 가난하고 소박하더라도 살아서 영광을 볼 수 있는 예술에 관한 이야기를 더 하고 싶었다.

내가 진심으로 문화를 한국 경제의 대안으로 생각하는 또 하나의 이유를 설명하면서 프롤로그를 접을까 한다. 내가 보기에 한국사회를 뒤덮은 학력주의 및 학벌주의의 위세가 그나마 덜한 분야가 문화다. 시인이자 소설가인 장정일은 중학교 중퇴생, 소설가인 신경숙은 공장 노동자 출신이다. 「짝패」이후 「부당거래」까지, 한국 경제 구조적 폐해의 이면을 가장 잘 다루는 감독 중 하나인 류승완은 고졸이다. 학력이 좋은 소설가나 감독도 있는데, 사실 그들이 성공한 이유는 학벌과 별 상관이 없다. 소설가 김영하는 경영학과 출신이고, 시인 이원규는 회계학과 출신이다. 애니메이션 「내 친구 우비소년」의 박형동 감독은 불문과 출신으로 그림과는 아무런 상관도 없는 공부를 했다. 우리나라만 그런 것도 아니다. 스튜디오 지브리의 미야자키 하야오나 「마스터 키튼」의 그림작가 우라사와 나오키도 경제학도였다. 물론 문화 분야에도 한국예술종합학교 같은 엘리트 코스가 아주 없지는 않고, 문창과나 연극영화과처럼 1차 생산자들을 많이 배출해 선후배 관계가 돈독한 분과들이 없지는 않지만, 그런 경향이 지배적이라고 보기는 어렵다. 그냥 하고 싶은 사람이 그 일을 하면 되는 것이고, 한국에서 이처럼 열린 분야는 많지 않다. 게다가 영혼을 담을 수 있는 일이 여전히 살아 있는 영역이 바로 문화다.

먹고살 수만 있다면 누구나 아들딸이 이런 분야에서 한평생 일할 수 있게 해주고 싶어한다. 그들이 열정을 바쳐 더 좋은 시나리오 혹은 대본을 쓰면서 비정규직 신분으로 불안에 떨지 않을 수 있는 경제를 만들어보고 싶다. 더 이상 젊은이들이 23층 난간에서 뛰어내릴까 말까를 고민하는 불행한 일이 벌어져서는 안 된다.

# 1

# **방송**은 이제 언어다

# 1 공영방송과 민영방송, 국가와 시장

일본의 시민단체 활동가에게 들은 이야기이다. 일본 지식인은 입만 열면 NHK 욕을 하지만 NHK에서 나오라고 하면 누구보다 먼저 잽싸게 달려가는 사람들이란다. 신나게 웃었는데, 이건 우리나라도 다르지 않은 것 같다. 문화라고 멋지게 표현하지만, 사실 한국은 물론 많은 나라에서 문화란 텔레비전용과 텔레비전용이 아닌 것, 두 분야로 구분되는 셈이다. 그만큼 텔레비전, 특히 공중파의 영향력은 막강하고, 우리 일상에 깊이 개입한다. GDP 규모에 비하면 방송국의 연간 예산은 실로 미미하고, 방송 관련 고용(직접 고용이든 간접 고용이든)도 국민경제의 규모에 비할 바는 아니다. 10억당 취업계수도 3.8명으로 반도체 2.9명보다 조금 높은 수준이다. 하지만 그 파급력은 단순히 규모로 따질 게 아니다. 국가에서 문화가 어떤 지위를 차지하고 어떻게 관리되는지 파악하려면 텔레비전의 현황을 보면 된다.

문화가 오늘날 우리가 이해하듯이 독자적인 정책 대상으로 부각되어 문화부라는 담당 기관이 생겨난 것은 2차 세계대전 이후이다. 프랑스의 초대 문화부장관을 지냈던 앙드레 말로는 10년 가까이 프랑스 문화정책의 기본틀을 만드는 작업을 했는데, 이 과정에서 선진국 중에서는 가장 적극적인 문화정책이 형성되었다. 우리는 '문화복지'라는 말을 여전히 제한적으로 사용하지만 "모두에게 문화를 복지처럼 누릴 수 있게 해주겠다."라는 문화복지 개념은 바로 이때 등장했다. 마침 케인스의 시대가 전 세계적으로 펼쳐지면서 연극과 음악

등에서 국가가 중요한 스폰서로 등장했다. 가끔 내한공연을 하는 '코미디 프랑세즈' 같은 극단이 국가를 스폰서로 둔 문화집단의 대표적인 예인데, 이 단체는 주로 브로드웨이 뮤지컬과 유사한 화려한 공연을 펼친다. 한편으로는 상업성을 띠는데 정부가 직접 돈을 대야 하느냐, 이런 논쟁이 일어났다. 하지만 그냥 시장에 맡겨두면 너무 비싸져서 가난한 사람은 도저히 보지 못한다.

  그런데 문화 중에서도 정부가 가장 적극적으로 나선 분야는 공영방송 텔레비전이 아닐까? 스폰서라고는 해도 사실 정부가 따로 돈을 벌어오는 게 아니니 결국 세금으로 운영하는 셈이다. 세상에 공짜가 어디 있겠는가? 정부 돈을 받기 시작하면 어쩔 수 없이 정부가 제시하는 이데올로기의 틀 내에서 움직이게 된다. 물론 어느 나라 정부나 문화적 결과물이나 내용에 직접 개입하지 않는다며 공정성을 주장하긴 하지만 액면 그대로 믿을 수 있을까? 이명박 정부는 노골적으로 방송에 개입하고 있다. 사실 이번 정부의 문화정책은 이명박 대통령이 서울시장으로 재직하던 시절 만들어진 서울문화재단이나 시장이 관할하는 세종문화회관의 운용 방식을 보면서 어느 정도 가늠할 수 있었다. 비유하자면, 그 시절 서울시와 서울문화재단(초대 대표이사가 유인촌 전 문화체육관광부장관이었다.) 그리고 세종문화회관의 관계를 국가 수준으로 넓게 확장한 것이 지금의 상황이다. 이 시기에 세종문화회관 내 국악관현악단에 소속되었던 가야금 주자나 해금 주자가 '구조조정'에 반대해 성명서를 발표하고 농성에 들어가는 진풍경이 벌어졌다. 당시 세종문화회관에서 벌어진 것과 똑같은 일이 KBS와 MBC에서 진행되는 중이다.(세종문화회관은 파행에 파행을 거듭해 전시공간이나 시민들에게 개방할 공간에 아예 전문 식당가를 차렸다.) 마음에 안 드는 방송을 만든 PD들을 한직으로 내쫓게 하는 등 인사에도 노골적으로 개입하는데, 견제 장치가 마비된 상태인지라 "이건 탄압이다!" 국민들이 소리치고 직접 나서는 수밖에 달리 묘수가 없다. 민간 기업과 달리 공영방송에서는 경영자가 직접 방송 제작에 간여해선 안 되지만, 인사권을 쥐고 "알아서 기어라!" 하는 데에는 답이 없다. 꼭 공영방송이 아니더라도 정부 돈을 받기 시작하면 어느 정도 이념과 사상의 제약을 받게 마련이다. 정부가 특정한 가이드라인을 정하지 않더라도, 자금을 집행하는 담당관이 있을 것이고 그 눈치를 보지 않을 도리가 없다.

많은 예술가들은 "공무원이 도무지 예술을 이해하지 못 한다."라고 푸념한다. 그런 상황이 싫으면 시장에 직접 나가서 결과물을 돈과 바꾸어야 하는데, 때로 시장은 정부보다 더 무섭고 잔인하다. 자금을 마련하기 위해서는 규모와 마케팅을 고려한 장기 계획을 세워야 하고, 생산자와는 전혀 다른 시각을 가진 배급사 등 유통 쪽 고민에 더 익숙해져야 한다. 그런다고 다 잘된다는 보장도 없다. 규모를 잘못 늘렸다가는 개인이 감당할 수 있는 범위를 넘어버린다. 일정 시점에서 대중의 취향은 곧잘 '시장의 명령' 혹은 '소비자의 욕구', 즉 '니즈(needs)'라는 용어로 포장되는데, 이 극단적인 시장의 냉혹함과 변덕스러움에 비하면 오히려 국가의 품이 더 따뜻하다고 느낄 법하다. 어느 쪽이든 눈치를 봐야 하는데, 변덕스러울뿐더러 예술을 전혀 이해하지 못하는 듯한 소비자들 앞에 서느니 차라리 공무원들에게 굽실거리는 쪽이 더 낫다 싶을 수도 있다.

국가냐 시장이냐, 국제적으로는 이미 식상해져버린 이런 논쟁

거리도 우리에게는 여전히 현실적인 문제다. 이정재와 함께 동대문 파에 속했던 임화수가 '연예계의 대통령'이 되던 시절부터 한국 영화 는 깡패들의 손아귀에 있었고, 나중에는 군인들에게 넘어갔다. 앙드 레 말로가 문화부장관을 하면서 중립적으로 정책을 운용할 때도 '국 가의 돈'을 받기 시작하면서 더는 아방가르드의 정신을 지키기가 어 려웠다. 애초에 군인 미감에 맞추었던 한국 문화는 '배고픈 삐딱선' 을 타거나 로비스트, 혹은 굽시니스트의 길을 걸을 수밖에 없었을 것 이다.

KBS는 1961년, MBC는 1968년에 텔레비전 방송을 시작했다. KBS는 전형적인 국영방송이고, MBC는 박정희의 손길이 아주 많이 닿은 특수한 방송이다. 유신시대에, 지금은 한겨레신문과 함께 진보 언론을 대변하는 경향신문사와 한 몸이 되었다가(문화방송·경향신문(주) 라는 형식으로), 전두환 정권의 등장과 함께 다시 분리되었다. 지금은 부 산 지역을 기반으로 한 부일장학회, 5·16 장학회 그리고 정수장학회 (박정희에서 '정', 육영수에서 '수'를 따왔다.)가 문화방송의 지분 30퍼센트를 소유하고 있다. 그야말로 한국현대사의 중요한 순간마다 역사의 한 복판을 비켜 간 적이 없었던 방송국인 셈이다. 나머지 지분 70퍼센트 는 방송문화진흥회라는 정부 위원회에서 보유하고 있다. KBS와 MBC 는 시청률과 광고시장을 놓고 서로 경쟁하는 관계지만, 근본적으로 는 공영방송이라는 특수성을 가지고 있다. SBS는 태영건설이 1991년 설립한 민영방송이다. 1990년대 이후 수도권 집중이 더욱 심해져서 사실상 우리나라 국민의 절반은 서울과 수도권에 살고 있다. 게다가 SBS가 각 지역 민방에 상당수 프로그램을 제공하고 있다는 점까지 생각해보면, 어쨌든 한국의 공중파는 두 개의 공영방송 그리고 한 개의 상업방송, 이렇게 3파전 구도가 형성되어 있는 셈이다.

한국에서는 '문민화'와 함께 '땡전 뉴스'라는, 9시만 되면 어김없이 "땡, 전두환 각하께서는" 그리고 바로 이어 "한편 이순자 여사"로 시작되는 뉴스가 드디어 사라졌다. '땡 각하'와 '한편 여사'로 상징되는 이 시기에는 방송만이 아니라 언론을 비롯한 모든 문화가 군인들 앞에서 얌전히 고개 숙였다. 그 시스템 안에 들어가지 않은 노래는 금지곡이 되었고 책은 금서가 되었다. 어차피 방송이 진실을 말하지 않을 게 뻔했고 오히려 브라운관 바깥에서 중요한 것을 이야기하고 토론하는 게 당연시되던 장외집회의 시대였다. 그래서 공중파로 대변되는 텔레비전은 불신의 대상이었다. "텔레비전이 열렸다."라는 슬로건이 딱 어울리는 방송 프로그램은 역시 MBC 「100분 토론」이라고 할 수 있을 것이다. 1999년 10월 '무엇이 언론 개혁인가?'라는 주제로 시작된 이 토론방송은 진보진영의 대표적인 경제학자였던 정운영을 사회자로 내세웠고, 나중에 정치무대에 화려하게 등장한 유시민이 배턴을 이어받았다. 공중파에는 나올 리 없다고 생각했던 '금지된 인간'들이 사회자로 나오는 것을 보면서 많은 사람이 "텔레비전이 열렸다."고 환호한 것도 무리가 아니었으리라. 이후에 IMF 경제위기를 극복하는 국면에서 정부가 영화, 애니메이션, 게임산업 등 문화 부문 지원에 나섰고, 군사정권 시절에는 감시자 아니면 검열자로나 생각되던 공공부문이 문화의 스폰서로 등장했다. 유럽에서 1945년 열렸던 국가 스폰서 시대가 한국에는 50년 늦게 찾아온 셈이다. 영진위 같은 기관을 통해 국가는 적극적으로 문화시장에 개입하기 시작했고, 오랫동안 '영세' 딱지를 달고 있던 한국의 문화 기업이나 문화 단체들이 본격적인 경제 주체로 등장하기 시작했다. 물론 모든 분야가 국가의 본격적인 개입과 더불어 덩치를 불려나간 것은 아니다. IMF 경제위기를 거치면서 정권이 바뀌고 텔레비전이 열리는 동안 (텔레비전파는 주로 정반대 방향으로 움직이는) 사회과학 시장은 10분의 1 규모로 줄었고, 아직도 1990년대 중후반의 시장 규모를 회복하지 못하고 있다.

민주화와 함께 텔레비전이 재미있어지기 시작했고, 공중파에서는 절대 볼 수 없을 거라고 생각했던 진중권 같은 스타 논객들을 자주 볼 수 있는 시대가 되었다. 텔레비전은 등장한 이후 영상 지배자로서의 권력을 내려놓은 적이 없고 이는 민주화 시대에도 마찬가지라고 할 수 있다. 오히려 KBS의 공신력은 더 높아졌고, 공중파는 그 자체로 국가를 뛰어넘는 절대 권력처럼 비치기도 했다. 정부가 방송을 장악하려는 이유는 이 공신력을 완화시켜 텔레비전을 아예 꺼버리게 하거나 현실을 왜곡해 어떡하든 텔레비전이 진실을 전달하지 못하게 하기 위해서다.

공영방송이 진보진영에도 문호를 개방하는 동안, SBS가 살아남은 것은 사실상 기적 같은 일이라고 할 수 있다. 상업방송은 시장에서 먹고살아야 하니 시장의 이데올로기를 기계적으로 전파할 것 같지만, SBS가 꼭 그런 전략을 선택한 것은 아니다. 공영방송에 익숙한 시청자들에게 속내야 어떻든 SBS는 대체로 '공공성'에서 벗어나지 않은 방송 기조를 보였다. 대표적인 것이 환경 관련 캠페인이다. 사실 SBS의 모기업이 태영건설이라 처음부터 건설방송 아니면 토건방송이 될 거라는 의혹을 샀지만, 실제로는 일방적으로 방송을 운영하지

공중파 방송의 경우, 독립된 시민들이 직접 운영하는 방송이 존재
하기 어려운 분야라서, 국가와 시장 외에는 별도의 선택지가 없다.

는 않았던 것 같다. 골프 중계를 제외하면 지금까지도 토건방송이라고 욕을 먹을 정도로 한쪽으로 휩쓸리지는 않았다. 사실 따져보면 금기처럼 여겨졌던 광주민주화항쟁을 공중파에서 본격적으로 다루었던 드라마 「모래시계」를 24부작으로 1995년에 방영했고, 진중권을 라디오 시사 프로그램 단독 사회자로 기용했던 것도 SBS였다. 전파는 사실 민간이 독점할 수 없는 공공의 자산이기 때문에, 공중파 참여는 국민에게 최소한의 공공 서비스를 제공하겠다는 약속이나 다름없다. 방송법은 모든 방송에 일정하게 교양 프로그램을 방송하도록 비율을 정하고 있는데, 이런 환경에서 민영방송은 그 비율을 지키면서 최대한 상업적인 것을 내보내려는 전략을 취하게 된다. 이렇게 해서 '방송의 연성화'가 이루어진다. 방송법이 정하는 비율만 대충 맞추어 형식적인 시사교양 프로그램을 편성하는 것이다. 이제 와서 SBS를 둘러싸고 새삼 그런 논쟁을 할 이유가 없는 것은, 공영방송에서도 방송의 연성화가 진행되고 있기 때문이다.

2008년 이명박 정부가 출범하고 정권의 방송 장악이 진행되면서 KBS는 도대체 공영방송이 맞나 싶을 정도로 토건 정책과 정권 띄우기에 앞장섰다. G20 띄우기 등을 생각해보라. 원래 나랏일에는 어느 정도 '국민통합' 이데올로기가 개입되기 마련이지만, KBS의 경우는 너무 노골적이라서 그런 변신이 확연히 눈에 띌 정도였다. 국가로부터 독립된 시민방송이 존재하기 어렵기 때문에, 공중파 방송의 경우 국가와 시장 말고는 선택지가 없다. 공영방송이 이상해져서 맘에 안 들더라도 채널을 돌릴 별도의 시민 방송사를 만들기 어렵다는 말이다. 그러니 공영방송을 공영방송답게 만드는 방법 외에는 다른 길이 없다. 보통은 공영방송의 공공성이 강해야 하지만, 현재 상황은 꼭 그렇지는 않은 듯하다. 원래 상업적인 시장은 오로지 말초적으로 흐를 것 같지만 상업성 때문에라도 자연스레 많은 사람들이 원하는 것을 함께 추구한다. 할리우드에는 오락과 섹스물만 있을 것 같지만, 냉전 시대에 핵전쟁의 위험을 고발한 영화들도 만들어졌고, 「블랙호크 다운」, 「블러디 다이아몬드」와 「시리아나」를 거쳐 「아바타」에 이르기까지, 냉전적 보수주의자들이 맘 편히 보기는 쉽지 않은 영화들이 수두룩하게 많다. 상업방송이나 상업영화라고 해서 아무 메시지도 없는 '무개념' 방송이나 영화로 막 가는 것은 아니다. 다만 이윤을 생각해야 하기 때문에 새로운 시도나 전위적인 요소들만으로 작품을 만들기가 어렵고 이미 시장에서 익숙해진 방식을 채택하게 된다. 사실 따져보면 공공성이란 게 시장에서는 가장 강력한 '공신력'의 상징 아닌가? 재벌그룹이 많은 돈을 들여 이미지 광고를 하는 이유도 "우리는 믿을 수 있는 사람들이다."라는 메시지를 전하려는 것이다. 공신력에 관한 광고인 셈이다. 할 수만 있다면 대기업들도 공공성을 상업성과 결합하는 전략을 사용하려 한다.

국가에서 시장으로, 이렇게 케인스주의 시대에서 신자유주의 시대로, 유럽 국가들이 50년 동안 거친 과정을 우리는 10년 남짓한 기간에 압축적으로 겪고 있는 중인지도 모른다. 한국경제 자체가 '압축성장'이라는 과정을 겪었으니, 문화 분야에서도 어찌 보면 당연한 일이다. 짧은 시간에 너무나 급속한 변화가 일어나면서 정부가 판을 만들고 대기업이 공공성의 영역에 진출한다. 미국에서 폭스 텔레비전이 위세를 떨쳐온 지난 역사를 생각하게 되는데 우리에게는 이런 과정이 너무 빨리 진행되는 듯하다. KBS와 MBC를 한 축으로, 그리고 SBS를 또 한 축으로 하는 지금의 방송시장 경쟁은 이 모든 일을 압축적으로 보여준다. 대기업의 논리와 신자유주의 이데올로기를 방송에 도입해 공영성이 아니라 상업성을 갖추고 싶어하는 공영방송들, 그리고 공공성의 빈자리를 새로운 경쟁력으로 메우려는 SBS, 이 기묘한 시대적 동거가 우리 시대의 문화를 설명해주는 셈이다. 그런 와중에 가장 안정적인 문화 영역이라 할 방송사 정규직 자리는 점차 줄어들고 있다. 20대 입장에서 보면 고래 싸움에 새우등 터지는 격이다.

**한국의 방송 현황과 대표적 방송사들**
우리나라에는 크게 공중파라고도 불리는 지상파 방송사와 케이블 방송사, 그리고 향후 생길 종합편성채널의 세 가지 방송이 있다. 한국언론진흥재단이 발간한 『한국신문방송연감』에 따르면……

# 2 버라이어티쇼, 탈계몽주의 시대의 언어

　　지난 10년간의 한국 문화를 돌아볼 때 제일 눈에 띄는 현상이 '예능'이라고 불리는 버라이어티쇼의 약진이다. 한국인은 예능 프로를 보는 사람과 그렇지 않은 사람으로 구분된다고 해도 지나치지 않을 것 같다. 스스로 교양인으로 보이고 싶은 사람은 "전, 텔레비전은 보지 않아요."라고 말하는 경향이 있다. 이 '텔레비전'의 자리에 '버라이어티쇼'를 집어넣으면 "전 절대로 그런 건 안 봐요."라고 말할 사람이 꽤 될 것 같다. 그러나 문화를 일종의 생태계로 본다면 버라이어티쇼가 한국 문화생태계의 최상위에 있다는 사실을 부인하기는 어려울 것이다. 버라이어티쇼에는 노래, 춤, 무용, 연기, 때로 '리얼리티'라는 이름으로 일상까지 총동원된다. 노래든 영화든 혹은 책이든, 뭔가 자기 밑천을 팔아야 하는 사람들에게 버라이어티쇼의 초청장은 거부하기 어려울 것이다. 물론 출연을 거절하는 사람을 본 적이 있기는 하지만, 드물다. 정치인들도 나갈 수만 있다면 나가려고 할 것이다. 어디에서 이런 힘이 나올까? 물론 예전에도 오락방송이 있었고, 1970~1980년대는 코미디의 전성시대였다. 한국 버라이어티쇼는 계속해서 진화하고 있지만, 연예인들의 무모하고 바보 같아 보이는 도전을 리얼리티쇼 형식으로 담아낸 「무한도전」이나, 연예인뿐 아니라 사회의 명사를 초청하기 시작한 「무릎팍도사」, 그리고 최근의 오디션 프로그램들이 최근 몇 년간 특히 강력한 힘을 발휘하고 있다.

　　시청률만 놓고 보면 35퍼센트 정도를 기준점으로 하고 최고 50

퍼센트에 육박하던 2000년대 초반의 「서세원쇼」나 「개그 콘서트」에 비하면, 30퍼센트를 최고점으로 하는 요즘 버라이어티쇼는 예전 코미디 프로보다 못하다. 「무한도전 레슬링편」 특별방송의 시청률이 조금 높게 나왔는데, 이때 약 16.2퍼센트를 기록했다. 드라마는 손익분기점을 대략 시청률 10퍼센트 선에서 잡고, 최고 시청률을 40퍼센트로 잡는데 이에 비하면 버라이어티쇼 시청률이 생각처럼 높은 편은 아니다. 2010년 말 방영된 드라마 「자이언트」의 최종회 시청률이 딱 40퍼센트를 찍었는데, 드라마에서는 이런 작품이 1년에도 서너 편 나온다. 시청률이 그리 대단하지 않다면, 버라이어티쇼의 중독성이 드라마보다 월등히 높을까? 각 방송사의 얼굴이라고 할 수 있는 9시 뉴스 앞에 버라이어티쇼가 아니라 일일 드라마들이 배치되는 걸 보면 그렇지도 않은 것 같다. 실제로 일일 드라마나 아침 드라마의 중독성은 엄청나다. 나도 한때 아침 드라마에 빠진 적이 있었는데, 한심하다는 소리를 들으면서도 그냥 습관적으로 매일 봤다. 주간 연재 성격을 띠는 버라이어티쇼도 중독성이 강한 편이지만, '연속극' 수준은 아니다. 그렇지만 버라이어티쇼에는 시청률이나 중독성을 넘어서는 특별한 힘이 있는 것 같다.

코미디와 드라마가 오락방송을 반분하던 시절은 「웃으면 복이 와요」 같은 스탠딩 코미디의 전성시대였다. 그후 사회에는 많은 오락거리들이 등장했고, 1990년대와는 비교하기도 어려운 새 형식의 문화들이 등장했다. 그래서 1990년대와 비교하면 이제 음악은 앨범을 판매하는 산업으로 버티기 힘들어졌고, 점점 더 블록버스터 쪽으로 가는 영화판에서도 '약한 영화'들은 더 이상 서 있기도 힘들 지경이다. 하지만 버라이어티쇼는 강한 생명력으로 무장하고 재빨리 자기 영역을 넓혀가고 있다. 아니, 다른 문화 영역은 차치하고라도 당장 같은 오락방송 범주에 드는 개그 프로와의 경쟁에서도 완승을 거두었다.

MBC에서 「김혜수의 W」가 폐지되면서 그 자리에 버라이어티쇼가 들어가 말이 나온 적은 있지만, 같은 오락방송 내에서 버라이어티쇼의 비중 조절에 관심을 갖거나 항의하는 사람은 거의 없다. 아직도 방송사에서는 개그맨을 공채하는데, 정작 개그 프로들은 버라이어티쇼에 밀려서 12시를 넘겨 방송되다가 아예 폐지되는 중이다. 간판 개그 프로인 KBS의 「개그 콘서트」를 제외한 SBS와 MBC의 개그 프로가 2010년에 폐지되었다. 실로 버라이어티쇼의 완승이라고 할 수 있다. 그 이유로 정치 풍자와 시사 풍자 등 외국 코미디 프로들이 가진 웃음의 필승 코드를 사용할 수 없는 개그 프로의 시대적 한계를 꼽을 수도 있겠지만, 진짜 이유는 버라이어티쇼의 생동감을 개그 프로가 따라가지 못한 탓이 아닐까?

한국에서 방송국의 MC나 출연자들은 공채 시절 혹은 전속 계약 시절의 기억 때문인지 겹치기 출연을 잘 안하는 편이다. 하지만 이런 관행도 버라이어티쇼에서는 전혀 통하지 않는다. 지금 MC 시장을 사실상 양분하고 있는 유재석과 강호동은 물론이고 집단 MC들이나 보조 MC들도 방송국과의 특수 관계에 연연하지 않는다. 오히려 방송국 측에서 더 높은 출연료를 제시하면서 '굽실굽실'거리는 상황이다. '승자독식 시장'이라는 간단한 분석틀이 문화시장에서는 잘 들어맞는 편인데, 버라이어티쇼는 상황이 그리 간단하지 않은 것 같다. 상위

20퍼센트로 전체의 80퍼센트 정도를 설명할 수 있다는 '파레토 법칙'과 유사해 보이지만, 그렇다고 승자독식 구조 운운하기는 좀 어려워보인다. 유재석-강호동 체제가 독과점체제처럼 보이지만, 이것이 과연 성숙해서 더 이상 커지기 어려운 시장이냐 하면 그렇지 않을 수도 있기 때문이다. 아직은 2~3명의 인기 MC들이 시청률을 장악하고 있지만, 지금이 버라이어티쇼라는 특수 시장이 형성된 초기 단계라면, 앞으로는 좀 다른 양상으로 흘러갈 수도 있다. 만약 교양이나 시사 분야에도 버라이어티쇼 형식이나 요소들이 더 도입되면 시장은 더 커질 수 있고, 그러면 지금보다 훨씬 다면적이고 입체적인 성숙한 시장이 자리 잡을 가능성도 배제하기 어렵다. 외국에는 버라이어티쇼에 새로운 형식을 도입한 리얼리티쇼 중에서 교양 프로그램이나 다큐멘터리로 분류되는 프로그램도 있다. 한동안 사람들이 사랑했던「장학퀴즈」는 오락방송인가, 교육방송인가?

이처럼 무시무시한 버라이어티쇼의 진짜 힘은 어디에서 나오는 걸까? 일단은 두 가지 요소를 생각해볼 수 있다.

첫째는 공중파의 공신력(credibility)이라는 힘이다. 한국에서 공중파가 가진 힘은 뉴스와 보도 그리고 교양방송에서 나오는 공신력인데, 버라이어티쇼는 이걸 등에 업은 상황에서 일종의 후광효과를 누리는 셈이다. 한국에서 공중파와 케이블 방송은 패션시장이나 텍스타일시장 같은 곳에서 발생하는 '1시장'과 '2시장' 혹은 후시장 같은 관계를 형성한다. 이미 케이블과 IP텔레비전 등 공중파에 의존하지 않는 방식의 프로그램 보급률이 80퍼센트를 넘었기 때문에 단순히 수신율만으로 따지기는 어렵다. 그보다는 공중파 방송들이 지금까지 쌓아온 사회적 공신력으로 설명하는 편이 더 설득력이 있다. 민영방송인 SBS 역시 공중파 종합편성 채널이기 때문에 공영방송과 거의 구분되지 않는, 공신력이라는 자산을 지니게 되었다. 앞서 설명했듯이, 시사교양에서 사회적 요소들을 의도적으로 배제하는 현상을 '연성화'라고 하는데, 방송이 지나치게 연성화되면 버라이어티쇼의 힘도 빠질 개연성이 높다. 그런 점에서 공신력과 오락성은 후광효과에 의해 상호 보완하는 관계를 맺고 있는 셈이다. 만약 방송국이 이런 공신력을 잃는다면 버라이어티쇼도 존속하기 어려울 것이다. 오락 프로그램만을 내보내는 방송국이 어려움을 겪는 이유는, 공신력이라는 공중파 방송이 가진 매우 특별한 요소 때문이다. 오락방송과 교양방송은 일종의 결합상품이라는 속성을 가지고 있다. 4개 종합편성사가 새로이 방송계에 들어오면서 역시 버라이어티쇼 제작을 시도할 터인데, 신문의 공신력을 방송사의 공신력으로 어떻게 전환할 것인가, 바로 이것이 문제다.

버라이어티쇼가 지금처럼 성공한 데에는 쇼의 외부 요소와 함께 내부 요인이 작용했을 것이다. 주로 제조업 분석에서 사용하는 '혁신'이라는 개념으로 이야기하자면, 문화 분야에서 지난 10년간 혁신성이 가장 뛰어난 분야가 바로 버라이어티쇼라고 할 수 있을 것이다. 토크쇼에서 집단MC를 거쳐 리얼리티쇼 그리고 다시 오디션쇼로 숨가쁘게 넘어왔다. 이런 리얼리티쇼 형식은 외국에서 들여왔지만, 여러 대의 카메라를 동원한 압축 편집 방식 혹은 자막을 통한 제작진의 개입 같은 나름의 새로운 방식들을 도입했다. 오디션쇼의 경우 리얼리티와 콘테스트를 결합한 「아메리칸 아이돌」이나 「브리튼스 갓

탤런트」등 외국 프로그램의 틀을 도입하긴 했지만, 네티즌의 평가를 강조하는 「슈퍼스타 K」등은 한국적으로 잘 소화한 프로그램 포맷이라고 할 수 있다. 지금 존폐의 기로에 서 있는 개그 프로그램이 지난 10년 동안 특별한 포맷 변경이나 형식 실험이 거의 없었던 점과는 비교되는 측면이다. 드라마의 경우도 퓨전 사극 등 새로운 장르들을 계속 시도했지만, 버라이어티쇼에 비교할 정도의 전면적인 포맷 실험은 거의 없었다. 연속되는 이야기와 다큐멘터리적인 요소, 그리고 영상 표현 효과의 극대화, 이런 것들이 버라이어티쇼의 전성기를 이끈 내부 요소라고 할 수 있는데, 그렇다면 물어보자. 왜 유독 버라이어티쇼에서만 이러한 혁신이 가능했을까? 어떤 측면에서 보면, 버라이어티쇼 자체가 한국 민주화의 결과물이기도 하다.

자, 이제 눈을 조금 크게 들어 버라이어티쇼가 거둔 이 엄청난 성과의 시대적 배경을 살펴보자. 한국의 민주화와 인터넷의 등장은 버라이어티쇼의 급부상에 영향을 미쳤다. 민주화와 함께 탈권위주의 시대가 열렸고 인터넷으로 인하여 계몽주의 시대가 막을 내렸다. 더이상 방송은 소위 학자들이나 권위자들이 어깨에 힘주고 나서는 곳이 아니었다. 인터넷 정보가 만개함으로써 전문가들이 권위를 떨치던 한 시절도 저물었다. 그러면서 자연스럽게 웅변의 시대에서 '공감(empathy)'의 시대로 전환하는 중이다. 강호동, 유재석을 거쳐 허각까지, 버라이어티쇼가 새롭게 제시한 문법은 시대와 호흡하는 데 성공했고, 높은 경지에 있던 방송을 끌어내려 국민, 일반 대중 혹은 민중의 눈높이로 낮추었다. 찌질함, 동정, 연민, 유쾌, 이런 버라이어티쇼가 이끄는 요소들은 탈권위주의 사회의 새로운 흐름이라고 할 수 있다. 여기에 현장 제작진들은 거의 전권을 부여받음으로써 통제에서 해방되었다. 시사교양방송에는 사실 좌나 우나 사장단이 도끼눈을 뜨고 쳐다보는 상황이라 혁신을 도입하기가 힘들뿐더러 오히려 더 보수적이고 검증된 방식만을 사용할 수밖에 없다. 그런데 버라이어티쇼는, 어차피 "돈 버는 오락방송"이라고 생각해 이런 감시가 덜했고, 그 덕분에 성공한 것 아닐까? 물론 이건 내 해석이다. 제작진들과 방송인들의 소양과 상식, 능력을 믿고 그냥 내버려두면 더 재밌고 유쾌하며 공익적인 결과물이 나올 것 같다.

권위주의, 상명하복, 전도된 계몽주의로 돌아가려는 이명박 정권은 문법상 버라이어티쇼와 잘 맞지 않는다. 오락방송은 군사정권의 3S(섹스, 스크린, 스포츠) 같은 것이고 '통치 이념의 재생산' 혹은 정치적 관심사에서 국민의 눈을 돌리려는 장치라는 분석이 버라이어티쇼에 들어맞지 않는 이유는 이런 프로그램이 시대 언어의 생산자이기 때문이다. "쇼는 쇼일 뿐" 혹은 "오락방송은 오락방송일 뿐"이라는 표현도 지금의 버라이어티쇼에 잘 맞지 않는다. 왜냐, 시대가 쇼를 만들었고, 동시에 쇼가 시대를 만드는 일종의 집단 진화 현상이 생겨나기 때문이다. 자연스럽게 검열의 눈을 피하면서 버라이어티쇼는 대중을 가장 가까이에서 포착하면서 대중의 언어가 되었다. 최근 방송국 경영진이 직접 기획하는 '정권용 버라이어티쇼'가 생겨나는데, 이런 식으로는 시대의 언어가 나올 수 없을 것이다.

이명박 정부의 열성 지지자들은 '좌파 PD'들이 반정부적인 흐름을 조장한다고 불만을 토로하기도 하지만, 한국의 버라이어티쇼는 그렇게 직접적인 정치 메시지는 거의 던지지 않는다. DJ DOC의 이하늘이 「명랑 히어로」라는 프로에서 "쥐는 살찌고 사람은 굶는다."라고 적힌, 정치색 다분한 티셔츠를 입고 나왔는데 사실 이 정도가 버라이어티쇼에서 볼 수 있는 직설적인 정치 메시지의 최대치라고 할 수 있다. 그렇지만 버라이어티쇼의 일부 열성 지지층들이 권력에 반발하는 성향을 갖는 이유는 언어에 깃들어 있는 시대정신의 속성 때문이다. 이명박 정부의 핵심 지지자들에게는 계몽주의 시대에 보편적이었던 수직적 관계들이 마치 몸의 일부인 유니폼처럼 느껴지겠지만, 버라이어티쇼는 민주화 정권 시기에 자연스럽게 생겨난 수평적 관계의 산물이고, PD 등 제작진과 출연진의 관계도 다른 분야에 비하면 훨씬 유연하다. 수직적으로 지시하면 일이 더 잘될 것 같지만 그렇지 않다. 일반 상품 생산도 마찬가진데 방송도 여러 사람이 수평적으로 머리를 모으면 더 좋은 결과물이 나온다. 당연한 이야기 아닌가? '바보상자'라고 말하는 텔레비전 한가운데에서 오락 중의 오락이라고 할 수 있는 버라이어티쇼가 탈권위의 보편적 언어를 만들어 낸 셈이다.

정권이 바뀌면서 장수 프로였던 「윤도현의 러브레터」가 폐지되고, 고품격 토크쇼를 표방하면서 「박중훈 쇼, 대한민국 일요일 밤」이 만들어진 적이 있었다. 예능이 아니라 시사교양으로 분류되었던 이 방송은 박중훈의 개인적 인기에도 불구하고 처참하게 실패했다. 처음엔 시청률이 11.3퍼센트대였지만 결국 4퍼센트대까지 추락했고 다음 시즌에 바로 내려졌다. 이 프로그램의 실패에 대해서는 몇 가지 분석을 내놓을 수 있는데, 기획 기간이 짧아서 고품격 토크쇼라는 취지를 충분히 살리지 못했다는 점도 이유 중의 하나다. 그러나 외주 제작

권위주의로의 복귀를 꿈꾸는 이 정권은, 탈권위와 탈계몽주의의
언어를 만들어내는 버라이어티 프로와는 잘 맞지 않는 것 같다.

버라이어티쇼 중에서는 더 짧은 시간에 급히 만들어진 프로그램도 있지만, 이 정도로 철저히 외면당한 예는 찾아보기 어렵다. 토크쇼는 원래 잘난 사람과 잘나가는 사람을 중심으로 구성되는데, 대표적인 토크쇼인 「무릎팍도사」는 포맷상 수직적인 위압감을 느끼도록 구성되지 않는다. 되레 게스트들이 '망가진 모습'을 보이도록 연출된다. 어떻게 보면 「박중훈 쇼, 대한민국 일요일 밤」은 수직적으로 구성된 계몽의 언어를 사용한 셈인데, 너무 구식 언어였거나, 고품격을 새롭게 디자인할 포맷을 찾지 못해서 오히려 전위적이었던 것이다. 우리 시대는 박중훈의 고품격 토크가 아니라 '국민 할머니', 김태원의 무심 어법을 선택했는지도 모른다. 고품격 토크쇼 형식은 언젠가는 돌아올 것이다. 다만 그 안에 사람들이 진짜로 듣고 싶어하는 예민한 풍자와 조소를 담을 수 있어야 할 것이다.

예능감, 예능적 요소, 순발력, 이런 것들은 이미 시대 언어이다. 엘리트들은 버라이어티쇼를 무식하거나 별 생각 없는 사람들이 시간을 때우기 위해서 보는 것이라고 생각하는 듯하다. 그러나 예능의 언어는 그리 간단히 볼 문제는 아니다. 한국의 시사방송이나 교양 프로그램은 아직도 계몽주의 시대의 언어를 사용하고 있다. 여전한 넥타이 차림, 딱딱한 자리 배치 그리고 고전적 포맷을 고집한다. 어쩌면 시청자들은 재미없는 교양물이 아니라 계몽주의 언어를 싫어하는 것인지도 모르겠다. 생각해보자. 세계적으로 성공한 마이클 무어의 「식코」(2007)야말로 리얼리티쇼, 자막, 애니메이션을 비롯해 예능 요소를 가장 많이 차용한 다큐멘터리가 아니었던가! 그런 점에서 '아무 생각 없는' 오락의 언어가 한 시대를 연 셈이다. 여담이지만 2008년 KBS

가을 방송 개편 때, 예능 요소를 많이 도입한 교양방송들이 기획되었다. 하지만 사장 교체와 정부의 방송 장악 논란과 더불어 무위에 그친 바 있다. 버라이어티쇼만 보는 국민의 수준만 탓할 게 아니다. 언어는 그 자체로 언어이다.

물론 버라이어티쇼에 장점만 있는 것은 아니다. 모든 문화에는 형식과 내용, 겉이야기와 속이야기가 있는데, 이명박 정부의 방송 장악과 함께 버라이어티쇼의 속이야기가 너무 빈약해졌다. 공익적인 메시지가 겉이야기 혹은 속이야기로 다양하게 표현되던 시절이 있었다. 겉이야기로 공익을 내세웠던 대표적인 방송은「느낌표」였다. 책과 버라이어티쇼의 결합은 대체로 성공적이었지만, 오래가지는 못했다.「일밤 헌터스」로 다시 겉이야기를 시도했을 때, 이번에는 멧돼지 사냥을 놓고 환경단체와 거세게 충돌했다. 속이야기로 뭔가를 이야기하는 데 성공한 예로「1박 2일」을 들고 싶다. 농업, 친환경, 자연보호 등을 직접 이야기하지는 않았지만, 사실 촬영의 배경 자체가 우리가 지향해야 할 삶 혹은 잊지 말아야 할 것들을 보여주는 면이 있다. 겉이야기든 속이야기든, MC와 방송인의 간접광고나 홍보만으로 생명력을 오래 이어가지는 못 한다. 버라이어티쇼의 포맷이 일종의 언어라면, 무엇을 말할 것인가 하는 문제는 계속해서 방송의 생명력에 대한 질문으로 남을 것이다. 탈계몽주의라고 해서 아무 이야기도 하지 말아야 한다는 것은 오해다. 그런 방송 문화는 오래가지 못한다. 묘한 딜레마인데, 웃자고 보는 버라이어티쇼지만 진짜 웃기기만 해서는 오히려 사람들이 외면한다. 웃으면서도 뭔가 남는 게 있어야 만족하는 이들이 시청자들이다. 이 기묘한 딜레마를 가장 잘 풀어내고 있기에 강호동이나 유재석이 전성기를 구가하고 있는 것이 아닐까? 풍자가 빠진 개그의 몰락이 남의 이야기만은 아니다. 압축성장의 영향 때문인지 한국에서는 유행의 전환이 너무나 빠르다.

버라이어티쇼를 순수하게 시장이라는 관점에서만 본다면 전형적인 2차시장이다. 연극과 비교한다면 연극은 배우와 연출자 자체를 만들어내는 1차시장이고 아카데미 역할을 겸한다고 할 수 있다. 그러나 한국의 버라이어티쇼는 누군가를 데뷔 혹은 훈련시키는 곳이 아니라, 이미 유명해진 사람들 그리고 국민적 인지도를 갖춘 사람들이 자신의 상징자산으로 장사하는 2차시장의 속성을 가지고 있다. 시청률에 목매달 수밖에 없는 버라이어티쇼의 구조상, 인지도를 갖춘 사람이 인지도를 더 높이는 전형적인 빈익빈 부익부 시장에 가깝다. '진입장벽'이 높은 시장이고, 극단적인 스타 마케팅 시스템이 관철되는 곳이라고 할 수 있다. 물론 스타 마케팅은 영화나 드라마 등 문화의 전 영역에서 더욱 강화되고 있지만, 버라이어티쇼에서는 극단적으로 신인 데뷔가 쉽지 않다. 이런 시장의 특징은 20대에게 막혀 있으며 쉽게 고령화된다는 점이다. 버라이어티쇼 MC에 30대 후반, 40대 중반이 많은 이유는 인지도에 따른 진입장벽이 만든 현상이라고 할 수 있다. 방송국의 제작진 내에서도 이런 현상이 생겨난다. 1990년대 중후반 매년 70~80명씩 PD를 뽑았고, 20~30명을 예능에 투입했다. 최근에는 다섯 명의 PD를 새로 뽑았고, 그중 두 명이 새롭게 예능에 합류했다. 정규직 제작진이든 출연진이든, 20대를 찾아보기 어렵다는 문제가 있다.

버라이어티쇼는 언제까지 전성기를 구가할까? 아마 당분간은 영광을 누리겠지만 위기 요소들은 상존한다. 지금의 전성기는 기획력에 힘입은 바 크다고 할 수 있는데, 이런 기획력은 내부 제작과 넉넉한 제작비 등 안정된 여건에서 나왔다고 할 수 있다.「1박 2일」,「무한도전」이 대표적인 내부 제작 프로그램이다.(「무릎팍도사」를 히트시킨「황금어장」은 원래 외주 제작이었으나 최근에 내부 제작으로 바뀌었다.)「무한도전」과「무릎팍도사」모두 성공한 방송인데, 제작비와 제작 방식에서는 중요한 차이점이 있다. 야외 제작은 실내 제작보다 20~30퍼센트 정도 제작비가 더 많이 들어가는데, 외주 제작의 경우는 제작비를 늘리기 어렵기 때문에 스튜디오 촬영 비중을 높이게 된다.

　이명박 정부는 출범 이후 방송 장악에 나섰고 공영방송에도 '경제성'이라는 잣대를 강하게 들이밀었다. 제작비 절감을 위해 스튜디오 촬영 비중을 높였고 기획 기간도 줄였다. 제작 여건은 악화되었고, 혁신성도 점점 낮아질 위험이 있다. 한 치 앞을 못 내다보는 경영진의 시각은 한마디로 독약이다. 드라마도 시청률을 많이 따지긴 하지만, 버라이어티쇼만큼 상황이 열악하지는 않다. 시청률이 잘 나오면 드라마 횟수를 늘리는 경우는 있지만, 시청률을 이유로 조기 종영하는 사태가 자주 벌어지진 않는다. 일반적으로는 제작 편수를 맞춘다. 그러나 버라이어티쇼에서는 장수 프로그램을 보기 어렵고, 초기 시청률이 낮게 나오면 정기개편 때 바로 내려진다. 드라마의 경우 초기에는 시청률이 낮다. 하지만 주인공들의 갈등이 본격화되면서 점차 높아지고, '출생의 비밀'이 밝혀지거나 해피엔딩 국면으로 가면서 최고점을 찍는다. 그러나 현 정권의 방송 경영진들은 버라이어티쇼에는 관대하지 않다.「천하무적 야구단」은 스포츠쇼의 새로운 장르를 열었는데, 전국대회 진출로 막 꿈이 이루어지려는 시점에서 낮은 시청률을 이유로 폐지되었다. 외주 제작 비중을 높이는 이유도 기본적으로는 제작비를 낮추기 위해서다. 낮은 제작비, 외주 제작 비중 증가, 단기 기획, 이런 조건에서 어쩔 수 없이 검증된 MC 중심의 스타 마케팅을 펼치게 된다. 이는 결국 출연진 및 제작진의 고령화와 함께 포맷 실험의 실종 및 다양성의 실종 같은 문제에 부딪힐 것이다. 오락방송은 그냥 오락방송으로 대해도 좋은가? 여기에도 새로운 시장을 개척하거나 새로운 유형을 만들어내는 문화라는 시각이 필요할 것 같다. 문화, 예술의 미덕은 기다림에 있지 않은가. 모든 프로그램이 첫 방송부터 대박을 내면서 시청률을 올릴 수는 없다. 새로운 시도에 시청자들은 낯설어할 수밖에 없고, 서로 익숙해지는 데 어느 정도 시간이 필요하다. 이 시간을 기다려주지 않고 바로 방송을 내려버리면 새로운 실험에 나설 수가 없고, 이미 검증된 방식만을 사용했던 개그 프로의 실패를 따를 수밖에 없다.

나는 한국 버라이어티쇼가 더 깊고 폭넓어지면서 다른 분야에 대한 '포털' 역할을 해내며 끊임없이 새로운 언어를 개척하길 바란다. 좋든 싫든, 탈계몽주의 시대에 예능 프로는 바로 민중의 언어다. 그러나 지금같이 단기 시청률만을 잣대로 목숨이 왔다 갔다 하는 '앵벌이 방송'으로는, 활로를 찾지 못하고 개그 프로그램의 뒤를 따르고 말 것이다. 텔레비전 시청자들은 세상에서 가장 민감한 소비자이고, 그중에서 버라이어티쇼 시청자들은 더더욱 그렇다. 왜 성공했는가, 바로 거기에 위기 요소가 숨어 있다. 경영진은 버라이어티쇼를 방송사에 돈 벌어다주는 수단으로만 생각해서는 안 된다. 이 쇼가 이 시대 문화의 꽃이라는 점을 이해하고, 안정성과 다양성을 확보할 만한 여건을 조성하기 위해 노력하지 않으면 위기가 닥칠 것이다. MC들의 끈끈한 우정만으로는 위기를 돌파할 수 없다. 예능방송인의 우정보다 훨씬 더 강력한 선후배 관계로 엮인 개그맨들도 이 문제를 풀지 못했다. 시사교양방송과 오락방송은 경쟁 관계라기보다는 보완 관계라는 성격이 더 강하다. 실제로 포맷이나 내용에서 서로 배울 점이 많을 것이다. 버라이어티쇼가 만들어낸 이 시대 민중의 언어를 되새기며, 그들이 계속해서 새로운 언어를 만들어낼 환경이 자리 잡기를 기대한다. 그래서 이 오락물과 풍자극의 언어들이 후손들에게 우리 고유의 문화유산으로 전해지기를 바란다.

**역대 예능 프로그램 시청률 순위**
평균적으로 한국에서 예능 프로그램은 드라마에 비해 시청률이 낮은 편이다. 그래서 예능 프로그램에서는 편당 시청률이 30퍼센트가 넘으면 고시청률 프로그램으로 분류된다.

# 3 막장 드라마와 본방 사수

신데렐라 이야기, 인정(웃음). 인정해요. 제 작품에는 늘 신데렐라
가 등장하죠. 남자 신데렐라든 여자 신데렐라든. 그런데 신데렐라
이야기가 가장 재미있지 않나요? 딴 걸 해보면 시청률이 안 나와
요. 저는 드라마는 무조건 재미있어야 한다고 생각하거든요. 드라
마는 예술이 아니라 한 시간짜리 엔터테인먼트다, 그래서 늘 남의
돈으로 예술 하면 안 된다고 생각하면서 드라마를 쓰죠.

— 드라마 「시크릿 가든」 김은숙 작가 인터뷰, 《방송작가》 2011년 2월호

일본 코미디에서 한동안 "한국 드라마 같아요."라는 이야기가
유행한 적 있었다. 별 맥락 없이 갑자기 자신이 상대방의 엄마 혹은
아빠라고 말하는 패턴인데, 출생의 비밀과 관련된 한국 드라마의 기
본 패턴은 일본인들에게는 매우 희한하게 느껴진 모양이다. 하긴, 출
생의 비밀이 없으면 한국 드라마가 아니라고 할 정도다. 꼭 배다른 형
제나 부모의 비밀을 주요 모티프로 하지 않더라도 출생의 비밀은 한
국 드라마의 단골 요소가 되었다. 왕국의 통일 기반 형성사를 사라진
쌍둥이 한 사람 이야기에서 시작하는 「선덕여왕」이나, 「커피 프린스
1호점」 아니면 드라마작가의 데뷔에 관한 이야기인 「사랑은 아무나
하나」 모두 출생의 비밀을 담고 있다. 따져보면 얼마 전까지 축첩이
남아 있었지만, 우리는 제도적·공식적으로 이 문제를 다룬 적은 별로
없다. 혼외 출산이 인구의 절반이 넘는다는 스웨덴 등 북구에 비할 바

는 아니지만, 공식적으로는 엄격한 가족제도를 유지하고 있으나 실제로는 혼외 출산율이 상당할 것이다. 이런 공식과 비공식의 긴장 상태에서 출생의 비밀이 한국인의 파토스를 자극하는지도 모른다.

흔히들 한국 드라마에는 현실이 없다고 이야기한다. 신데렐라 스토리, 부자들만의 나라, 착한 사람들만 나오는 안드로메다 이야기, 이런 평가들이 따라붙는다. 물론 시청자의 입맛에 맞추어 가공된 특수 상황은 텔레비전에서나 구현되는 이상향이다. 하지만 허상이든 이데올로기든, 그 모든 것들은 표상으로서 우리 자신과 우리 사회를 대변한다. 왜곡된 욕망이든 전도된 사랑이든 그도 아니면 조작된 허상이든, 우리의 현실이자 우리 시대의 무의식이다. 우리에게는 너무나 익숙해져서 당연하다고 생각했던 것이 타인의 눈에는 어색해 보일 수 있다.

하지만 외국에서 정상 유통되는 최초의 한국 문화상품이 드라마라는 점은 확실하다. 영화 중에서는 해외에서 200만 달러 이상의 수익을 올린 한국 상품이 거의 없다. 「엽기적인 그녀」를 중국에서만 수억 명이 보았다지만 불법복제 영상물로 유통되었다. 드라마는 좀 다르다. 한류 열풍을 이끌었던 「겨울연가」에서 이슬람 사회에 여성해방이라는 충격적 질문을 던진 「대장금」에 이르기까지, 한국 드라마는 가장 강력한 '경쟁력'을 가진 대중문화다. 현재 상황을 보면, 드라마는 시장에서 충분히 생존할 수 있고, 국제무대에서도 당당히 살아남을 수 있는 상품으로 보인다. 그렇지만 우리는 드라마에 대한 평가에 인색하고, '막장'이라는 딱지를 붙이는 데 별로 주저하지 않는다. 영화와는 달리 사전 제작이 거의 이루어지지 않고, 시청자의 요구가 드라마의 결론을 바꿀 수도 있고, '쪽대본'이라는 용어가 쓰일 정도라 고급문화라는 느낌은 주지 않는다. 요컨대 한국 드라마는 국내외 시장에서는 성공했지만 예술적으로는 인색한 평가를 받고 있다.

어쨌든 드라마는 버라이어티쇼와 함께 한국 방송을 이끌고 가는 간판 상품이자 사람들이 가장 많은 시간을 들여 함께 즐기는 문화이다. 하지만 괜찮을 때일수록 위기 요소는 없는지 생각해봐야 한다. 이런 질문을 떠올려보자. 드라마라는 분야에도 정부가 보조금을 지급할 필요가 있을까? 물론 보조금은 이미 지급되고 있다. 간접광고가 허용되면서 드라마에도 정책 광고가 붙기 시작했다. 드라마 「시크릿 가든」의 금연 홍보 장면에 1억 5000만 원이 지급되었는데 이것도 일종의 보조금이라고 할 수 있다. 실험극이나 예술성 높은 드라마 혹은 지역 방송국에서 자체 제작하는 드라마에 보조금이나 지원금을 줄 수 있는가? 이는 드라마의 획일성과 다양성에 관한 물음인데, 한국의 문화시장 전체를 관통하는 질문이기도 하다. 수익성과 공익성, 문화 다양성을 두고 우리는 어떤 기준을 제시하거나 합의할 것인가.

드라마를 시장이라는 관점으로만 보면, 현재의 한국 드라마는 포화 상태이다. 여전히 시청률이 40퍼센트에 이르는 드라마가 간혹 나오지만, IMF 전인 1996년에 방영되었던 「첫사랑」은 55퍼센트까지 치솟았다. 2003년 「대장금」이 51퍼센트, 2006년 「주몽」이 51.9퍼센트를 기록했다. 기본적으로 드라마시장은 시청률과 열성도라는 두 요소의 함수로 볼 수 있다. 광고 단가도 이에 따라 결정되는데, 판권 수출을 제외하면 DVD 같은 파생상품 역시 마찬가지다.

공중파 드라마의 시청률은 지속적으로 하락하는 경향을 보이는데, 이는 드라마끼리의 경쟁뿐만이 아니라 다른 오락 프로그램과의 경쟁에 기인한 듯하다. 사실 지난 10년 동안 텔레비전 시청률은 거의 변하지 않았다. 2009년 우리는 평일에는 2.9시간, 토요일에는 3.6시간 그리고 일요일에는 3.9시간 텔레비전을 시청했다. 여성이 남성보다 좀더 많이 보고, 전문관리직과 사무직이 농어민보다 약간 덜 본다. 분류 항목 중에서 가장 큰 차이가 나는 것은 연령군인데, 60대 이상이 다른 연령대에 비해 훨씬 많이 본다. 평일에는 거의 두 배 차이나지만, 일요일에는 그렇게까지 차이가 나지는 않는다. 일요일에는 우리 모두 4시간 정도 텔레비전을 보는 셈이다. 평일 기준으로 1999년에는 평균 2.5시간, 2004년에는 2.2시간 시청했다. 지금까지 국민 생활시간에 대한 국가 조사는 세 차례 실시되었는데, 오차를 감안하면 평일에는 보통 2시간 넘게, 그리고 일요일에는 4시간 정도 텔레비전을 보는 셈이다. 다른 사회통계에 비하면 성별·학력별 차이가 그다지 많이 나지 않고, 특히 일요일 시청 시간은 거의 비슷하다. 성별, 연령별, 직업별 차이가 거의 없이 한국인은 일요일에는 4시간 정도 텔레비전 앞에 앉아 있다. 통계로 보아 10년 사이에 시청 시간이 약간 늘어났다고 본다면, 인터넷의 보급에도 불구하고 텔레비전 시청은 일종의 삶의 문화 혹은 습관이 되었으므로 앞으로도 상당 기간 이 비율이 유지될 듯하다. 주5일제의 도입과 함께 여행이 급격하게 늘어날 거라고 전망하는 이들도 있었지만, 텔레비전 시청 시간에는 별 영향을 미치지 않은 것 같다. 방송시장이란 기본적으로 시청자들의 전체 시청 시간과 총광고비, 이 두 요소가 기본 축이다.

지난 10년 동안 텔레비전을 켜놓는 시간은 크게 달라지지 않았지만, 공중파의 드라마 첫 방송, 즉 본방을 보면 상황이 좀 다르다. 일단 공중파 외에 케이블 텔레비전이 많이 늘었고, '텔레비전의 꽃'이라는 드라마의 자리에 버라이어티쇼가 치고 들어왔다. 시청률에 비례한 광고 소득이 드라마의 매출액을 결정한다면, 이 시장은 이미 포화 상태이다. 국민들의 가처분소득이 늘지 않는 상태에서 광고시장만 늘어날 수 없으니, 이미 한계에 왔다. 판권 판매를 제외하면 소득 자체가 줄어들고 있다. 그러니 한류라는 형태로 해외시장 판매분을 높이려 할 수밖에 없다. 최고점 기준 10퍼센트 정도 줄어든 시청률은 앞의 두 가지 변수로 어느 정도 설명할 수 있다. 그러다 보니 한때 MBC에 '드라마 왕국'이라는 월계관을 씌워주었던 수목 드라마의 경우 김명민이 떠나던 「베토벤 바이러스」 최종회의 19.5퍼센트를 마지막으로 한 자릿수 시청률을 넘기지 못하고 있다.

드라마 자체의 시청률 위기에는 골수팬들에게 한국 드라마가 아닌 다른 대안이 생겼다는 점도 영향을 미친 듯하다. 멀리 갈 것도 없이 내 경우만 봐도 그렇다. IMF 경제위기가 한참일 때, 나는 「덕이」부터 「용의 눈물」까지, 저녁 내내 주말 드라마를 끼고 살았다. 남자 치고는 아주 열심히 봤는데, 심지어 훌쩍 훌쩍 울기도 했다. 공중파만 보다가 결국 케이블로 넘어간 이유 중의 하나가 미국 폭스 텔레비전이 제작한 「닥터 하우스」를 보기 위해서였다. 일요일 새벽에는 MBC에서 뒤늦게 수입한 「CSI」 라스베이거스 편을 열심히 봤다. 미국 드라마, 미드는 이제 한국 문화의 일부가 되었다. 케이블 등을 통해 미국 드라마가 본격 소개되기 시작하였고, 「섹스 앤 더 시티」 등 미드 열풍이 불었다. 여기에 본격적으로 비정규직 문제를 다룬 「파견의 품격」

을 비롯한 일본 드라마 열풍도 만만치 않았다. 전체 시청률에 영향을 미치지는 않지만, 드라마의 본진 소비자라고 할 수 있는 20~30대 여성들에게 미드와 일드의 영향력이 엄청나게 강해진 것 같다. 드라마 한 편이 사회에 미치는 문화적 영향으로만 본다면「섹스 앤 더 시티」를 넘어서는 한국 드라마는 아직 나오지 않은 것 같다. 약 170만 명이 본 영화「악마는 프라다를 입는다」와 함께「섹스 앤 더 시티」는 드라마시장과는 직접 겹치지 않는 패션시장에서 엄청난 영향력을 발휘했고, 패셔니스타, 패션 리더를 추구하는 현상을 만들어냈다. 드라마와 미국 문화가 결합해 폭발력을 과시하는 상황은 영화에서는 종종 눈에 띄지만, 드라마에서는 최근에야 본격화되었다. 한미 FTA가 체결되어 이런 경향이 본궤도에 오르면 황금시간대에 미드와 한국 드라마가 경쟁하는 상황이 벌어질지도 모른다.

여러 방송들이 시청자들의 시청 시간을 놓고 경쟁하는 한편, 광고시장에서는 시청률과는 조금 다른 척도로 광고가 배분된다. 지상파 텔레비전 방송을 기준으로 2008년에는 광고수익이 1조 9000억 원, 2009년에는 1조 7000억 원가량 되었다.(종합유선방송은 2009년 기준 1060억 원으로 공중파의 10분의 1에 조금 못 미친다.) 금액만을 본다면 광고는 GDP 증가에도 불구하고 줄어드는 경향을 보인다고 할 수 있다.(물론 다채널 TV 광고 수익은 증가했지만 전체 규모로 볼 때 아직은 일반 TV 광고시장보다 훨씬 작은 편이라 광고 총 수익에 미치는 영향은 적다.)

2008년 금융위기의 여파가 일부 있겠지만 전체 광고 금액이 줄고 있다. 공중파 텔레비전의 경우 조금 더 많이 줄어들 것으로 예상할 수 있다. 실제로 2008~2009년 전 세계적으로 텔레비전 광고가 줄었

**전 세계 텔레비전 광고 수익 전망**

단위: 100만 달러

| 구분 | 텔레비전 광고 수익 | | | 다채널 텔레비전 광고 수익 | | |
|---|---|---|---|---|---|---|
| | 2008년 | 2009년 | 증감률(%) | 2008년 | 2009년 | 증감률(%) |
| 북미 | 42,571 | 39,513 | -7.2 | 10,610 | 10,509 | -0.9 |
| 서유럽 | 32,354 | 30,620 | -5.4 | 4,437 | 4,462 | 0.6 |
| 아시아/태평양 | 28,621 | 28,056 | -2 | 2,071 | 2,221 | 7.2 |
| 동유럽/중동/아프리카 | 10,199 | 10,104 | -0.9 | 618 | 713 | 15.3 |
| 중남미 | 12,153 | 12,388 | 1.9 | 1,205 | 1,305 | 8.3 |
| 합계 | 125,897 | 120,681 | -4.1 | 18,941 | 19,210 | 1.4 |

(informa telecoms & media, 2009, 방송통신위원회 연차보고서 재인용)

고, 유일하게 중남미에서만 1.9퍼센트 증가했다. 이걸 단순한 금융위기의 충격이라고만 볼 것인가, 아니면 세계 광고시장의 새로운 경향으로 볼 것인가에 대해서는 논자에 따라 판단이 갈릴 수 있다.

텔레비전 광고와 신문 광고의 실제 마케팅 효과를 두고 논쟁이 벌어지고 있는데, 신문 광고는 기업 이미지 제고를 위해서, 텔레비전 광고는 실제 상품 판매를 위해서 진행하는 것 같다. 전체적으로 본다면 2000년대 이후 한국에서는 '마케팅 사회'의 성격이 강화되면서 텔레비전 광고액도 늘어났다. 하지만 산업별로 경쟁보다는 독점 혹은 과점 현상이 자리 잡으면서 텔레비전의 제품별 광고는 줄어드는 경향이 보였다. 게다가 '격차 사회'가 본격 형성되고 '신빈곤 현상'이 새롭게 나타났다. 국민들의 저축률은 마이너스로 돌아섰고, 텔레비전 광고의 주요 타깃인 중산층이 무너지면서 가계의 소비 여력도 점차 약화될 것으로 보인다. 여기에 탈토건 조짐이 보이고 중요한 광고주였던 건설사들의 아파트 광고가 점차 사라지고 있다. 물론 빈부격차가 심화되면 부자들은 더 많은 부를 쌓게 되지만 진짜 럭셔리 제품들은 아예 텔레비전 광고를 하지 않는다. 텔레비전 광고에서 샤넬 같은 고품격 제품들을 본 적이 있는가? 텔레비전 광고에서 아무리 럭셔리나 고품격을 외친다 하더라도 그런 제품들은 중산층을 타깃으로 한다. 중산층의 축소와 지불 여력의 감소로 인한 현상들은 텔레비전 광고시장에도 상당한 영향을 미칠 것으로 예상된다.

드라마에 광고를 붙일 때 시청률만 보고 결정하지는 않는다. 아무리 시청률이 높다 하더라도 호감도가 높지 않은 방송에 광고를 하기에는 꺼려질 것이다. 「대물」에서 고현정의 광고비 기록이 갱신되었는데 이는 호감도와 관련이 높은 결과다. 언론에서 열독률이라는 변수를 사용하듯이 드라마에서도 이와 유사하게 열성도 같은 개념을 사용할 수 있을 듯한데, 보통은 본방 시청률로 이런 지수를 대신한다. 30~40대 여성이 주 시청자라는 가설과 함께 본방 시청률은 주요 광고 척도가 된다. 당연히 드라마의 흐름은 이런 주 시청 집단에 맞추어지고, 문화의 과잉 대표 또는 과소 대표 문제가 생겨난다.

드라마를 시청하는 방식은 다양하다. 재방송이나 케이블 텔레비전을 통한 재전송이 있고, 인터넷 혹은 IP텔레비전을 통한 VOD 서비스를 이용할 수도 있다. 이런 상황에서 본방은 그만큼 열성도 높은 시청자를 간접 측정할 수 있는 방식이고, 그래서 VOD를 통한 사후 시청이 아무리 높더라도 광고시장에서는 인정받지 못한다. 원하는 시간에 편하게 볼 수 있는데도 본방을 본다는 것은 그만큼 열성도가 높다는 이야기고 (만약 드라마에 노출된 상품이나 문화 패턴이 있다면) 이를 모방할 확률도 그만큼 높다고 할 수 있다.

이런 점에서 생각해보면 가끔 등장하는 열성 팬들의 본방 사수

운동이 아주 의미가 없지는 않다. 화학회사와 대형 로펌의 결탁 문제를 다룬 법정 드라마「파트너」의 경우, 국민참여재판제를 소재로 상당한 화제를 모았다. 그러나 시청률이 낮았고, 여러 이유로 조기에 종영할 거라는 루머가 돌았다. 시청률 6퍼센트로 시작했으나 팬들의 '본방 사수' 열기로 드라마의 손익분기점인 10퍼센트 초반을 기록하면서 조기 종영을 피했고, 법정 드라마의 상업적 가능성을 보여주었다. 남자 주인공이었던 이동욱의 군입대가 아니었다면「파트너」의 경우 방송사 자체 기획으로 공중파 드라마의 시즌제라는 성과를 이루었을지도 모른다. 물론 한국 드라마의 시즌제 제작이 어려운 데는 여러 가지 이유가 있다. 팬이 있고 여건이 뒷받침되더라도 시즌제라는 큰 기획, 장기적 기획이 굴러갈 시스템이 나오려면 더 많은 실험, 더 많은 투자가 필요하다. 케이블에서는 TVN의「막돼먹은 영애씨」가 시즌8까지 이어지면서 성공한 사례가 있지만 이건 특수한 케이스다. 또 배우와 연출자, 작가가 장기 기획으로 같이 움직이려면, 스타 PD, 스타 배우, 스타 작가에만 매달리는 풍토로는 안 된다.

드라마에 대한 편견이나 애정 없이 객관적인 시장만 본다면, 한국의 드라마시장은 한류 붐을 타면서 막 커가던 2000년대 초반의 양상에서 벗어나 무르익을 대로 무르익어 비록 규모는 크지 않더라도 파생상품이나 부가 소득이 제작비 마련에 아주 중요해진 단계에 이르렀다. 이제 공중파 말고도 케이블이나 DMB 혹은 인터넷 같은, 드라마를 소비할 수 있는 경로는 아주 다양해졌지만, '지불의사'가 있는 소비자는 DVD를 실제로 구매하는 사람과 IP텔레비전의 VOD에 돈을 내는 사람 그리고 본방 사수를 위해 집에 일찍 돌아오는 시청자

정도이다. 이중 진짜 비용은 DVD 등 구매 비용과 교통비 정도이다. 참고로 생태경제학이나 문화경제학에서 생태계나 문화재 보호와 관련해 진짜 지불의사를 계산하는 방법 중 가장 물질적이면서도 주관적 편향이 없는 추정 방법이 여행비용법(travelling cost method)이다. 실제로 그곳을 방문하기 위해 여행경비를 얼마나 지불했는지 계산하는 방식이다. 주관적인 선호보다는 실제로 지불한 비용이 더 객관적이다. 유사한 방식으로 드라마시장을 본다면, 시장은 사실상 포화되어 있고 소비자들은 본방 사수 외에는 드라마에 더는 돈을 지불할 의사가 없는 시장인 셈이다. 지금도 그렇고 급격한 변화가 없는 한 앞으로도 드라마시장의 주요 매출액은 광고 수주액이 차지할 것이다. 본방 시청률을 열성도 척도로 삼는 광고비가 이 시장에서 부가가치 주요 기둥을 형성하는 셈이다.

물론 한국의 많은 중소업체들을 포함한 산업체들은 국내 시장이 포화되는 양상을 보이면 즉각 해외 시장으로 나아갔는데, 드라마의 경우는 언어 및 문화와 결합돼 있고 부품소재산업 같은 표준화된 제품이 아니라는 점에서 그렇게 간단하지가 않다. 물론 문화적 차이 때문에 수출이 가능할 수도 있겠지만, 기본 시장 구조의 아키텍처를 그렇게 구성할 수는 없다. 드라마 수출액이 많지 않아 주연급을 제외한 배우들과 스태프들에게 이렇다 할 소득이 돌아가지 않을뿐더러, 지금의 판권 구조를 보면 드라마를 성공적으로 수출했다 치더라도 제작 상황을 개선할 수 없다. 한국 드라마에서 그보다 중요한 것은 외주 제작 시스템이다. 외주 제작사의 필요성에 대해서는 논란의 여지가 있지만, 어쨌든 현재 방송법에는 영화를 제외한 전체 방송 시간의

100분의 40까지를 외주 제작으로 채우는 의무편성이라는 제도가 있다. 방송을 산업화하겠다는 얘긴데, 어쨌든 경제 제도에는 비가역적 속성이 있어서 한 번 만들어놓은 제도를 되돌리기는 어렵다. 방송국에서 앞으로는 모든 프로그램을 자체 제작하겠다고 나서면 기존 제작사들은 난리가 난다. 여기에서 성과를 분배하는 판권 문제를 살펴보자.

방송사는 특정한 방송을 외주 제작하기로 결정하면 기준을 정해서 발주한다. 좋은 조건을 제시하는 제작사에 발주를 하게 되는데 일반 관급 공사나 정부 용역과 달리 수주자와 발주자가 딱 갈리지 않는 특성이 있다. 원칙적으로 제작사는 자체 인력과 장비만으로 방송을 제작·공급해야 할 것 같은데, 스튜디오 현실이나 인력 운용에도 문제점이 있어서 실제로는 방송사 PD 등도 참여한다. 인건비나 장비 혹은 스튜디오 사용분만큼 방송사가 지원하는 셈인데, 실제 제작 비용이 순제작 비용에 미치지 않는 등 양쪽의 계약관계가 그리 분명하지는 않다. 여기에 공채 시절의 배우와 기획사 소속 배우, 방송사를 퇴직한 전임 PD 등이 얽혀, 형식은 그렇지 않지만 현실적으로는 모기업과 자회사 비슷한 관계가 형성되기도 한다. 자생적 시장이 아니라 방송법의 의무편성이라는 조항에 의해 생겨난 일종의 '제도시장'의 초기 모습은 다른 공기업이나 네트워크산업의 경우에도 유사하게 관찰된다. 한전 간부들이 퇴임 후에 사장으로 가는 크고 작은 전기용 설비업체를 상상하면 비슷할 것이다.

이렇게 광고비를 재원으로 하여 방송국과 외주 제작사가 제작비를 나누는 구조에서 광고비는 앞서 언급한 대로 더 이상 늘어나기

2008년에 한국 드라마시장을 체계적으로 분석할 기회가 있었는데,
이번에 전체 수치들과 구조들을 다시 보니까 상황은 더 나빠져 있었다.

어렵기 때문에, 결국 판권은 점점 핵심 문제로 대두될 수밖에 없다. 대체로 「가을동화」 이전과 이후가 다르다고 볼 수 있을 것 같다. 「가을동화」 이전에는 NHK 등 외국에서 한국 드라마를 본격 방영하는 사례가 없었으니까 계약서에도 특별히 판권을 명기하지 않았고 전례도 별로 없어 '대충' 처리했다고 할 수 있다. 그러나 성공한 드라마가 수출로 돈이 될 조짐이 보이자 방송사가 판권 관리에 나서게 되었고, 현장 용어로는 "싹 걷어갔다". 일단 제작이 완료되어 납품된 이후에는 판권은 방송국이 갖는다. 일종의 저작권의 연장 논의라고 할 수 있는데, 처음 예상보다 경제적으로 훨씬 성공한 다음에 원 저자나 제작진이 어느 정도의 권리를 요구할 수 있는가 하는 질문인 셈이다. 법적으로나 제도적으로 복잡한 문제이다.

드라마는 아니지만, 방송을 책으로 옮긴 교육방송의 「지식채널 e」의 경우 논란이 많았다. 이 시리즈는 책으로도 상당한 성공을 거두었는데, 단행본 판매에 성공을 거둔 이후 방송국에서 요구하여 대체로 방송사가 8퍼센트, 작가들이 4~5퍼센트의 인세를 받았다. 원래 계획에 없던 출간을 주도한 이는 작가들이고, 실제로 책 원고를 정리한 이들은 또 다른 외주작가인데 이들은 인세는커녕 원고료도 무척 박하다. 사실 대학이나 언론사 같은 준공공기관에 정규직으로 근무하는 사람들의 경우, 해당 기관에서 돈을 받고 진행한 연구나 작업의 2차 수익을 그들이 향유하는 인프라나 서비스에 대한 대가로 모기관에 양도하는 것은 원칙적으로 그렇게 비합리적인 처사는 아니다. 하지만 정규직 근무자가 아닌 경우 그들이 참여한 바에 따른 대가는 어떻게 처리해야 할 것인가? 인세 계약을 기본으로 하는 책에서는 이런 문제가 어느 정도 정리되었는데, 일반화할 수 있는 표준계약서가 정착되지 않은 분야에서는 실제 제작이나 창작에 대한 기여도와 성과에 따른 분배가 일치하진 않는다. 대부분 힘 센 놈이 더 가져가고 약자만 억울하게 된다. 이런 문제를 인간적으로 좀 완화하기 위해서 '러닝 개런티' 혹은 '보너스' 같은 방식으로 일정한 몫을 제작자에게 주기도 한다. 그러나 이는 특A급 배우인 경우 혹은 상호 신뢰가 있어야 가능한 일이다.

드라마의 경우 방송국이 제작사에 비해 힘이 월등히 강하기 때문에 "전부 내가 갖는다."라고 기본 원칙을 결정해놓은 것이다. 제작사끼리의 경쟁도 치열하기 때문에 하도급 혹은 하청이 작동하는 일반 구조에서 '가격 후려치기' 혹은 '꺾기' 같은 관행이 등장하고, 원가 이하로 드라마를 제작하는 상황도 벌어진다. 드라마는 성공했는데도 조연배우나 스태프들이 임금을 제대로 받지 못해 결국 파업에 나서는 상황은 바로 이런 제작비 배분 구조에서 빚어진다. 제작비 자체가 원가에 미치지 못하는데, 작품이 성공해도 비용을 돌려받을 길이 없다. 그렇다고 스타 마케팅을 포기할 수도 없으니, 결국 가장 약한 고리에 피해를 떠넘기는 것이다. 그들이 바로 조연배우이고 현장 스태프들인데, 자신을 지키기 어려운 사람들이 화려한 드라마 세트장 뒤편에서 눈물 흘리게 되어 있는 셈이다.

해외시장을 겨냥하면서 자체 제작보다 훨씬 좋은 조건에 제작된 「태왕사신기」 같은 드라마가 아주 없었던 것은 아니다. 회당 제작비가 1억 원에서 1억 5000만 원 정도로, 편당 제작비가 당시 일반 드라마보다 여덟 배가량 높았던 이 드라마는 투입 비용에 비하면 그렇게 큰 성공을 거두었다고 하기는 어렵다. 외주 제작에서 장기 기획은 위험하다는 인식이 여전히 높다.

문제를 더 어렵게 만드는 것은 스타 마케팅 의존도가 높아지고 있다는 점이다. 과연 유명한 스타를 기용하는 것이 드라마의 성공을 보장하는가, 이에 대한 실증적 분석은 조금 더 복잡한 이야기이다. 형식으로만 보자면 남녀 주연 두 명이 제작비에서 차지하는 비중이 2000년에는 10분의 1 정도였는데, 이제는 5분의 1을 상회하는 경우도 많다. 드라마보다는 제작진과 배우들이 훨씬 더 밀접한 네트워크를 형성하는 영화에서는 나름대로 이를 완화하는 요소들이 있는 반면에, 드라마는 진짜 "돈 놓고 돈 먹기" 행태를 보인다. 당연히 스타 배우들에 대한 출연료 상한제 이야기가 나온다. 누군가는 양보를 해야 하는데 방송사, 스타 배우, 스타 PD, 여기에 스타 작가까지, 양보할 사람은 하나도 없다. 이런 상황에서 드라마를 지속 가능한 생태계로 전환해야 한다는, 그야말로 생태계의 기본 아키텍처를 짜줄 기획자나 정책 입안자 혹은 복잡한 상황을 정리할 원로 노릇을 해줄 사람이 없는 셈이다. 지금까지는 방송국이 얼마간 그런 역할을 해주고, 공채 시스템 내에서 배우들도 여론 그룹을 형성했는데, 지금의 외주 제작사나 기획사 시스템에서는 스스로 장기 방안을 제시하기가 쉽지 않아 보인다.

들어오는 돈은 빤한데, 이를 당사자들 간에 어떻게 배분할 것인가로 골머리를 앓는 시장, 여기에서 우리는 '쪽대본'으로 상징되는 열악한 생산 구조, 그리고 이보다 몇 배는 더 해결하기 어려운 한국 드라마의 '약한 고리들'만을 목격할 뿐이다. 그러니 당연히 검증된 출연진과 검증된 작가 그리고 단기간에 시청률을 높이는 효과를 입증한 '출생의 비밀' 같은 장치들에 의존하게 된다. 여기에는 버라이어티쇼가 지난 10년 동안 해온 혁신이나 영화계의 장기 기획, 아니면 새로운 바람을 몰고 올 실험극 등이 들어설 공간이 거의 없다.

2008년에 한국의 드라마시장을 살펴볼 기회가 있었는데, 이번에 전체 수치들과 구조들을 다시 보니 그동안 상황은 더 나빠진 것 같다. 이 상황에서 그래도 수작들이 나오고 있다는 사실이 오히려 놀라웠다. 2010년에 SBS 연기대상은 「대물」의 고현정이 받았다. 차인표, 권상우, 이수경 같은 배우들이 함께 출연했지만, 외주 제작 상황에서 고현정만 SBS와 직접 계약을 맺었다. 이 상황이 의미하는 바는, 이제 출연료 미지급은 조연이나 엑스트라 혹은 제작 스태프들만의 문제가 아니라는 것이다. '미지급' 문제는 외주 제작 드라마에 참여하는 모든 사람을 위협한다는 말이다. 누구나 고현정처럼 원청업체인 방송국과 직접 계약할 수는 없는 현실 아닌가.

이 상황에서 본방 시청률은 특히 외주 제작 드라마로서는 진짜 목숨줄이다. 경제 규모로 따지자면 연극은 드라마와 비할 바가 아니지만, 이런 식이라면 연극은(그리고 극단은) 이미 한국에서 사라졌을 것이다. 따져봐야 겨우 1조 원 남짓한 드라마 광고시장에서 산업화니 규모화니 수출 역군이니 하고 있지만, 사실 공허한 이야기다. 시장 규모에 비하면 제작사들이 너무 많다고 할 수 있는데 그렇다고 시장 자체가 늘어날 전망도 밝지 않다. 그러니 단기 기획, 촬영 당일에나 겨우 나오는 '쪽대본', 그리고 "해피엔딩으로 해주세요."라는 시청자 요구에 따른 연장 방영 혹은 결론 변경 같은 문제들이 줄줄이 엮여 나올 수밖에 없다. 이런 조건에서 어느 정도 수준이 있는 드라마를 만들려면, '열정'이라는 이름의 착취 없이는 불가능하다. 그러나 조연들과 스태프들이 세 끼 밥도 챙겨 먹을 수 없는 구조에서는 이것도 한계가 있다. 기본 스토리도 중간중간 바꾸고, 연출과 제작도 바꾸는 마당에 '팔릴 만한 검증된 소재'인 출생의 비밀의 유혹을 느끼지 않을 작가나 PD를 찾기는 어려울 것이다. 드라마「대물」은 입체적이면서도 일관된 캐릭터와 꽉 짜인 구조를 선호하는, 미드와 일드 그리고 문화 다양성의 영향 등으로 까다로워진 한국 드라마 팬들의 최근 흐름과는 정반대로 가버렸다. 「대장금」이 김영현 작가와 이병훈 PD의 기획 없이 이영애와 지진희의 열연만으로도 만들어질 수 있었을 거라고 상상하는 사람은 없을 것이다. 물론 소가 뒷걸음질 치다가 쥐를 잡을 수는 있다. 그러나 현재의 한국 드라마는 소재뿐만이 아니라 제작방식도 막장으로 치닫고 있다. 연달아 부도를 맞는 제작사에 몸담은 비정규직 출연자와 스태프들의 삶은 형언하기도 어렵다.

현재 상황에서 드라마 시청률을 더 높이기도 어렵지만, 그래봐야 광고료 총액이 사실상 결정되어 있을뿐더러 점점 더 줄어드는 경향이 있어서 드라마 제작 상황은 개선되지 않는다. 출연료 상한제가 어느 정도 의미는 있겠지만, 이것도 윗돌 빼서 아랫돌 괴는 방식이라 장기 대책이 되기는 어렵다. 게다가 아직 정책적인 관리 방식을 마련하지 못한 기획사 문제까지 얽혀 있어서 몇 사람이 큰 결심 한다고 해결될 문제가 아니다. 몇 명 되진 않을 것 같지만, 스타의 사회적 영향력 및 인지도는 한국에서 매우 높아서 1조 원 정도의 시장에서 조정을 시도했다가는 국회의원 세비 낮추는 것보다 더 큰 정책 저항을 받을 위험이 높다. 이는 다른 분야에서도 마찬가지인데, 시청료 상한제 같은 내부의 성과 분배 문제에 국가가 직접 비율을 조정하겠다고 나서면 성과는 적고 반발은 커서 실패할 개연성이 크다. 드라마에 대한 기여도만이 아니라 내부 권력 관계 등이 뒤얽혀 작동하기 때문에 외부의 힘으로 단칼에 해결할 수 있는 일이 아니다. 또 국가의 직접 명령이 늘 올바른 해법이랄 수도 없다.

상업 드라마 스태프의 처우 개선과 장기적인 수익성 개선을 위해 두 가지 방식을 제안하고 싶다. 첫째, 드라마조합을 만들고 이 조합의 운영을 정부가 돕는다. 조합 가입은 배우 평균 수입을 기준으로 삼을 수 있을 것이다. 2009년 국세청 발표로는 연예인을 직업으로 신고한 사람은 2만 명이 약간 넘는데, 평균 소득은 2499만 원 정도다. 그중 배우는 1만 1972명으로 평균 수입은 3300만 원가량이다. 직장인 평균 수입은 약 2530만 원이다. 물론 그해에 배우 활동을 하면서 소득을 올린 사람들을 대상으로 한 수치여서 전체 평균보다는 높은 편이라고 할 수 있다. 이 정도 소득 이하를 대상으로 해서 드라마조합에 가입시킨다. 또 4대 보험 등을 통해 기초생활을 보장하고, 소속사가 파산했을 때 밀린 임금을 받을 수 있게 해주는 방식이 좋을 것 같다. 정부는 조합 운영비를 지원하면 된다. 물론 프랑스나 독일처럼 문화인 전체를 대상으로 복지 프로그램을 가동하는 것이 행정 처리도 편하고, 보편적 복지라는 측면에서 철학적으로도 제일 좋은 방안이다. 그렇게 할 수 없다면 당분간 드라마조합 같은 조직을 통해 보험 및 파산 시의 임금 문제를 해결할 수 있을 것이다. 드라마 분야뿐 아니라 다른 부문의 작가와 스태프 등에 대해서도 국가가 운영을 지원하는 조합은 고민할 만한 가치가 있다. 시장을 키워 모두 먹고살자는 산업화 논리와 수출 논리가 지난 10년 동안 한국 문화계를 지배했지만, 제도 보완이나 안전장치 없이 내버려두면 착취가 일반화된다. 한국의 드라마 제작사가 저절로 생겨나 경쟁력을 갖추어 방송국에 드라마를 납품하게 된 것이 아니라 방송법에서 외주 제작을 의무화했기 때문에 생겨났다는 점을 잊지 말아야 한다. 국가가 나 몰라라 할 상황이 아니다.

둘째, 요즘 한참 논란 중인 수출과 케이블 송출이나 IP 텔레비전 등 2차 판권에 관한 문제다. 이는 공영방송을 포함한 방송사와 제작사의 관계를 어떻게 볼 것인가, 또 좀더 넓게 본다면 지적 재산권 문제를 해당 분야에서 어떻게 제도적으로 정착시킬 것인가에 관한 문제라고 할 수 있다. 어렵게 본다면 한없이 어려운 문제이다. 일반 노동 분야에서도 임금은 노동생산성에 맞춰 지급한다고 말은 하지만, 노동생산성을 측정하기도 쉽지 않을 뿐 아니라 실제 임금이 그런 식으로 결정되는 것도 아니다. 제조업 분야에서도 이럴진대, 문화라는 아주 특이한 상품의 기여도를 측정해 비율만큼 판권을 인정한다? 불가능한 일이다. 지적재산권 제도의 복잡 미묘함이 바로 지식이나 문화가 측정이 어렵다는 불계측성으로부터 나오는 것 아닌가? 현재의 구조를 단순 하청으로 보는 것은 장기적으로 서로에게 불리하리라는 게 내 생각이다. 일종의 특수 협력자 지위를 부여해야 옳다. 판권도 방송국이 일부 양보하는 편이 상호 협력적인 생태계로 진화하는 데 유익할 듯하다. 물론 이렇게 양보한 결과 일부 스타 출연자의 임금이나 방송사와 힘겨루기에서 이길 정도로 덩치가 큰 제작사의 수익만을 올려주는 상황이 되면 곤란한 일이다. 주연배우들의 인건비 비중과 보조 출연자와 스태프들의 처우 개선에 필요한 조항들을 판권 계약 시에 명기하는 것도 한 가지 방법이고, 방송사와 제작사가 장기적으로 달성할 목표를 윤리 선언 형태로 채택하거나, MOU를 체결할 수도 있을 것이다. 종편 방송의 시작은 이런 면에서는 기회라고 볼 수 있다. 경제 용어에서는 한계효용의 차이와 비슷하고, 게임이론으로 보면 녹과점에 의한 담합 구조에 신규 플레이어가 들어와 독점이 완화되는 상황으로 볼 수 있을 것이다. 신규 진입자는 당연히 이 시장에서 자기 위치를 확보하기 위해 기존 행위자들보다는 더 좋은 조건을 제시할 수밖에 없는데, 한계에 몰린 상대방은 새로운 계약 조건을 내밀어 담합을 깨게 된다. 물론 장기적으로는 다른 수준의 담합을 하겠지만 일단 기존의 조건은 깨지는 것이다. 신설 방송의 가능성과는 별도로, 종합편성으로 시장에 새롭게 진입하는 후발 주자들은 기존 방송국에 비해 이런 문제들에 대해 더 나은 조건을 제시하게 될 것이다.

**역대 드라마 시청률 순위**
2010년 최고의 시청률을 기록한 드라마는 「제빵왕 김탁구」이다. 「제빵왕 김탁구」는 평균 시청률 36.7퍼센트(AGB 제공)를 기록하며 명실상부한 2010년 시청률 1위 드라마의 자리를 차지했다.

# 4 드라마 보조금

뭐가 달라? 나한테 준 건 마음이고 내가 주려는 건 돈이라서?

기대라는 게 아니라 서로 도와가면서 살자는 거 아냐?

넌 내 도움 받는 게 그렇게 싫어?

넌 나랑 결혼하기 싫어?

— 드라마 「커피 프린스 1호점」 중 한결이 은찬에게

　　드라마와 연극 혹은 영화는 무엇이 얼마나 다를까? 사람들 앞에 서서 오래된 이야기들을 암송해주는 고대 그리스의 서사시부터 생각해보자. 호메로스의 「일리아드」와 「오디세우스」는 인류에게 가장 많은 영향을 미친 이야기가 아닐까? 이렇게 혼자 이야기하는 양식으로는 우리의 판소리가 있는데 조선시대 임금에게 소리를 들려주던 소리꾼은 국창이 되었다. 또 여럿이 모여 극의 형태로 공연하는 연극이라는 장르가 형성되었다. 그다음에 배우들의 연기를 촬영해 여러 사람이 볼 수 있게 한 영화가 등장했고, 다시 텔레비전이라는 매체가 등장해 나름의 특수 양식이 형성되었다. 우리는 그걸 드라마라고 부른다. 영화와 드라마가 산업화의 길을 걸으면서 관련된 자금 단위가 커졌고 그 자체로 쇼 비즈니스가 되었다. 대중문화, 오락방송, 엔터테인먼트 같은 이름들이 붙지만, 드라마는 기본적으로는 '이야기'이고 예술이다. 드라마 연출자만이 아니라 배우, 스태프 그리고 수많은 기획자들이 모두 창작자이고 예술가이다.

드라마라는 쇼 비즈니스는 규모도 크고 화려하지만, 정체 혹은 하락 상태인 시장에서 발생하는 일들이 지금 여기서도 벌어진다. 광고시장은 내리막길을 걷지만, 그렇다고 애호가들의 힘만으로 이 시장을 움직이기엔 규모가 너무 크다. 그렇다면 국가는? 2010년 여름, 국가를 장악한 우파들의 감성에 호소하는 「전우」와 「로드 넘버원」이 6.25 특집극으로 동시에 방영되었다. 「전우」는 평균 시청률 15퍼센트 정도를 기록해 그런대로 선방했지만, '전장에서 핀 사랑'을 표방한 「로드 넘버원」은 10퍼센트에서 출발해서 4퍼센트로 떨어졌다. 거의 교양방송 수준이다. 드라마도 시대상을 담으면서 이데올로그 역할을 하지만 그것도 이야기 속에 적당히 녹여낼 때의 얘기지, 아예 '껍닥'부터 '배달의 기수'를 쓰고 나와서는 2010년대 시장에서 버티기 어렵다. 물론 시청률이 전부는 아니지만, 국가 드라마 혹은 국가 홍보 드라마는 시류에 너무 역행하는 방식이다.

현재 국가는 상업방송인 SBS를 제외한 공중파에서는 경영자의 손을 빌려 언제든 방송에 직접 개입할 수 있다. 보통은 형식적으로라도 제작진의 독립성을 보장하지만 현 상황에서는 말뿐이고, 사전 검열, 사후 검열, 프로그램 폐지, 인사상 처벌 등 온갖 검열 장치가 작동하고 있다. 그나마 시장에서 통용되는 방식이, 문화적 취향이나 소양이 그리 높지 않은 우파 경영진이나 청와대가 직접 개입하는 것보다는 훨씬 낫다. 사장 임명권을 통해서 국가가 언제든 개입할 수 있다는 건 공영방송의 딜레마다. 정권이 방송을 사유화하고 통제 수단으로 활용하면 국민에게 외면받을 수밖에 없다. 당연히 정권을 일방적으로 찬미하는 드라마는 악몽이 된다. 현재의 정권은 더 좋은 것, 더 다양한 것 대신 더 오래된 것, 더 재미없는 것을 원하는 듯하다. 국민의 입장에서 보자면 「로드 넘버원」이 너무너무 재미없어 그나마 다행이긴 한데, 이렇게 몇 년 지나면 한국 드라마는 진짜로 시청자들에게 외면당하게 된다. 정권보다는 드라마가 오래갈 것 같지만, 지금의 취약한 구조로는 드라마시장이 정권보다 먼저 흔들릴 위험도 있다.

드라마가 예술로 가는 길은 아주 멀다. 앞에 놓인 선택지는 고작해야 정권 홍보 아니면 기업 홍보, 그나마 나은 상품 광고 정도다. 즐길 거리를 만들기 위한 유람선이 순식간에 군함이나 컨테이너 수송선으로 바뀐다면 어떻겠는가. 아니, 차라리 이건 낫다. 그나마 승무원들이 세끼 밥이라도 먹고살 수 있을 테니 말이다. 문화시장에서 가장 화려한 드라마시장의 쇼 비즈니스계는 매우 빠른 속도로 노예선으로 바뀌는 중이다. 노예가 별건가? 죽어라고 일만 하고 월급도 못받으면 그게 바로 노예다. 시청률이 조금만 미끄러져도 제작사가 도산하고, 결국 밤을 새우며 작업했던 사람들은 월급을 못 받게 된다. 종편으로 방송국이 늘어난다 하더라도 초기 투자기를 제외하면 결국 드라마로 벌어들이는 돈은 광고와 파생상품 그리고 수출에서 나온다. 2009년 드라마 수출액은 1억 달러가 조금 안 된다. 그걸 나누어 가지면서 현장 제작자들은 노예선에서 살아가는 상황, 바로 이것이 드라마 비즈니스의 현실이다.

이 상황에서 해법은 문제 자체에서 찾을 수밖에 없다. 제작사의 과도한 경쟁, 그러나 더는 늘어날 구석이 없는 수익, 이런 구조에서는 획일성이 자리 잡고 불량률이 높아진다. 사실 시작하자마자 스토리가 바뀌고 평면적일 뿐 아니라 밋밋한 캐릭터가 잔뜩 등장하는 획일적인 드라마는, 만약 공업제품이었다면 벌써 불량품 딱지가 붙어 반품 혹은 리콜되었을 것이다. 심지어 군사정권 시절에도 「TV 문학관」 같은, 대중성은 낮지만 완성도 높은 드라마를 만들었는데 몇 십 년이 지난 요즈음은 어떤가. 다른 산업의 경우, WTO에서 수출보조금이 금지된 상황에서 내놓을 수 있는 거의 유일한 해법이 R&D 지원이다. 그러나 드라마의 경우 R&D 지원이 잘 들어맞지는 않는다. 배우 아카데미 같은 교육 기관이나 제작기법 쪽에 지원한다 하더라도 시장이 커지거나 수출로 엄청난 수익을 올릴 수도 없어 결국 실업자만 양산할 것이다.

자, 이 시점에서 보조금이라는 경제적 장치의 기본 작동방식을 생각해보자. 보조금과 관련해 규제와 융자라는 단어가 생각난다. 어떤 행위를 금지할 때, 그냥 못 하게 하는 방식이 있고, 다른 방식을 채택한 행위자에게 경제적 지원을 해주는 방식이 있다. 효율이 떨어지는 전기기기나 자동차의 사용을 금할 것인가, 아니면 경제적 인센티브를 주어 더 효율이 좋은 기기를 만들도록 할 것인가, 이런 고민이 생긴다. 나는 문화에서는 정말 재미있어서 사람들이 좋아하는 무엇인가가 있을 때, 거기에 문제가 있더라도 일방적으로 금지하기보다는 다른 분야를 더 재미있게 만들어 선택의 다양성을 높이는 쪽이 좋다고 생각한다. "재미는 더 큰 재미로 극복되어야 한다." 설령 불온하거나 과격하거나 시대와 맞지 않는 면이 있다 하더라도 함부로 금지해선 안 되고 새로운 분야에 지원하는 방식을 택해야 한다고 생각한다. 그래서 기본적으로는 보조금 정책을 지지한다. 보조금과 융자 사이에는 수익률이라는 기준이 개입한다. 초기 자금이 많이 들어가지만 수익을 예상할 수 있는 곳에는 많은 돈을 주는 융자 방식이 맞다. 융자의 경우 시중 금리보다 낮은 정책 금리를 적용받는데, 그 금리 차이만큼이 정부의 지원이다. 그러나 규모를 늘려도 수익성이 나기 어려운 경우 얼마간 보조금을 주어 시장 수익률과의 격차를 줄이는 것이 현실적이다. 실험극은 대규모 스펙터클이 필요한 대형 드라마보다는 돈이 적게 들지만, 사실 재생산 구조를 형성하기 쉽지 않다. 만약 이런 문화상품이 존재해야 옳다는 결정이 내려진다면, 정책 수단 차원에서 시장 수익률과 자체 수익률의 차이만큼을 보조금으로 지급하는 것이 옳다. 규제, 융자, 보조금, 이것이 돈과 관련해 정부에서 취할 수 있는 세 가지 방식이다.

드라마에 보조금을 줄 필요가 있느냐, 준다면 어느 정도 규모여야 하느냐. 이는 한국의 문화 부문을 관통하는 질문이다. 버라이어티 쇼를 제외하면 가장 상업적이고 수익성이 좋은 분야 그리고 수출을 통해 2차 판권 수익도 기대할 수 있는 분야에도 보조금을 주어야 하는가? 이는 결국 정부 지원의 우선순위에 관한 논의로 귀결된다. 국악이나 연극같이 상업 영역에서 생존하기 쉽지 않은 분야에 어떤 유형으로든 보조금을 지급하는 데 반대하는 사람은 별로 없을 것이다. 하지만 드라마는? 지금도 잘나가고 있으며, 스타 마케팅의 수혜를 받은 주인공급 배우들은 영화, 연극, 뮤지컬을 망라한 배우시장 전체와 비교해도 최고 수준의 출연료를 받는다. 덤으로 광고시장에서도 혜택을 누린다. 국세청 발표에 따르면, 2009년 직장인들의 평균 연봉은 2530만 원이고, 탤런트, 배우 등의 평균 수입은 3300만 원이다. 납세자 일반의 시각으로 본다면, 어쨌든 자신들보다 더 많이 버는 사람들에게도 보조금을 줄 필요가 있느냐는, 당연한 반론이 나올 수 있다. 이는 철학적인 질문이기도 한데, 고위 공무원, 공기업 임원, 국립대학 교수들이 자신들에게 월급을 주는 주력 집단인 직장인보다 많은 월급을 받는다. 어디 그들뿐이랴? 우리가 상상도 못 하는 곳에서 기상천외한 방식으로 고소득을 올리는 사람들이 곳곳에 숨어 있다. 하루하루 살아가기 어려운 국민들 입장에서는 자신들의 세금으로 자신보다 나은 사람들을 지원한다는 것이 난센스로 보일 수 있다. 결국 이 문제는 문화 공공성을 어떻게 규정하고 이해할 것인가, 그리고 전체 문화산업을 어떤 모양새로 이끌 것인가에 관련된 논의로 나아가게 된다. 드라마에 보조금을 줄 수 있다면, 다른 분야에서의 보조금 논의를 훨씬 쉽게 풀어나갈 수 있다.

예상 밖의 제안일 수도 있지만, 시청자가 직접 지불하여 시장규모를 지켜줄 수 없으니 드라마에도 보조금을 주어야 한다는 것이 내 진단이다. 한데 국민들을 납득시킬 수 있느냐, 그리고 어디에 어떻게 주느냐, 이것이 문제다. 별다른 논의 없이 국회의원들에게 결정하라고 하면 십중팔구 '한류 드라마 제작비 지원'이라는 결정을 내릴 것이다. 북한 인권 문제를 다룬「요덕 스토리」에도 보조금이 나갔고, 영화에도 여러 방식으로 보조금이 들어간다. 그러나 한류 지원금은 너무 국수주의적 발상이라 정상은 아니고, 수출을 전제로 한 제작 지원은 WTO에서 금지하는 수출보조금에 해당한다. 물론 소규모일 때는 문화 부문의 경우 애교로 넘어가지만 규모가 커지고 시장을 움직일 정도가 되면 통상 분규의 대상이 된다. 요컨대 보조금을 투입했지만「요덕 스토리」처럼 상업적으로는 무의미한 일이라야 드라마 제작을 지속적으로 지원할 수 있다. 모든 국민이 국수주의를 지지하는 것도 아니다. 20년 전 월드컵 본선 진출 때만 해도 선수들에게 병역 면제라는 혜택을 주어야 한다고 생각하는 사람들이 많았지만, 2010년 16강에 들었을 때에는 다른 종목과의 형평성을 거론할 정도로 작지 않은 변화가 생겼다. 한류도 마찬가지다.

결론부터 말하면, 드라마 분야에 문화 공공성 명목으로 보조금을 준다고 할 때 우리가 합의할 수 있는 분야는 문화다양성, 지역 드라마, 청년 고용 지원, 이 세 가지 정도일 것이다. '문화다양성'의 경우 영화에서는 '인디'영화라는 표현을 대체하기 위해 악용된 전례가 있기는 하지만, 문화다양성협약 등 국제적인 흐름이 다양성을 뒷받침한다. 사실 무엇이 예술인가, 이 기준을 행정적으로 정하기란 거의 불가능하다. 산업에서 혁신에 해당하는 용어가 문화에서는 다양성인데, 뭔가 새로운 형식 실험 혹은 아방가르드적인 요소가 등장할 수 있는 통로를 열어놓아야 드라마 발전에도 유리하다. 이 경우에도 일부러 개입하지 않으면 같은 패턴이 끝없이 반복되는 획일성의 함정에 빠질 수 있다. 가끔 지독할 정도로 맹목적인 시장 지지자들은 시장에서의 경쟁이 끊임없이 혁신을 추동해 다양한 상품을 내놓게 한다고 주장한다. 이는 완전경쟁시장에서나 가능한 이야기다. 공중파 드라마는 전형적인 과점 상황에 놓여 있으며 납품할 곳이 세 곳밖에 없는 셈이다. 그냥 방치한다고 다양성이 생겨난다는 보장은 없다. 정부의 비품 조달 과정을 생각해보면 될 것이다. 보조금을 지급할 대상으로 실험극 혹은 예술극과 일반 드라마를 구분하는 것은 의미는 있으나 다분히 인위적일 수밖에 없어서 부작용이 생길지도 모른다. 제일 큰

압구정동 같은 서울 모습만을 TV로 접하는 농촌 어린이들의 현실은
충격적이었다. 여러 지방도시들도 자기 드라마를 만들면 좋겠다.

부작용은 상업 드라마는 예술적이지 않아도 좋다는 인식을 만들어 낼 수 있고, 문화 생산자들도 그렇게 생각할 수 있다는 점이다. 그러나 장기적으로는 전반적으로 완성도가 높아져야 상업적으로도 유리할 것이다. 상업적으로 새로운 실험이 자연스럽게 나타나기에는 한국 드라마시장이 미국이나 일본만큼 크지 않기 때문에, 보조금 지급의 논리가 존립할 수 있다. 형식 실험을 비롯해 새로운 실험을 촉진하는 방식으로 드라마에 보조금을 지급하는 것은 수출을 목표로 한 한류 드라마에 대한 지원과 정책의 결과 및 방향이 다르다.

WTO 체제에서 정부 지원의 예외에 해당하는 몇몇 분야가 있다. 대표적인 것이 지역경제에 대한 지원이다. 1995년 부산민방이 출범하면서 진재영 등을 공채 1기로 뽑았고, 이들을 중심으로 「부산 갈매기」 등 지역 드라마를 만들었다. 지금은 KNN부산경남방송에서 일요일 아침 「촌티콤 웰컴 투 가오리」라는 시트콤 형식 드라마가 방영되고 있다. 지방 방송국에서도 고유의 정체성을 지켜나가기 위해 계속 드라마를 제작하려 한다. 이렇게 움직임은 있지만 잘 활성화되지 않는 분야가 바로 지역 드라마이다.

지역 드라마 이야기는 서울의 중앙주의를 극복할 수 있는 대안 담론을 끌어낸다. 지역 방송국에서 드라마 제작에 전혀 관심이 없었던 것은 아니다. 하지만 누구나 상상할 수 있듯이 전국 방송에 비해 시청자가 적고 든든한 광고주를 확보할 수도 없어 경제성이 떨어진다. 아무리 지역 드라마라지만, 지역 배우들과 제작자만으로 드라마를 만들기는 쉽지 않다. 서울에서 사람들을 데려올 경우 서울 근교에서 제작하는 것보다 비용도 많이 든다. 당연히 드라마 인프라도 미흡하다. 그러나 뒤집어 생각하면, 경제성이 약하다는 점이 토속적이고 지역적인 분야에 정부가 지원할 수 있는 근거가 된다. 국책사업이라는 형식으로 성공 여부는 물론이고 경제성도 불분명한 토건사업에 지원하느니 자금이 지역에서 돌고 속성상 젊은 세대에게 혜택이 돌아갈 가능성이 높은 드라마에 지원하는 편이 낫다. 현재 문화가 서울 중심주의를 강화하는 측면이 있기 때문에, 이런 식으로라도 그 반대 흐름을 만드는 일은 의미가 있을 것이다.

　　농업을 연구하면서 농가를 방문할 때 텔레비전으로 압구정동 같은 서울 모습만을 보는 농촌 어린이들 모습에 충격을 받은 적이 있다. 부산, 대구, 광주, 아니 그보다 훨씬 작은 지방도시도 자신들의 이야기를 녹여낸 드라마를 가져야 하지 않겠는가? 그래야 우리의 삶을 더 잘 비춰낼 수 있지 않겠는가? 물론 「베토벤 바이러스」가 지방 소도시 드라마였다면 그렇게 성공할 수 있었을지 의문이다. 하지만 이런 드라마의 지방 소도시 버전, 읍면 버전은 시도 자체로도 의미가 있다. 영화 「라디오 스타」는 지역 문화와 방송의 관계를 부각시키기는 했지만, 실제로 지역의 작은 방송국은 더 버티기 어려워졌다. 중앙정부든 지방정부든, 지역 드라마를 만들기 시작하면 문화뿐만 아니라 경제 효과도 생길 것이다. 서울 사람들에게는 익숙지 않은 이야기지만 지방에도 각종 방송매체와 언론이 있다. 이런 채널들에서 그들만의 삶과 풍경이 담긴 드라마가 방영되고, 그중 일부가 성공하여 전국 방송망을 타게 된다면 정말 멋지지 않겠는가. "세계적으로 사유하고, 지역적으로 행동하라."는 생태학의 경구가 드라마에서도 통할 수 있다. 더 좋은 것은 지역경제에 대한 지원은 WTO 규정에도 예외 조항으로 분류되어 있기 때문에 보조금 시비가 일어날 이유도 없다는 것이다. 스크린쿼터제를 유지하기 위해 문화다양성협약에 대한 추가 논의가 필요했지만, 지역 드라마는 어떤 통상 이슈로부터도 자유롭고 WTO 체제에서도 권장 사항이다. 부산 청년의 가슴 떨리는 사랑, 울산 노동자의 일상적 삶, 광주 아저씨의 좌절과 극복, 그런 이야기도 보고 싶다. 모든 문화가 서울로 통하고 있다지만, 공연예술 분야는 수년째 지역 공연에서 활로를 찾으려 하고 있다. 음악도 지방 공연에서 작지만 의미 있는 시도를 하는 중이다. 오로지 드라마만 규모가 크다는 평계로 서울중심주의를 강화하고 여의도와 일산 사이에서 꼼짝을 안 하려 한다. 우리에게 진짜 필요한 것은 '한류우드'가 아니라 부산이나 광주, 제주도에 작지만 의미 있는 지역 스튜디오를 만드는 것이다. 그럴 리 없겠지만 혹시라도 한류우드에서 만든 드라마가 한류 열풍을 타고 정말 성공해버리면, 수출 보조금 지급 건으로 WTO에 제소될지도 모른다.

마지막으로, 우리가 사회적으로 합의할 수 있는 드라마 보조금 지급의 원칙은 청년 고용에 기반을 두어야 할 것 같다. 산업화 시대 이후에는 더 많은 청년들이 문화경제 부문에서 활동하는 게 바람직하다. 이는 많은 사람들이 합의할 수 있는 기본 원칙이고, 실제로 문화 서비스 분야의 고용유발 효과가 자동화된 산업체 공장에 비해 몇 배나 높다. 작가든, 배우든, 스태프든, 기성세대에 비해 드라마 쪽에서 일하고 싶어하는 청년들이 대단히 많은 것으로 알고 있다. 일을 하고는 싶지만 아직 길이 열려 있지 않고, 운이 따라주지 않으면 바로 노예선에서 꼼짝 못 하는 신세가 된다. 말로는 '전문' 드라마 제작사라고 띄워주다가도 불편할 때에는 '영세'업자라고 바로 폄하해버리는 게 현실이다. 벤처 열풍이 불 때 정부 지원이 거품을 키운 측면도 있지만 IT 열풍을 실제 산업 기반으로 전환시킨 것도 사실이다. 같은 시각으로 드라마 비즈니스 지원을 생각할 수 있을 것이다. 멋있게 표현하면 '세대간 연대'이고 현실적으로 이야기하면 문화경제 분야에 대한 고용 지원책이다. 예전에 드라마 분야에서 여성 연출자가 많지 않았던 이유는 일이 고되고 험해서일 것이다. 우리는 주로 이런 비즈니스의 화려함에 이끌릴 뿐 업계를 떠받치는 청년들의 고된 저임금 노동은 외면한다. 이런 분야의 청년 고용은 우리 모두에게 주는 보조금이기도 하다. 퇴직금도 주기 싫어서 1년 미만으로 수만 명씩 인턴 고용을 하느니 2~3년 장기계약을 맺어 다양성 드라마나 지역 드라마 제작에 종사할 수 있게 해주는 편이 인간적으로나 경제적으로 훨씬 낫다. 이제 KBS에서는 1년에 드라마 PD를 두 명 뽑는다고 한다. 전국의 방송 관련 학과 혹은 배우 관련 학과에서 배출하는 졸업생들, 아니면 예술 재능이 충만한 고졸 청소년들은 모두 드라마에 대한 넘치는 판타지를 가지고 있다. 이들에게 미래의 가능성을 허하라.

우리가 드라마에 보조금을 주는 데 합의한다면 얼마를 책정해야 옳을까? 드라마 전체 수익금은, 광고수주액과 수출액, 재전송 광고와 부가시장 수익에 수치로 잡히지 않는 간접비용과 공영방송의 인건비 지출 등을 고려한다면 최대 2조 5000억~3조 원 정도라고 할 수 있다. 여기에 방향을 전환할 수 있는 정도의 수치를 감안하면 최대 총 1조 원 정도를 생각할 수 있다. 전체의 1/4 정도에 해당하는 금액인데, 이 정도가 시장의 방향에 영향을 미칠 수 있는 정도일 것이다.

이를 넘어서면 민간시장에 지나치게 개입하는 수준이 되어버린다. 기본 내용은 공영방송의 드라마 제작진과 드라마 제작사에 1조 원의 보조금을 지급하는 것이다. 간접적으로는 아방가르드 소설, 지역경제, 청년층이 보조금 혜택을 받는다. 한 번에 증액하면 시장이나 제작사에 너무 큰 충격을 안기는 일일 테니, 예를 들면 5년에 걸쳐 단계적으로 증액해 최대치가 되었을 때 1조 원으로 조절하는 것이 적절하다. 물론 상식적으로 더 많은 고용, 특히 지역 고용을 늘리는 방식으로 이 돈을 사용해야 옳다. 스타 마케팅 방식을 추종해 몇 명의 스타들에게 큰돈을 쥐어 주는 것은 타당하지 않기 때문에 출연료 상한제 같은 보완장치가 필요할 것이다. 이 정도는 정부에서 발주하는 용역사업들에 인건비 기준선을 제시하는 것과 유사한 방식으로 충분히 제어할 수 있다.

왜 텔레비전 드라마에는 서민이 없고, 꼬질꼬질한 사람이 없나? 이데올로기 문제로 볼 수도 있지만, 뒤집으면 우리가 문화다양성에 대한 투자를 등한시한 탓이기도 하다. 할리우드에서는 그래도 된다. 워낙 규모가 크고 전 세계를 대상으로 장사하니까 힘들어도 참다가 '어쩌다 한 방', '경마장 가는 길' 방식으로 해도 된다. 물론 그들도 그렇게 대충 만들지는 않는다. 하지만 우리는 시장이 그보다 작고, 한류에 힘입어 덩치를 키우자니 언어의 장벽 등 상황이 복잡하다. 토건주의자들 맘대로 방치하면 드라마는 퇴화할 것이다. 그렇게 되면 불도저들은 이해 못 해도 이미 문화적 소양이 높아진 다음 세대 시민들은 마치 국산 영화를 '방화'라고 낮춰 불렀던 1970년대처럼, 한국 드라마를 미드와 일드에 비해 저급한 드라마로 치부해 '방드'라고 부르게 될지도 모른다. 아직은 국민들이 한국 드라마를 좋아하지만 다양성과 지역성이라는 새로운 돌파구를 찾지 못하면 미래는 밝지 않을 것이다. 프랑스나 독일에도 지금 우리가 가진 것처럼 풍부한 드라마 문화는 없다. 우리는 저개발 국가에 속하던 시절부터 우리 드라마를 만들어 즐겼다. 그것이 결코 가볍게 볼 수 없는 역사적·문화적 자산임을 알아야 한다.

 **드라마 제작 현황**
국내에서 제작되는 드라마 수는 케이블 방송 드라마를 포함하여 연간 80여 편에 이른다. 2005~2008년에 지상파 방송사에서 방영된 드라마는 2005년 65편, 2006년 75편, 2007년 77편, 2008년에 75편으로 나타났다.

# 5 시사교양, 애국가 시청률과 경쟁 중

MBC에는 시사교양국, KBS에는 교양국과 다큐멘터리국 그리고 보도본부의 시사제작국이라는 데가 있다. 그리고 교육방송도 빼놓을 수 없다. 홍세화가 진행하던 「똘레랑스」 그리고 출판으로 더욱 유명해진 「지식채널 e」 같은, 신문 문화면이 아닌 사회면 심지어 정치면에 나오는 방송들이 이런 데서 만들어진다. 이런 프로그램들은 극장 상영을 염두에 두고 만들어지는 다큐멘터리, PD들이 만드는 「100분 토론」 같은 시사교양물과 「PD수첩」 그리고 기자들이 직접 만드는 시사 프로 등으로 나눌 수 있다. 기자들과 관련된 일은 따로 다룰 예정이고, 다큐멘터리는 3장에서 다룰 것이다.

시사교양을 문화경제학이라는 눈으로 볼 경우 PD 숫자나 광고 수익률 혹은 공익적 효과 추정 따위는 별로 중요하지 않다. 1퍼센트라는 수치 하나만 알고 있으면 되는데 이것은 흔히 '애국가 시청률' 이라고 부른다. 방송 끝날 때 나오는 애국가 시청률도 1퍼센트 정도는 나오는데, 시사교양 프로는 까딱 잘못하면 이보다 더 낮게 나온다. 사람들은 심야에 애국가가 나오면 잘 준비를 하면서 텔레비전을 그냥 켜놓는데, 리모콘을 돌리다가 혹시라도 교육방송이나 시사방송, 토론방송이 나오면 황급히 채널을 돌린다는 이야기다. 버라이어티쇼와 드라마가 온 국민의 사랑을 받는 반면, 시사교양방송은 정말로 소수의 국민들만이 시청하는 듯하다.

이 분야의 간판 프로가 '손석희쇼'라고 불렸던 「100분 토론」인데, 한창 손석희가 잘나갈 때도 시청률은 2퍼센트 수준이었다. 손석희가 이 프로를 떠나는 날, 최고 시청률을 기록했는데 4.6퍼센트 정도였다. 물론 12시 이후의 프로라는 걸 감안하면 엄청난 수치다. 하지만 드라마나 예능에서 이런 시청률이 나오면 바로 방송 내린다. 나름대로 황금시간대에 배정되었고 열네 개 정도의 광고가 붙는 KBS2 텔레비전의 다큐 프로 「3일」이 시사교양에서는 최고의 인기 프로그램 중 하나인데, 시청률은 공개하기가 좀 민망스럽다. 유사한 형식의 방송일 경우 케이블의 시청률을 공중파의 10분의 1 정도로 보는데, 대체로 교양방송에서도 이 비율은 유지된다.

제작비와 제작 기간을 기준으로 잠깐 살펴보자. 「3일」에는 작가, 서브작가, 리서처, 카메라맨 둘, 카메라 보조, FD(비정규직 보조) 그리고 담당 PD 등 여덟 명의 스태프가 5~6주간 작업을 한다. 제작비는 PD 등 정규직 인건비를 제외하고 3600만 원 정도이다. 이건 좀 높은 수준이고, 「생로병사의 비밀」은 이보다 적어서 2500만 원 정도라고 한다. 제작 환경만을 놓고 보면 정규직에게는 나쁘지 않은 편이지만, 작가나 리서처, AD 등 스태프로 참여하는 사람들에게는 아주 고통스러운 현장이다. 예능이나 드라마보다는 역동감이나 긴장감이 적지만, 사회에 기여한다는 보람은 주는 분야라 할 수 있다.

이런 시사교양방송의 수익성 평가는 사실 별 의미가 없다. 광고가 조금 더 붙고 시청률이 높아지는 경우도 있지만 오락방송에 비하면 대수롭지 않은 수치라 경제성은 방송 효과로 평가하는 게 옳다. 드라마가 아무리 흥행에 성공했다 하더라도 사회적 효과로 경제성을 평가하지는 않는다. 그러나 시사교양방송은 좀 다르다. 방송사의 공신력 등 사회적 위상을 높이는 등의 효과를 얻을 수 있다. 하지만 이는 객관적으로 평가하기가 어렵다. 설령 종합 평가를 내린다 하더라도 모두 "옳다."고 수긍하기는 쉽지 않다. 게다가 이런 계산은 생각보다 돈이 많이 드는 일이다.

황우석 사태가 벌어졌을 때 「PD수첩」 사태는 대표적인 예이다. 시청자의 압력으로 결국 광고주들이 광고를 철회했고 이로 인해 경제성 면에서는 상당한 손해를 보았다. 그러나 사회적으로는 왜곡된 연구개발에 들어가는 공적 자금을 줄였기 때문에 그만큼 경제적 편익이 발생했다. 물론 정반대 시각도 있다. 즉 그 연구가 결국 상용화에 성공해서 수백 조에 이르는 이익을 냈을 거라고 믿는 사람들은 1시간 남짓한 이 방송 하나가 수백 조의 손실을 입혔다고 간주할 수도 있다. 시사교양방송은 이런 현실 사이에서 번민한다. 그렇다면 이것이 MBC에만 해당되는 문제인가? 당시 SBS와 KBS는 「PD수첩」을 비난하는 입장이었지만, 나는 만약 SBS도 진실을 알았다면 「PD수첩」 제작진과 같은 결정을 내렸을 것이라고 생각한다. 이는 간단히 경제적 수치를 들이대기 어려운 '진실의 가치'에 관련된 문제이기도 하다. 비유하자면 '소통'의 가치를 얼마라고 할 것인가, 더 기술적으로 이야기하면 사회적 갈등 비용을 어떻게 경제성으로 평가할 것인가 같은 문제다. 진실에 높은 가치를 부여하지 않고, 진실을 개떡 취급하는 사회에서 「PD수첩」의 경제적 가치는 개떡이 될 것이다.

마찬가지 논리로 순도 100퍼센트의 진리를 요구하고 약간이라도 사실과 다른 방송에 징계를 내리는 사회에서 진리의 가치는 제로가 된다. 남는 것은 선정성과 선동뿐이다. 물론 이것도 '국민통합의

시사교양방송에 대한 수익성 평가는 사실 좀 무의미하다. 그것은 단순히
경제적 수치만으로 이야기하기 어려운 '진실의 가치' 같은 것이기도 하다.

경제적 가치'라는 식으로 추정할 수는 있다. 천안함 사건 보도로 방통위에서 경고를 받은 KBS의 「추적60분」에서 '왜곡'이 시각의 문제라고 보는 사람도 있다. 또 그렇게 '순도 100퍼센트'의 진리를 원한다면 더 많은 제작비를 투입해야 한다고 보는 이도 있다. 충분한 제작 기간과 제작비를 보장해주지 않고 '순도 100퍼센트'의 진리만을 방송하라는 것은 검열자의 입장이다.

같은 문제의식을 가지고 교양의 가치 그리고 문화의 가치에 대한 질문을 던질 수 있다. 방송사 입장에서 볼 때 오락방송과 교양방송이 결합상품의 속성을 띤다고 할 때, 시장에서 측정할 수 없는 요소의 경제적 가치를 어떻게 봐야 하는가. 이는 철학적 문제이자 현실의 문제이다. 방송의 공신력은 버라이어티쇼나 드라마 등의 경제적 가치를 높여주지만, 오락방송은 시사교양 프로그램의 공신력 지수를 높여주지 못한다. 공영방송에서 이런 간접 가치를 생각하지 않고 더 재밌는 쇼와 더 감동적인 드라마를 보여주겠다고만 하면 누가 전파 사용료로 책정된 공영방송 수신료를 지불하고 심지어 인상에 동의하겠는가? 매번 직접 계산하기 어렵고 단기적으로는 평가할 수도 없는 진리와 소통의 가치에 대해 이 사회가 포괄적으로 내린 결정이 바로 공영방송 유지이다. 전파를 사용하지도 않는 IP텔레비전에 무슨 근거로 전파 사용료를 징수할 것인가? 시장은 소비자들이 원한다면 공중파 수신을 배제한 케이블 상품이나 텔레비전 수신기를 얼마든지 출시할 수 있다. 경우에 따라 불법 개조 텔레비전을 거래하는 지하시장이 얼마든지 형성될 수도 있다. 지금까지 그런 현상이 나타나지 않은 이유는 그런 귀찮은 일을 하기에는 시청료가 싼 탓도 있지만, 시사교양의 공익적 가치에 대해서 국민들이 동의했기 때문이라고 해석할 수 있다(보도방송의 공익적 가치에 대해서는 다른 책에서 다룰 예정이다).

거의 유사한 시기에 유사한 주제로 일본의 후지 텔레비전과 NHK, 두 방송사가 다큐멘터리 프로그램을 만드는 과정을 목격할 기회가 있었다. NHK의 경우 보통 방송 작업에 투입되는 예산과 기간이 KBS의 두 배 정도라고 하는데, 피부로 느끼기에는 차이가 더 큰 것 같았다. 사전 준비(사전 인터뷰)가 여러 번에 걸쳐 더 꼼꼼히 진행되었고, 인터뷰에 사용된 카메라, 조명, 진행 스태프 등에서 NHK가 KBS보다 딱 두 배 많았다. 물론 NHK는 「워킹 푸어」 등 일본을 뒤흔든 시사 다큐멘터리도 만들지만, NHK판 자연 시리즈도 유명하다. 3~5년씩 기획해서 촬영하는 NHK의 자연탐험 다큐멘터리는 완성도가 높고 재미도 있다. 물론 자연 다큐멘터리가 많아지는 것을 '연성화'라 비판하는 이들도 있다.

한국의 경우에도 EBS가 사회성 높은 「똘레랑스」를 폐지하고 자연 다큐멘터리를 강화했다. KBS에서도 '아름다운 장면'이라는 흐름이 새삼 강조되고 있는 것을 좀더 비판적으로 볼 필요가 있다. 과연 시사교양의 완성도는 어디서 찾아야 할까? 시사교양의 완성도를 높이기 위해서는 자연 다큐멘터리 같은 아름다운 그림을 더 많이 찾아다녀야 하는가, 아니면 딱딱한 토론 및 시사 프로그램의 질을 향상시켜야 하는가? 답을 내리기 쉽지 않다. 「100분 토론」이 시청률로 고민할 때, 중간 중간 리포터가 하던 발제 작업을 아나운서가 대체한 적이 있다. 고민의 방향은 이해하지만, 그렇다고 완성도가 높아졌다고 하기는 어려울 것 같다. 시사 프로그램에서도 포맷을 고민할 필요가 있다. 잠시라도 시청자의 눈을 사로잡기 위한 장치는 무엇일까? 애국가 시청률과 경쟁하면서 언제나 폐지 위험이라는 살얼음판을 걷는 시사교양 제작자들에게도 전환의 계기가 필요할 것 같다.

「KBS 스페셜」은 한때 KBS 교양방송의 간판 프로그램이었다. 「MBC 스페셜」, 「EBS 스페셜」 같은 '스페셜' 포맷 방송이 각 방송국의 간판이던 시절이 있었다. EBS의 경우는 2006년에 폐지되었고, 「60분 부모」라는 생방송 프로그램이 그 역할을 대신하고 있다. 앞으로 읽으면 '이상'하고 뒤로 읽으면 '요상'하다고 자신을 소개하는 이상요 PD는 내가 만났던 PD들 중에서 가장 쾌활한 사람이었고, 자신이 맡고 있는 방송 내에서만이 아니라 더 넓은 시야에서 시사교양이 가야 할 길을 깊이 고민하는 사람이었다. 그가 「KBS 스페셜」 팀장이던 시절, 몇 가지 새로운 포맷을 상당히 구체적으로 고민했다고 한다. 버라이어티쇼와 드라마들로 둘러싸인 상황에서 어떻게 시사교양 프로그램이 내용적 재미와 형식적 예술성을 충족할 수 있을까, 그런 고민을 열심히 하던 시절이 있었던 것이다. 정권의 방송 장악이 진행된 후 이상요 팀장은 평PD로 강등되었다. 이런 식이라면 시사교양방송에 대한 포맷 실험보다는 해외에서 자연이 만들어내는 '아름다운 장면'을 담는 쪽으로 무게 중심이 계속 이동할 수밖에 없을 것이다.

**대형 명품 다큐의 등장**
대규모 제작비와 긴 제작 기간을 자랑하는 명품 다큐가 화제다. 교양 프로그램으로서 드라마 시청률의 50퍼센트에 버금가는 시청률을 기록한 「아마존의 눈물」(20퍼센트 돌파)을 비롯하여 명품 다큐들이 인기를 얻고 있다.

# 6 순둥이 PD들, 분노의 길로

인적자원 업그레이드: 방송 직군 대상 교육 프로그램 강화 필요.
현재 교육/연수 프로그램 관련 예산이 타 방송사 대비 부족하며,
전문성/연속성이 확보되기 어려운 인력 운영의 이슈 존재.

— 보스턴컨설팅그룹, '2010년 KBS 경영컨설팅 보고서'

《PD저널》에 칼럼을 쓰던 시절이 있었다. 이 신문은 PD연합회에서 발행했는데 형편이 그리 좋지는 않았던 듯하다. PD들이 직접 제작하는 신문이면 광고도 많이 붙고 협조도 쉬울 것 같지만 예상과는 달리 PD들은 광고 수주를 잘하거나 외부 자금을 잘 끌어오는 사람들은 아니었다. 우파들은 공영 방송국이 엄청난 강성 좌파 성향의 PD들에게 장악되어 있다고 의심하는데, 내가 개인적으로 만나본 이들은 일반 공기업의 '순둥이'들과 크게 다르지 않았다. 물론 여기저기 줄을 대면서 승진을 생각하는 사람들이 아주 없지는 않지만, 대부분은 퇴사를 두려워하고, 상사와 부대끼며 애환을 겪고, 마음속으로 울분을 삭이는 이들이다. 한전이나 가스공사 아니면 한국은행 같은 공기업에서 일하는 사람들과 그렇게 다르다는 인상을 받지 못했다. 유사한 직종이지만 기자들이 조금 더 적극적이라면, PD들은 공기업 직원들처럼 순한 사람들이다. 물론 공기업에도 생존경쟁에서 살아남은 간부급이 되면 우악스럽고 줄서기를 잘하며 권모술수를 부리는 사람들이 등장하기 시작한다. 그러나 대부분의 공기업 직원들은 상부의

방침에 충실하게 움직이는 순둥이들에 가깝다.

　사회적으로 방송국 PD는 취업 선호도가 높은 대표적인 직종이라고 할 수 있을 것이다. 민간기업에서는 삼성, 공기업에서는 한전, 문화 분야에서는 공중파 방송국 PD의 선호도가 높다. 세 군데 모두 입사 진입장벽이 높고, 정년이 보장될 뿐 아니라 임금도 상대적으로 높다. 비정규직이 일반화된 시대에 취업자들이 원하는 조건을 고루 갖추고 있다. 최근에는 경쟁률이 약간 낮아졌는데, 이건 선호도가 하락했다기보다는 일자리 자체가 워낙 줄어 입사를 포기하는 사람들이 늘어난 탓으로 해석하는 게 옳을 듯하다. PD직 지원 준비는 한전 같은 공기업에 대한 입사 준비 열풍과 유사한 현상이다. 재수, 삼수는 기본이고, 입사와 관련된 희한한 학원들도 많이 생겼고, 합격 조건에 관한 온갖 괴소문들이 퍼져 있다. 1990년대 중반까지는 방송국마다 70~80명씩 뽑았는데, 10년이 지나는 사이에 신규채용이 열 명 이내로 줄었고 그나마 해마다 뽑는 것도 아니다. 공영방송에 기업경영의 논리가 침투하면서 가장 큰 피해를 본 집단이 바로 입사 지망생들이다. 그나마 로스쿨이나 외무직처럼 대학원 교육을 입사 조건으로 달지 않아서 다행이라고나 할까. 현장 PD들은, 지금 KBS와 MBC의 예능 방송들의 반짝 성공은 1990년대 초중반에 많이 뽑았던 PD들 덕이라고 지적한다. 연령별 구조를 보면, 허리가 두툼하고 머리가 크지만 아래는 없는, 전형적인 고령화 구조가 자리 잡았다.

　정년이 보장되는 방송국 PD들의 살림살이는 외주 제작사 PD나 독립 PD에 비하면 상대적으로 나은 편인데, 이것도 옛날이야기다. 임금이 조정되기 전, 즉 2000년 이전에 입사한 15년차 PD의 연봉이 대략 8000만 원이 넘는 수준이다. KBS가 공개한 평균 근속기간은 18년 2개월이고, 평균 임금은 8000만 원이 약간 넘는다. 하지만 지금 입사하는 사람들은 평생 일해도 이 수준에 이르기 쉽지 않다. IMF 경제위기 이후 신규 입사자의 임금이 한풀 꺾였는데, 이명박 정권 들어 2008년 글로벌 금융위기 이후 대졸 초임 삭감 조치로 또 한 번 깎였다. '상후하박' 구조라고 하는데, 위로 올라갈수록 임금이 넉넉하고, 아래로 내려갈수록 '빡빡'한 구조다. IMF 이후 민간기업에서는 팀제를 도입하고 조기 승진 길을 열어놓아 '상박하후'형 구조개편을 시도했는데 공기업에서는 거꾸로 간 측면이 있다. 임금도 낮아지고 경영개선 명목으로 신입 PD의 인건비를 삭감하다 보니, 20대를 대변해줄 PD들의 숫자가 확 줄고 경제 형편도 나빠졌다. 부동산과 관련된 방송에서도 이런 세대 대표의 흔적을 찾아볼 수 있을 것이다. 이미 집을 가진 데스크들이 주로 관여하는 방송에서는 땅값과 목소리를 외면할 수 없겠지만, 20~30대, 아직 집이 없는 PD들이 직접 만드는 방송에는 집 없는 사람들 목소리가 반영될 수 있다는 것이다. 고용이라는 측면에서 20대들이 사회 전 분야에서 심한 불이익을 당했는데, 이는 방송국에서도 마찬가지이다.

임금 수준은 과거와는 달라졌고 정말 어려운 과정을 뚫고 입사한 20대 PD들의 분위기는 확실히 전과 다른 것 같다. 5년 전『88만 원 세대』를 준비하면서 방송사의 20대 PD들에 대해 조사한 적이 있다. 선배 PD들은 "20대 PD들이 뭔가 좀 다르기는 한데, 그게 뭔지 모르겠다."라고들 했다. 20대 PD들은 주로 "자신들이라고 해서 윗세대 PD들과 특별히 다를 게 있겠느냐."고 했던 것 같다. 그리고 5년이 지났는데, 2010년의 20대 PD들의 분위기는 아주 달랐고, 그들에 대한 선배 PD들의 이야기도 그전과는 판이하게 달라졌다. KBS에서는 기존 노조와는 다른 노선을 걷는 '새노조'가 생겼다. 방송국에는 PD와 기자들뿐만 아니라 기술 분야 직원들도 많아서 노조 내부의 흐름이 생각보다는 복합적이다. 그리고 KBS 관현악단 같은 전혀 결이 다른 직종도 있다. 새노조 결성 흐름에서 20대 PD들의 활약이 두드러졌는데, 현장용어로는 '동력'이라고 표현한다.

"우리 직장이 부끄럽지 않은 곳이면 좋겠다."고 마이크를 잡고 연설하는 젊은 PD들을 보면서, 나도 상당히 복잡한 심경에 빠져들었다. 10년 전에는 시사교양 PD와 오락방송 PD 사이에 노조나 파업에 대한 시선이 조금 달랐던 듯한데, 지금의 20대 PD들은 분야에 따라 별 차이가 나지 않는 것 같다. 입사하기 어려운 것은 조중동 같은 언론사도 마찬가지인데, 언론사의 신참 기자와 방송국의 신참 PD는 노조에 대한 입장이나 회사에 대한 입장 차이가 선명한 것 같다. 든든한 빽을 둔 강남 출신을 선호하는 일간지와, 선출 과정에서 최소한 재력에 의한 차별은 하지 않는 방송국의 차이 때문이라고 설명하는 사람들도 있다. 또 사주가 직접 드러나는 일간지 분위기와, 그렇지 않은 방송국 분위기의 차이라고 설명하는 이들도 있다. 과연 이들이 어떻게 변할지 확실치는 않지만, 2010년 새노조 결성 과정에서 본 방송국 PD들은 에너지와 자신감이 넘치는 모습이었다. '20대의 보수화'라는 말들이 무색한 장면이었다. 이런 20대 PD들이 조금만 더 힘을 모으고 기성세대가 조금만 도와준다면 방송사 안에 존재하는 세대간 불균형 문제 해결도 희망이 보일 것 같다.

20대 PD들을 지금보다 더 많이 뽑을 수 있다. 어차피 인건비 비중이
엄청나게 높지않은 방송국 지출 구조상, 큰 부담이 되는 것도 아니다.

우리나라 방송산업에 고용된 PD는 3894명이고, 이중 2486명이 공중파에서 일하고 있다(방송통신위원회 '2010년 방송산업 실태조사 보고서'). 2001년 이후 18퍼센트 정도 늘었는데, 2009년에는 2퍼센트가량 증가한 셈이다. 고령화가 우려되는 상황이다. 방송산업 전체로 보면 여성비율이 2001년에 42퍼센트였는데, 2009년에는 34퍼센트로 오히려 줄었다. 공중파의 경우 2001년 17퍼센트에서 2009년 14퍼센트로 줄어들었다. 각 부문에서 여성들의 사회참여율이 높아지는 경향을 감안하면 뭔가 문제가 있는 듯하다. 신규 채용에서 특별히 여성들의 비중이 낮아진 것은 아니니 조기 퇴사가 늘어난 탓으로 추정할 수 있다. 여성의 사회참여에는 취업률과 함께 고위직 진출 비율이 주요 변수인데, 여성이 방송사 간부직에 얼마나 많이 진출하여 살아남을 것인가, 이것이 장기 과제인 셈이다.

최근 드라마 PD 중에서 여성 PD들의 약진이 눈에 띄지만 현장에서 직접 촬영을 이끄는 작업에서 여성들에 대한 편견은 여전한 것 같다. 예능이나 드라마에 비해 선호도가 높지 않은 교양방송에서 여성 PD들이 두드러진 활약을 보여주고 있다. 비정규직을 포함한 전체 직원 기준으로 14.2퍼센트이고, 지상파를 기준으로 하면 9.2퍼센트 정도 된다. 여성 연출자에 관한 문제는 예능, 드라마에 국한되지 않고 구조가 유사한 영화에서도 살펴볼 수 있다. 촬영 현장은 사람들이 생각하는 것보다 더 거칠고 우악스럽다. 그래서 여성들이 감당하기에는 버겁고 남성들의 카리스마가 여전히 필요하다고들 생각한다. 그러나 2010년대에도 이렇게 거친 방식으로 연출하는 것이 과연 옳은가, 그래서 남성들이 낫다는 생각이 장기적으로도 타당한가, 이런 근본적인 질문을 던질 필요가 있다.

　　다른 직종에서 정규직의 비정규직화가 굉장히 빠르게 진행되는 것과 비교하면 공중파 PD들의 직업 안정성은 상당히 높다. 하지만 방송국에 들어가기가 너무 어렵고, 그래서 비정규직화 현상은 외주화와 독립 PD들의 증가라는 형태로 나타날 개연성이 아주 높다. 당연히 여기에 따른 일련의 문제점을 예상할 수 있다. 비정규직에 대한 해법 중의 하나로 제시되는 것이 스웨덴의 사회적 타협의 결과물인 '동일노동 동일임금'의 원칙이라고 할 수 있다. 그러나 한국의 경제계 오피니언 리더들은 임금이 노동량과는 무관하다는 신화를 맹신한다. 같은 일을 하고, 노동의 결과물로 평가한 노동생산성도 떨어지지 않지만, 계약 방식이 다르다는 이유로 형편없는 저임금을 감내해야 하는 것이 비정규직의 근본 문제 아닌가? 상대적으로 안정된 공중파의 일자리는 많이 줄어든 상황에서, 외주화가 진행되면서 실제 방송을 만드는 사람들의 경제적 삶은 더욱 어려워질 것이다. 스웨덴처럼 '동일노동 동일임금'의 원칙을 구축하거나 단기적으로라도 안전장치를 늘려놓아야 한다. 이런 문제에 대한 해법을 찾기 위해서는 방송사별 노조와 각종 협회, 조합 등의 위상이 더욱 강해져야 한다. 장기적으로는 그렇게 되리라고 믿는다. 점차 독립 PD들의 결속도 강해지고, 서로 다른 기관 노조들의 연대 움직임도 활발해질 것으로 생각된다. 어쨌든 PD들은 신문보다 여전히 몇 배는 강한, 공중파와 영상이라는 자신들만의 무기를 가지고 있다. "어 다르고 아 다르다."고, 약간의 뉘앙스 차이로 하고 싶은 이야기를 더 강하게 또는 더 약하게 조절할 수 있다. 그것이 노하우라면 노하우일 것이다.

조중동 방송이 새로 생기면 지금까지의 PD들과는 전혀 성향이 다른, 완전 보수주의 PD 집단이 등장하지 않을까 우려한 적이 있다. 그러나 투자 여력이 부족해 일부 스타 PD 영입 외에는 전체적으로 대규모 고용은 어려울 것이고, 데스크와 보도 채널을 제외한 나머지 분야는 상당 부분 외주 체제로 갈 개연성이 높다고 한다. 행인지 불행인지 모르겠지만 어쨌든 조중동의 정신을 따르는 거대한 PD 집단은 당분간 보기 어려울 것 같다. 데스크만으로 외주 제작사 PD들을 길들이려 할지 모르지만 생각처럼 잘될지 모르겠다.

다른 분야에서는 고용을 지금보다 두 배 이상 늘리는 것이 내가 생각하는 문화경제학의 내용인데, 신규 취업자 기준으로 방송국의 경우 PD를 열 배는 늘릴 수 있다.(실제로 해마다 퇴직하는 PD들의 수는 신규 채용되는 PD의 수보다 열 배 정도 많다.) 매출액 기준으로 MBC의 경우는 인건비가 25퍼센트가량 된다. KBS도 2009년 수익 대비 인건비 비중이 30퍼센트가 약간 넘는다. 한국은행의 2005년 투입산출에 의하면 10억원당 고용계수가 자동차 1.6명, 반도체 2.9명 그리고 방송 3.9명이다. 다른 문화 분야와 비교하면 장비 투입률이 높은 산업이라고 할 수 있다. 그러나 이 논리를 뒤집으면, 인건비 비중을 조정해 산업의 효율성을 크게 저해하지 않으면서 경쟁력을 높일 수 있다고 이야기할 수 있다. 문화산업 역시 기본적으로는 인간이 하는 일이다. 사람이 많을수록 더 좋은 결과가 나오고, 머리를 맞댈수록 더 세련된 작품이 나온다. 게다가 현재 PD들의 연령구조를 보면 고령화도 문제지만 젊은이들의 감각과 접촉할 공간이 너무 좁아져서 시대와의 호흡에서 문제를 일으킬 우려가 있다. 영상을 생산하는 현장이지만 누군가의 소개로 쉽게 문을 열고 들어갈 수 있는 영화사와, 일반인들에게는 굳게 문을 닫은 방송사 출입문의 차이가 영화와 드라마의 차이가 아닐까.

어느 조직이든 자연 퇴사자가 있게 마련인데, PD를 비정규직으로 전면 전환할 셈이 아니라면 결국 수년 후에 대규모 충원을 해야 한다. 그렇게 한꺼번에 호들갑을 떨면, 지금의 PD 지망생들은 너무 억울하지 않겠는가? 신입 PD들을 IMF 이전 수준으로 충원한다고 해서 지금의 20대 고용 문제가 해소되지는 않는다. 그러나 조금씩 출구를 만들어야 터질 듯이 잔뜩 부풀어 오른 청년 고용난이라는 풍선에서 얼마간 바람을 뽑아낼 수 있다. 방송국 PD의 신규 고용을 열 배 정도 늘려봐야 방송사당 연간 100명도 안 되는 규모다. 어차피 인건비 비중이 엄청나게 높지 않은 방송국 지출 구조상 큰 부담이 되지도 않는다. 지금은 사장들이 연임을 위해 경영 문제를 다음 세대 몫의 자리를 없애는 식으로 접근하고 있다. '약한 고리 전법'에만 매달린다는 이야기다. 20대 PD의 신규채용을 늘리면 당연히 방송국에 활력이 생길 뿐 아니라 프로그램의 질이 높아지고 내용도 생생해질 것이다. 그런 양질의 제품 생산성이 이미 낮출 대로 낮춘 20대 신입 PD들의 인건비보다 높으면 되지 않겠는가? 장기적으로는 아무도 손해 보지 않을 뿐더러, 방송의 질이 좋아지면 시청자인 국민들이 혜택을 본다. 그 정도는 할 수 있을 것 같다.

2010년 여름, 유명환 외교부장관 딸 특채 사건으로, 고시를 폐지하고 특채로 행정 공무원 채용을 늘리겠다는 정부 방침이 논란을 일으킨 바 있다. 당시 신림동 고시촌에 플래카드가 걸렸는데, 아마 한국 역사상 처음으로 고시생들이 자신들의 운명과 관련해 집단적 목소리를 토해낸 듯하다. 결국 정부가 양보하고 물러섰다. PD와 기자 등 공영방송을 비롯해 방송국 신규 채용을 늘리는 문제 역시 사회적으로나 정치적으로나 비슷한 양상을 보일 것이다. 방송 관련 학과만이 아니라 다양한 전공을 이수하는 대학생들이 졸업 후에 방송인이 되기를 바란다. 그들이 모두 이 배를 탈 수는 없지만, 배 자체를 키우려는 노력을 해봐야 하지 않을까. '한국호'가 해마다 100명 이상의 PD를 더 태우기 위해 효율성이나 방송국의 수익성을 들먹여야 할 정도로 작은 규모는 아니다. 비정규직의 문은 활짝 열고, 정규직의 문은 빼꼼히 열어놓은 방송국, 세대간 형평성이라는 눈으로 정규직의 문을 조금 더 열어주어야 하지 않을까 한다.

# 7 펜슬 다운, 채널 다운!

친구: 작가를 안 쓰면 대본은 누가 써? 말도 안 돼!

승희: 일단 제작비가 모자라니까. 그런 말이 회사에 흉흉하게. 프리뷰어 안 쓴다는 말까지는 이해하겠는데 작가를 안 쓴다는 말은 타격이 너무 커. 난 우짜냐고, 나의 이 불투명함은 우짜냐고?

친구: 라디오 작가 어때? 라디오.

승희: 야, 라디오 작가 더 힘들어. 라디오 작가는, 죽어야 나와, 자리가, 알겠니? 작가계의 공론이야. 그리고 막내는 안 뽑아.

친구: 그래도 여기서 인맥을 쌓아두면…….

승희: 그게 아니라 문제는, 장기적으로 이 추세로 가면 작가를 아예 안 쓸 것 같은데, 내가 이 개고생을 하고 있을 이유가 있냐, 이거지. 목요일날 행정한테 이 이야기를 들었는데, 띠옹 하고, 내가 뭐하고 있나 이 생각이 드는 거야.

친구: 내가 과연 10년 뒤를 바라봤을 때 나는 어떻게 살고 있을까, 그 생각이……. 뭔가 생활에 개선이 되는 게 있어야 되잖아. 10년 정도면…….

승희: 응, 안 보여.

> —다큐 「개청춘」 중 KBS 막내 방송작가 승희와 친구의 대화.
> 결국 승희는 KBS에서 잘리고 제작사로 이직.

언제부터인가 우리는 문화에 대해서 '콘텐츠'라는 말을 쓰기 시작했다. 이는 예술 혹은 문화라는 의미를 생략하고 오로지 유통과 상품화라는 관점에서만 접근한 결과인데, 디지털 정보로 담을 '무엇'을 가리킨다. 하지만 꼭 팔기 위해 예술행위를 하는 것은 아닐뿐더러, 이런 시각은 종합예술의 총체적 성격을 너무 빈약하게 이해해서 문제가 된다. 많은 사람이 일종의 생태계를 형성·유지하면서 작품을 내놓는데, 그 모든 행위를 경제적 가치 혹은 가격으로 환산해버릴 수는 없는 노릇이다. 콘텐츠라고 표현하든, 예술작품이라고 표현하든, 아니면 문화적 결과물이라고 표현하든, 이런 것들의 가치가 다른 상품들처럼 수요와 공급에 의해 결정된다고 단정하기는 어려운 측면이 있다. 그리고 생산자들 사이의 분배의 원칙은 더 이해하기 어렵다. 물가상승률만큼 가격이 올라가는 품목이 있고, 물가상승률과 상관없이 10년 전 가격이 그대로 유지되는 품목도 있다. 지하경제에서는 대학생 과외 가격이, 또 특수시장의 경우 시민단체 회원들이 내는 기본 회비가 10년 전과 같다. 문화시장에서는 CD의 가격이 10년 전과 같고, 10년 전에 출간되어 아직 절판되지는 않았지만 개정판을 내지 못한 책의 가격 또한 같다. 여기에는 나름의 이유가 있을 터인데, 관습과 역사적 맥락 그리고 구체적인 수요 공급 상황 등이 복합적으로 작용해 가격이 형성된다. 가끔 특수한 상황이 발생해 10년 전 책이 잘 팔리는 일이 벌어지면, 출판사에서 꽤 돈을 벌 것 같지만, 가격이 너무 낮아 손해 보면서 재판을 찍는 일도 생긴다. 과연 문화를 '콘텐츠'라고 표현해야 하는가, 이런 질문을 던져볼 필요가 있다. 현재의 어법대로라면 드라마나 영화 같은 결과물을 '콘텐츠'라고 부르지만, 실제 내용은 시나리오작가 등 작가들 손에서 나온다. 그렇다면 '콘텐츠의 콘텐츠'라는 표현을 쓰는 게 옳은가? 나는 콘텐츠보다는 작품, 결과물, 생산물 같은 용어가 낫다고 본다. 콘텐츠라는 용어에는 디지털이라는 의미가 너무 짙게 배어 있는데, 실제로 문화시장의 크기나 작동 메커니즘을 결정하는 '본원시장'은 디지털로 만들어지지 않는 경우가 많다. 콘텐츠는 문화 생산자들이나 예술가들을 납품업자처럼, 정부를 용역 관리자처럼 보이게 하는 용어이기도 하다.

사실 이름이 뭐가 중요한가 싶기도 하지만, 지금의 한국콘텐츠진흥원은 기관 이름이 그래서인지 너무 용역관리업체 방식으로 일을 하는 것 같다. 이름도 바꾸고, 문화의 사각지대에 놓여 있는 생산자들이나 작가들을 적극 지원하는 정책을 펴야 할 것이다. 생산자와 지원기관은 동업자 의식을 갖고, 수평적 관계로 파트너십을 맺어 함께 고민하는 자세가 필요하다. 문화라는 영역 자체가 워낙 변화가 심하고 유행에도 민감한 곳이라서 평소에도 대화를 많이 나누고 음지를 살펴야 하는데 그러기 어려운 모양새다. 콘텐츠라는 말 자체가 IT 버블 시대에 생겨난 용어인데, 이제 시대도 바뀌었으니 고압적이면서도 상업적인 느낌만을 주는 이런 개념은 재고해야 할 것이다. 문화 생산자 지원이 본연의 임무인 기관이 자기 위상을 코트라처럼 설정하는 건 문제다. 경제기구나 수출기구처럼 생각하다 보니 문턱은 높아지고, 직원들보다 훨씬 적은 소득을 올리는 작가나 배우는 '하층 계급' 취급하니 본말이 뒤집힌 상황이다. 이래선 안 된다. SBS의 자살한 막내작가 같은 사람이, 정말 힘들면 좀 도와달라고 찾아가서 속사정도 이야기하고 지원도 요청할 수 있는 그런 기관이 되어야 한다. 기획서 내놓으라고 하고 빨간펜 노릇을 하는 지금 상황이 정상은 아니다. 국민이 맡겨놓은 세금을 집행하는 기관인데, 국민들이 작가나 문화 생산자들 앞에서 왕 노릇 해달라고 부탁한 것은 아닐 것이다.

어쨌든 '콘텐츠의 콘텐츠', 즉 문화 생산품의 진짜 이야기에 해당하는 시나리오나 대본의 경제적 가치는 얼마나 될까? 이거야말로 원작의 제품에 대한 기여도 혹은 생산성과는 별 관계가 없다. 기본적으로는 인세 계약인가, 매절 계약인가, 혹은 판매 성공에 대한 '러닝 개런티'나 성과 분배 등을 어떻게 명시해두었는가의 문제인데, 계약이란 결국 힘의 논리를 따르게 마련이다. 텍스트 원고 중에서는 소설을 비롯한 출판 분야가 가장 조건이 좋은데 여기서는 작가가 진짜 갑이고, 출판사가 진짜 을이다.(물론 다른 출판 분야에서도 저자가 갑이지만 실제 입김은 출판사 쪽이 센 경우가 더 많다.) 작가는 계약서를 근거로 민사소송을 진행할 수도 있다. 물론 작가와 출판사가 소송까지 가는 일은 거의 벌어지지 않지만,『태백산맥』을 둘러싼 소설가 조정래의 인세 관련 소송은 중요한 분기점이 되었다.

1987년에 우리나라도 세계저작권협회에 가입하면서 기본적인 문제는 해결된 것 같지만, 실제로는 출판사와 작가가 기나긴 줄다리기를 하면서 지금의 제도가 정착된 것이다. 시장에서 성공한 소설가들의 역할이 컸는데, 다른 분야의 작가들도 그 덕을 보게 되었다. 1990년대 중후반까지도 이름만 대면 다 알 만한 유명한 책의 저자 혹은 모르면 간첩 수준인 작가들도 인세를 아예 떼어먹힌 전설 같은 이야기들이 작가들의 세계에서는 파다하다. 요즘은 이런 무식한 방식은 잘 안 쓰지만, 아직도 그런 소문이 떠돌기도 한다. 그렇게 소문이 나면 좋은 저자들이 그 출판사에서 책을 낼 리가 없다. 게임이론이나 정보경제학에서 이야기하는 '명성' 혹은 평판의 효과로 이해하면 된다.

그러나 아직도 표준적인 계약 형태에 합의하지 못한 분야들이 남아 있다. 결국은 이미 성공해서 시장을 움직일 힘이 있는 선배 작가들이 나서거나 국가가 직접 나서서 표준계약서 문제를 정리하는 수밖에 없다. 그러지 않으면 역사가 짧거나 변화가 크고 양극화가 심한 분야에서는 계속해서 유사한 문제가 일어난다. 시간이 해결해줄 수는 없는 일이니 법적·제도적 차원에서 문제를 풀어야 한다. 제작이 실패했을 경우 시나리오의 판권이나 보상 문제를 개인들이 알아서 처리하라고 하면 답이 안 나온다. 한국콘텐츠진흥원의 존재 이유 중 하나는 바로 이런 문제를 해결하는 것이다.

전자책이라는 게 막 만들어지던 초기에, 구간 판권료로 유통사들이 50만 원씩을 제시한 적이 있다. 중견 출판사가 매달 한 권씩 20년을 출간했다면 이 판권료는 1억여 원인데 이 돈으로 모든 것을 살 수 있다. 생산과 유통은 상품을 분석하는 두 축인데, 21세기로 넘어오면서 유통 쪽으로 더 많은 권력이 넘어가고 있다. 로자 룩셈부르크는 『자본축적론』에서 자본주의의 최종 단계에서는 유통자본이 생산자본보다 더 강해진다고 이야기한 적이 있다. 많은 사람들이 1929년 대공황에 로자의 주장을 적용해보면서 맞지 않다고 이야기했다. 그런데 가만히 생각해보면, 그녀의 이야기는 20세기 초반이 아니라 21세기에 더 잘 들어맞는 듯하다. 아직 분야별 유통률이 정확히 계산되어 있지는 않지만, 대체로 농업에서는 1퍼센트와 10퍼센트 같은 비율을 사용한다. 외국에서 생산된 농산물이라면 자신이 지불한 비용 중에서 1퍼센트 정도를 원생산자가 취했다고 보면 된다. 99퍼센트는 국내 소비자에 이르는 유통에서 챙겨 간다. 국내 농산물의 경우는 10퍼센트 정도로 볼 수 있다. 역시 유통 마진이 90퍼센트 정도인데, 이 경로가 짧으면 다섯 단계, 복잡하면 10단계 이상이어서 유통업자들이라고 해서 떼돈 버는 것은 아니다. 문화에서도 이런 경향이 보이는데 아직 농산물 수준은 아니다. 영화의 경우는 9000원을 내면 3분의 1인 3000원 정도가 제작자들에게 간다. 이것저것 따져보면 유통에서 50퍼센트 정도를 챙긴다. 책의 경우 40퍼센트 정도가 유통 마진이고, 저자 인세 10퍼센트, 출판사 이윤이 약 10~20퍼센트이고 나머지는 물류비, 제작비라고 보면 된다. 유통이 너무 강해지면 유통 권력이 횡포를 부릴 수 있는데, 생산 쪽이 너무 강해져도 문제가 생긴다. 적절한 균형이 필요한데, 현재는 작가들이 약자 입장에 놓이는 경우가 많다.

방송은 특히 생산과 유통이 잘 분리되지 않는 분야라고 할 수 있다. 물론 케이블이나 IP텔레비전, 수출 같은 별도 유통 분야가 있지만 규모로 보면 본원시장의 파생시장 정도로 볼 수 있다. 드라마든 버라이어티쇼든, 본원상품은 공중파의 본방송이기 때문에 생산자가 유통을 겸하는 구조인 셈이다. 그러다 보니 방송작가들의 목숨줄은 자연히 방송국이 쥐게 된다. 물론 30퍼센트 정도의 시청률을 보장해주는 특A급 작가는 예외 중의 예외다.

취업 회사 중의 하나인 스카우트의 자체 추정치에 의하면 경력 3~5년의 방송작가, 시나리오작가, 스크립터의 평균 연봉이 1900만 원이다. 실제와 크게 다르지 않은 수치이다. 성별로는 남성 35퍼센트,

여성 65퍼센트로 구성되어 있다. 직업 형태는 좀 멋지게 부를 때 프리랜서 그리고 요즘 유행하는 용어로는 비정규직, 딱 그렇다. 일은 격무이다. 젊은 여성들이 한때의 직업으로 선택했다가 저임금 격무에 시달리다 나이를 먹으면 후배들에게 밀려서 퇴출되는, 전형적인 비정규직 노동시장의 특성을 보인다.

자, 그렇다면 왜 사람들은 방송작가가 되려고 하는가? 동기가 돈이 아니라는 점은 확실하다. 방송국에서 작가가 된다고 할 때 "그래, 너 좋은 길 잘 선택했다."라고 덕담을 해주는 사람은 많지 않을 것이다. 그럼에도 불구하고 많은 사람이 방송작가의 길을 선택하는 이유는 방송에, 돈과는 상관없이 "저걸 한번 만들어보고 싶다."는 꿈을 품게 하는 매력이 있기 때문일 것이다. 그건 다른 문화 및 예술 분야도 마찬가지인데, 그런 사람들이 나이를 먹었다는 이유로 자기 일을 접거나 불행해지지 않도록 할 방안은 없는가.

방송작가는 드라마작가와 교양이나 예능 방송 대본을 쓰는 구성작가로 나뉜다. 양쪽 다 힘들지만, 삶이 팍팍한 것은 후자가 더하다. 3주에서 6주 간격으로 만들어지는 교양방송은 한 작품이 끝나면 바로 다음 작품으로 넘어가기 때문에 쉴 시간이 별로 없다. 말은 작가지만 현장에서는 PD와 같이 작품 기획에서 출연진 섭외, 인터뷰 준비 등 생각보다 많은 일을 한다. 역할이 정확하게 구분돼 있지 않다. 딱히 문제점이라기보다 협업이 필요한 분야의 특수한 조직구성에 가깝다. 구성작가 중에서도 리더 급을 메인작가라 부르고 그 밑에는 서브작가가 있는데 현장에서는 그냥 '막내작가'라고 부르는 것 같다. 메인작가가 되면 임금이나 작업 여건이 좀 개선되지만, 최근 작가 지망생이 늘어나면서 적체 기간이 더 길어졌다. 지난 10년 사이에 메인작가가 되기도 하늘의 별따기처럼 어려워진 셈이다.

김수현 같은 슈퍼 드라마작가들은 사정이 나쁘지 않다. 「대장금」과 「선덕여왕」의 김영현, 「모래시계」에서 「태왕사신기」까지 온송지나 같은 특1급 작가들의 경우 회당 원고료가 3000만 원에 육박한다. 이런 분야에서는 더 유리한 계약조건을 끌어내기 위해 연예계처럼 기획사가 생겨나기도 한다. 드라마 흥행에 따른 러닝 개런티나 2차 판권에 대한 수익 배분 등의 문제점들이 여전히 남아 있는데, 그야말로 시장 논리에 따라 움직이는 곳이라고 할 수 있다. 드라마가 성공하면 개인적으로 책을 내서 파생수익을 낼 수도 한다. 여의도 근처에 있는 드라마작가 지망생만 3000명이 넘는다는 이야기도 들리는데, 냉정한 '승자독식'의 룰이 작동한다. 성공 확률은 낮지만 성공에 따른 보상이 확실해서 경쟁이 심한 분야이다. 한류라는 새로운 수출 흐름이 생긴 후, 그동안 엉성하게 관리되던 드라마 판권을 방송사가 거두어들이고 있다. 제작사에 발주된 발주비용에 원고료가 모두 포함되므로 향후 미국에서 작가 파업이 벌어진 것처럼 분쟁의 소지가 있다.

자, 진짜 문제는 구성작가들이다. 2007년 가을, KBS가 경영개선 명목으로 몇 가지 조치를 취했는데 그중에 작가들의 해고도 포함되어 있었다. 그런 일들은 PD들이 해도 되지 않느냐는 논리인데, 그야말로 콘텐츠의 콘텐츠가 어떻게 만들어지는지 전혀 이해하지 못한 처사다. '반이다'라는 20대 여성작가 모임이 만든 다큐멘터리 「개청춘」에 나온 주인공 중 하나였던 막내작가 승희도 이 일로 KBS를 그만두게 되었다. 그는 「역사 스페셜」의 작가가 되고 싶어했는데 그런 기

길드는 협회와 노조 사이에 있는 조직 형태라 할 수 있다. 미국 작가
길드의 파업 사례에서 보듯, 방송작가들이 서면 확실히 방송은 선다.

회는 주어지지 않았다. 경제학적으로만 따진다면 임금은 생산성의 함수에 따라 결정되는데, 그런 식으로 방송에 대한 기여도를 따진다면 구성작가의 임금은 적어도 지금보다는 높아야 한다. 그러나 전혀 다른 논리가 끼어든다. 대체 가능성이라는, 노동시장에서의 수급 문제이다. 요컨대 "너 아니라도 이 일 할 사람은 많다."라는 이야기다.

일단 현 상황을 개선할 수 있는 방송국 측의 해법은 세 가지 정도다. 첫째, PD나 카메라 감독 혹은 송출 분야 엔지니어와 마찬가지로 작가를 정규직으로 전환하는 것이다. 그러나 이렇게 하면 많은 작가들은 집으로 돌아가야 한다. 살아남은 소수의 작가들만이 안정적인 근무여건을 확보할 수 있다. 장기적으로는 이런 방향으로 가야 할 듯한데, 현재 한국에서 비정규직을 굴려 쌩쌩 돌아가는 곳에서 정규직 체제를 도입하기란 너무나 어려운 일이다.

둘째, 방송국에서 일종의 풀(pool)제를 만들고, 여기에 들어온 작가들은 작업을 하지 않을 때에도 기본급을 지급하는 방식이다. 현재 구성작가의 임금은 제작비에 포함되어 편당 얼마로 지급되는데 방송이 끝나면 새 작품을 찾아야 하기 때문에 좀 난감하다. 풀 내의 작가들에게 기본급을 지급하면 경제적으로 풍요롭진 않더라도 안정성은 높아진다. 유사한 논의가 대학에서도 있었는데 그 결과 일부 대학에서는 방학 때 연구보조 등의 명목으로 시간강사에게 임금을 지급하게 되었다. 지금처럼 편당 제작비에 포함된 작가 임금을 아예 방송사 인건비로 책정하는 방법도 생각할 수 있다. 이 경우 작가는 프리랜서와 정직원의 중간쯤에 위치한다.

셋째, 미국처럼 작가들 스스로 길드를 만들어 여기에 소속되고,

길드가 방송국과 비용을 직접 협상하면서 안전장치 역할을 하는 것이다. 노동조합을 생각할 수도 있지만 방송작가들의 경우 소속도 다르고 장르별 이질성도 높아서 미국에서는 길드 형태로 조직한 셈이다. 4대 보험, 임금, 노동조건 문제를 포괄적으로 다룰 수 있는 장점이 있다. 길드라는 고전적 단체가 과연 효율적일까라는 의구심을 품을 수 있지만, 어쨌든 여러 나라에서 이런 방식으로 대처하고 있다.

드라마처럼 상대적으로 고부가가치의 상품을 만들 수 있다면 문제가 덜하겠지만, 시사교양방송의 가치를 단순히 시청률만으로 계산하기는 어렵다. '외부성(externality)'이라는, 시장을 떠나 사회 전체의 교양과 관련된 간접효과들이 분명히 존재한다. 이를 통해 국민들의 교양이나 문화가 향상되고 자연스럽게 제품의 질이나 경제 수준이 높아지는 중장기적 효과가 나타나기 때문에 가치가 없다고 할 수는 없다. 사회 전체의 교양을 높이는 것은 방송의 기능이기도 한데, 실제로 이런 가치를 프로그램 평가에 어떻게 반영할 것인가. 이는 공영방송만이 아니라 상업방송에서도 고민해야 하는 문제이다. 내생성장론에서 성장의 장기 지속에는 교육을 통한 혁신이 핵심 요인이라고 보는데, 사회적 교육의 대표적인 장치가 바로 텔레비전 아닌가. 우리는 그동안 방송의 사회교육 측면과 효과를 너무 무심하게 보아 넘긴 것 같다. 교양방송의 경제적 효과는 조금 더 중립적이고 장기적인 관점에서 평가할 필요가 있다. 우리는 방송의 효과를 너무 정치적인 관점에서만 분석하고 이에 대처하려 했을 뿐, 방송 프로그램의 외부효과를 평가하는 기법이나 방향은 거의 논의해본 적이 없다. 이를 올바로 평가하는 과정에서 구성작가들의 처우를 개선할 수 있는 정책 기반을 찾을 수 있을 것이다. 방송의 공익적 효과와 교육적 효과는 교육방송에만 국한되는 이야기가 아니다.

자, 이 시점에서 어떤 방식이든, 사실상 반실업 상태에 있는 작가들의 삶을 개선해야 할 텐데 사실 갈 길이 멀다. 최근에 방송사별로 작가협회가 생겼는데, 방송국의 권력에 비하면 작가들의 경제적 위상이 워낙 낮아서 아직은 직접 교섭을 하기 어렵다. 한국방송작가협회라는 오래된 단체가 있기는 하지만, 기본적으로는 드라마작가 중심 조직이라 구성작가들은 소외되는 경향이 있다. 스크린쿼터 문제로 정부와 전면전을 벌인 분야는 영화인데, 이런 과정을 통해 영화진흥위원회 같은 영화만의 지원 장치가 생겨났다. 작가 분야에서도 이런 것이 필요하다.

2007년 11월 5일부터 2008년 2월 12일까지 미국에서는 수출과 DVD 판매에 대한 저작권 개선을 요구하며 작가들이 파업을 벌였다. 작가들과 동료 의식을 가지고 있던 배우들이 오스카 시상식에 불참하는 등 사회적인 지지를 받으면서 이 파업은 성공적으로 진행되었다. 이를 주도한 단체가 바로 '미국작가길드'라는 이름의 단체 두 개였다. 당시 작가들은 "Pencil down means channel down", 즉 펜이 서면 모든 영상이 멈춘다는, 가슴 저리는 구호를 앞세웠다. 길드는 협회와 노조 사이에 있는 조직 형태인데, 거대한 방송사 혹은 제작사와 맞서 혼자서는 제도를 개선할 수 없는 상황에서 자연스럽게 길드라는 형태가 등장한 셈이다. 물론 이름이 중요한 것은 아니다. 작가의 임금 수준과 배분 방식 혹은 제도 개선을 적극 대변할 단체가 필요하고 그런 여건을 시급히 만들어야 한다.

한국의 방송작가들이 파업을 하지 못할 이유는 100가지도 넘을 것이다. 드라마작가와 구성작가의 처지와 형편이 다르고, 서브작가와 작가 지망생의 차이점도 적지 않다. 정규직이 되기를 원하는 사람이 있고, 프리랜서로서도 충분히 잘살 수 있다고 생각하는 사람도 있을 것이다. 이런 차이에도 불구하고 우리 모두를 위해서 당장 방송작가의 처우가 개선되어야 한다. 작가들이 서면, 확실히 방송은 선다. PD 같은 동료 제작자들이나 출연자들도 작가들을 지지할 것이다. 길드를 어떻게 조직하고 노동조건을 어떻게 개선할 것인가, 이런 논의를 수면 위에 떠우기 위해서라도 먼저 단체행동에 나서야 한다. 방송작가의 문제가 사회 이슈로 떠오르기를 바란다면 파업 외에는 다른 수단이 없다.

작가라는 이름으로 분류될 수 있는 사람들은 많지만, 방송작가와 시나리오작가 등 영상을 만드는 사람들이 일단 한 자리에 앉을 수 있는 모임이 필요하다. 일단 모이면 힘이 생기는 법이다. 미국이 자유시장경제 체제라고는 하지만, 우리나라 작가들보다 훨씬 수입이 좋은 할리우드의 작가들도 파업을 했고, 이들과는 비교도 할 수 없을 정도로 고액 연봉을 받는 프로 스포츠 선수들도 파업을 한다. 단순히 임금만이 아니라 인권과 처우 등 결코 양보할 수 없는 조건들이 많기 때문이다.

# 8 배우생협과 배우재단

윤여정: 내 앞에서 피부 이야기 그렇게 오래 하는 거 아니다.

최지우: (웃음)

윤여정: 내가 열등의식이 많은 사람이에요. 어느 정도냐면 왜 돈
깎자고 그러잖아, 돈 깎자고 그럴 때도 신경질 나는데,
아, 그래 내가 피부가 나쁘니까 깎아야지, 내 그런다, 마
지막에.

이미숙: 아, 피부과에서?

고현정: 방송국에서?

윤여정: 우리 방송국에서, 출연료 이야기할 때 깎자고 그러면, 이
것들이 왜 깎자고 그래, 그러다가 그래 내가 피부가 나쁘
니까…… . 내가 이렇게 슬픈 사연이 있어, 이것아.

—영화 「여배우」 중에서

프랑스 대선에서 최고의 빅 매치는, 사회당의 미테랑이 자크 시
라크와 맞붙었을 때라고들 한다. 그때 좌파의 홍보는 가수 이브 몽탕
이, 우파의 홍보는 알랭 들롱이 맡았다. 이 불꽃 튀는 홍보전은 세기
의 대결이었는데, 투표는 미테랑이 이겼지만 지켜보던 나는 알랭 들
롱이 진 것은 아니라고 생각했다.

배우들에게 정치적 중립을 요구하면서 사회적 발언은 하지 말
고 방송이나 잘하라는 말을 하는데, 진짜 웃기는 이야기다. 유럽이 아

닌 미국에서조차 배우나 모델들에게 하다못해 모피 코트에 대한 입장이 뭐냐, 이라크 파병은 어떻게 생각하느냐고 물어본다. 그런 과정을 통해 배우도 성장하고 자연스럽게 사회적 지위를 얻는다. 공화당을 대표하는 배우 자리는 예전에는 「역마차」와 「그린 베레」의 존 웨인이 차지했는데, 어느덧 「터미네이터」의 아놀드 슈왈츠제네거가 물려받았다. 결국 동구를 붕괴시킨 미국 대통령 로널드 레이건도 희극배우 출신이다. 나는 그들이 배우라고 해서 비난해본 적이 없다. 자신의 정치적 소신을 고수하면서 인지도에 걸맞은 대중 지도자로 역할을 해야 한다고 생각한다. 마돈나의 전 남편이었던 숀 펜은 이라크 파병에 반대하는 할리우드 배우들의 모임을 이끌면서 미국 진보파 배우들의 리더로 떠올랐다. 오프라 윈프리가 공공연히 정치적 입장을 밝히거나 특정 후보를 지지한다고 해서 누가 뭐라고 하지 않는다.

선진국이 될수록 그리고 문화경제가 꽃필수록 정치인이나 법관보다 문화에서 비롯되는 힘을 가진 이들의 지도력이 더 중요해지는 경향이 있다. 지금처럼 은근슬쩍 권력에 줄을 대는 것보다는 대중들에게 직접 자기 생각을 밝히면서 정치적 영향력을 높이는 방향으로 가야 하지 않을까. 그래서 나는 제일 좋아하는 남자 배우로 알랭 들롱을 든다. 우파 배우들이 당당하게 자신은 우파 혹은 보수라고 이야기할 수 있어야 좌파들도 자신의 정치적 견해를 밝힐 수 있다. 그렇지 않으면 우리가 가장 사랑하는 배우들, 즉 문화의 꽃이라고 할 수 있는 사람들이 성장할 수 있는 기회를 박탈하는 것이다. 우리는 대통령선거에서 배우들을 비롯한 문화인들을 그냥 병풍처럼 사용할 뿐이다. 배우들이 알랭 들롱처럼 당당히 선거 홍보를 맡지는 못한다. 배우는 정치적·사회적 발언을 해선 안 된다는 편견은 문화가 꽃피기 이전에 그들의 사회적 힘을 인식하지 못하던 시절의 잔재인지도 모른다. 생각 없이 좋은 연기를 할 수 있는가? 한 번은 할 수 있을지 몰라도 평생 그럴 수는 없을 테고 그렇게 세계적 배우가 되기는 더 어려울 듯하다.

배우들 세계에서 매체별 장벽은 다른 분야보다는 높지 않다. 연극, 영화, 드라마 그리고 최근의 뮤지컬까지, 스타일은 조금 다르지만 사실상 동일시장이라고 할 수 있다. 돈은 드라마와 영화에서 연극으로 흘러 들어간다. 드라마 배우가 되는 길은 예전에는 방송국 공채시험뿐이었는데, 요즘은 정말 다양하다. 그러면 직업으로서의 배우를 생각해보자. 소득은 텔레비전에 출연하는 배우들이 국세청 기준으로 연소득 3400만 원 정도인데 지금 활동하는 배우들의 경우 활동 기간은 공채 시절에 비해 명확하지 않다. 특이한 것은 드라마 등의 주요 시청층이 30~40대로 올라가면서 이 나이대 여배우들이 전성기를 맞고 있다는 점이다. 원래 여배우의 전성기는 20대라고 보지만, 20대의 지불능력이 약해져서 실제 드라마에서는 여주인공들의 나이가 많아졌다. 또 스토리도 거기에 맞추어 엮어가는 경향이 있다.

연령 이야기를 조금 더 해보자. 지금 환갑을 넘기고도 계속 텔레비전에 나오는 배우들은 젊은 배우에 비해 연기력이 탄탄하고 극의 분위기를 주도할 정도로 인기가 높다. 요즘 배우들과 달리 이들은 공채 시절에 방송국을 직장으로 알고 살았다. 당연히 내부효과에 의해 선배들에게 많은 노하우를 습득했을 것이다. 지금은 데뷔 경로가 다양해지기는 했는데 대부분은 기획사에 소속되어 있다. 여기 속한 배우들은 노하우를 전수하는 선후배이자 경쟁자이다. 지난 몇 년 동안 대형 사극이 유행하면서 오랫동안 텔레비전에 얼굴을 보이지 않던 중년 배우들이 대거 출연했다. 사극에서는 무엇보다 명확한 발성 등 기초 연기력이 요구되는데 이런 배우는 단기간에 만들어내기 어렵다. 외국에는 특수한 발성으로 유명한 햄릿 연극을 위한 전문 배우가 따로 있을 정도다. 정통 사극에서 어느 정도 버티는 데 성공한 배우는 일단 그렇지 않은 배우에 비해 오래 살아남을 가능성이 높다.

배우들이 방송국이 아닌 기획사에 소속되어 활동하기 시작하면서 생겨난 문제는 비단 연기력뿐만이 아니다. 임금 구조 역시 극단적인 형태로 형성되었다. 배우의 임금을 결정하는 요소를 생각해보자. 물론 수요와 공급이라고 할 수 있지만, 일반적인 상품과는 달리 매우 충성스러우면서도 변덕스럽기도 한 시청자들의 선호를 단순히 수요라고 할 수 있을까. "그냥 좋으니까."라는 '팬심'을 단순히 수요로 분석하기는 어렵다. 현재의 배우시장은 너무 자유방임형이다. 일단 특A급 배우들의 임금이 지나치게 높다. 방송국이나 드라마 제작사에서 가끔 출연료 상한제를 요구하기는 했지만, 신자유주의 담론이 한참 강하던 때라서 시장에 어떤 식으로든 규제나 조절이 필요하다는 말이 씨알도 먹히지 않은 지 10년이 지났다. 심할 경우에는 드라마 제작비의 절반 정도로 특A급 배우들의 임금은 높아졌지만 정작 조연들은 매우 적은 임금을 받는다. 게다가 임금 체불은 기본이고, 제작사가 아예 파산해서 돈 받을 곳이 없어지는 경우가 비일비재하다. 연예인노조에서 조사한 평균 임금은 상당히 낮은 수준이다. 스타 마케팅 체제라고는 하지만, 사실 한국 영화나 드라마의 수익성에서 스타의 경제적 기여도가 정말 그렇게 중요할까? 유명 스타가 비싼 돈을 받고 출연한다 해도 망하는 영화는 그냥 망한다. 드라마도 마찬가지다. 그렇다면 왜 흥행과 연결되지 않는데도 스타들의 몸값이 높을까? 몇 가지로 설명할 수 있는데, 사실상 '주먹구구식'이라서 그렇다. 만약 기업에서 하듯이 성적을 칼같이 평가하고 인센티브와 연결하면 배우들 임금 구조에 변화가 올 것이다. 물론 나는 이런 방식에는 반대하지만, 배우들의 실제 기여도가 계량적인 방식으로 제대로 평가된 적은 없다. 말은 상업 드라마가 경제 논리에 따라 시장 방식으로 제작된다고 하지만 사실은 그렇지 않고 주먹구구식으로 개런티를 정하기 때문에 주연급 출연자의 과다 임금 문제가 생긴다고 할 수 있다. 하지만 일반 노동과정에서 생산성을 계산하듯이 배우와 스태프들의 기여도를 정량적으로 계산하기란 문화시장의 특성상 불가능하다.

그렇다면 스타들의 몸값에서 거품은 어느 정도일까? 배우조합이 있는 할리우드의 경우, 제작비에서 주연급 배우 개런티가 차지하는 비중이 20퍼센트 내외라고 한다. 최근 한국 영화도 대체로 그 정도이다. 이런 기준으로 보면 드라마의 경우 지나친 사례가 꽤 있는 편이다.

지금까지는 어떻게든 버텨왔는데, 상업 드라마에 들어오는 돈은 이미 고점을 찍었고 정부가 보조할 수도 있는 특수 분야를 제외하면 드라마에 돈이 더 들어올 일은 없다. 종편이 들어오더라도 마찬가지다. 종편 자체의 경제적 지속 가능성 전망이 그리 밝지 않기 때문이다. 초기 얼마 동안은 자금이 풀리겠지만 그게 얼마나 갈까? 장기적으로는 신문 팔아서 드라마 제작을 지원하는 일은 벌어지지 않을 것이고, 점차 줄어드는 광고비를 전체 시장에서 쪼개는 방식이 유지될 것이다. 수출이 엄청나게 늘고 판권 계약에서 방송사가 제작사에 일부 양보한다 해도 수익률이 약간 개선되는 정도일 뿐 스타들의 몸값을 감당할 수준은 아니다. 이런 상황이 유지되면 조연들과 스태프들의 임금은 더 열악해지고, 누군가의 기쁨이 다른 사람의 고통이 되는 슬픈 게임이 지속된다.

그렇다면 드라마에서 간판스타들이 임금을 양보할 만한 여건이 조성돼 있을까? 지금 배우의 소득 원천은 출연료와 광고 수입인데 시장을 키우는 새로운 요소가 등장하지 않는다면 지금이 절정기이고 향후 줄어들 개연성이 높다. 광고 수입에 대한 리스크는 더 크다. 한국에서도 마케팅 사회가 끝나고 일본식 '격차 사회'의 한국 버전인 '신빈곤 시대'로 갈 개연성이 높다. 이런 과정에서 톱스타 중심의 광고시장이 그보다는 적은 비용이 드는 일반인 모델을 채용하는 방식으로 전환될 것으로 보인다. 드라마나 영화의 톱스타를 광고 모델로 쓰는 경향은 한국이나 일본이 강한 편인데, 미국을 비롯한 서구에서는 오히려 스포츠 스타처럼 배우가 아닌 모델이 더 선호되고 일반인 모델도 많다. 이런 경향은 한국 사회가 정상화되는 과정에서 더욱 강해질 것이다. 드라마나 영화 출연을 오히려 파생시장으로 간주하고, 광고 출연을 본원시장으로 여기는 지금의 기형적인 구조가 영원히 지속될 수는 없다.

전체적으로 배우시장은 공영방송이 직접 관리하다가 갑자기 냉혹한 시장의 세계로 들어간 셈인데 갑자기 기획사가 난립하면서 장기적인 관점에서 '배우생태계'를 제대로 형성하지 못했다. 관리 체제가 제대로 갖추어지지 않은 상태에서 배우 아카데미는 제대로 자리 잡지 못했으며, 성희롱 같은 인권 문제가 심화되고 있을 뿐 아니라 배우 지망생들의 돈을 노리는 후방산업들만 잔뜩 커졌다. 그렇다고 정부가 직접 나서서 일반 산업 관리하듯이 정리정돈하면 나아질까? 배우들이 자신을 지키기가 너무나 어렵기 때문에, PD에서 기획사 그 다음에 담당 공무원으로, 줄을 서야 할 대상만 바뀔 위험이 크다. 공무원들이 '완장질'하기 딱 좋은 구조에서, 상급 기관의 관리만으로는 문제를 풀기가 쉽지 않다.

자, 기술적으로만 보면 두 가지 해법이 있을 수 있다.

첫째, 일본의 기획사 방식이다. 일본은 대형 기획사 3~4개가 시장을 분점한 구조인데, 기획사가 소득을 분배하면서 월급제 방식을 운용한다. 우리나라처럼 떼돈을 벌 기회는 적지만, 안정성을 높이고 배우들의 활동 기간을 늘려줄 수 있다. '굵고 짧게'와 '가늘고 길게'에서 후자를 선택한, 일본다운 방식이다. 나쁘지는 않지만 우리가 이 방향으로 갈 수 있을까? 출연료 상한제를 톱스타들이 받아들이는 것보다 더 어려운 방식이다. 이것은 한국의 정치 체제를 대통령 중심제에서 내각책임제로 바꾸는 것보다 더 어려운 일일 것 같다. '파레토 개선'이라는 개념을 사용한다면, 다른 사람의 몫을 줄이지 않고 누군가 이득을 올릴 수 있어야 하는데, 지금 상황은 그렇지 않다. 힘 없는 사람 몫을 빼앗아 힘 있는 사람에게 줄 순 있겠지만, 한국에서 그 반대 경우가 실현될 가능성은 거의 없다.

둘째, 공채 제도로 복귀하는 것이다. 방송사가 안전망을 형성해주니 배우들한테는 나쁘지 않은 선택인데, 이번에는 제작사에서 문제가 생긴다. 현실적으로는 외부 제작사를 만들었던 방송법 이전으

배우들에 의한 혹은 배우들을 위한 생협을 만들면 어떨까. 기획사에서
독립하여 활동하고 싶은 배우들이 움직일 공간이 형성된다는 의미가 있다.

로 돌아가는 것인데, 이미 생긴 기획사를 없애고 자체 제작 시스템으로 돌아간다면 위헌소송 정도는 각오해야 할 것이다. 물론 방법이 아주 없지는 않다. 새로 종편 네 개가 생겨나니까, 상업방송은 외주 제작 체제로 두고, 공영방송은 자체 제작으로 돌아가는 것이다. 물론 이건 정권 차원의 큰 작업이라서 배우들과 스태프들의 처우 개선을 위해 너무 큰 칼을 휘두르는 격이기는 하다. 방송의 내용이나 질 자체를 바꾸겠다고 하면, 이런 큰 전환도 정책 옵션에 포함될 수는 있다. 그러나 정책 목표에 비해 정책 수단이 너무 커서 당장 해결책으로 사용하기에는 적당하지 않다. 게다가 철학적으로도 생각해봐야 할 점들이 있다. 현재 연극, 영화, 드라마 사이에는 거의 칸막이가 없이 자유롭게 전환할 수 있어서 배우들의 통합생태계 같은 것이 형성되어 있는데, 드라마에서 공채라는 틀로 다시 칸막이를 치는 게 옳은가. 이에 대해서는 더 심도 있게 논의할 필요가 있다.

그렇다면 해결 방식은 전혀 없는가? 이렇게 질문을 바꾸어보자. 상업 장치의 틀 밖에 독립영화나 독립 다큐라는 장르가 있듯이, 기획사에 소속되지 않은 '독립 배우'라는 개념이 성립할 수 있을까? 물론 지금도 그런 배우들은 있지만, 이들은 시장에서 충분히 검증된 중견배우들이고, 배우 세계에 입문하려는 사람들이 그런 길을 선택하기는 쉽지 않다.

작가들의 세계에서 길드가 생산자협동조합 역할을 한다면, 배우들의 세계에서도 유사한 형식의 비영리 공익기관이 배우들을 지원해주는 방안을 생각해볼 수 있을 것이다. 마트나 대형 할인매장 같은 상업적 유통망이 있음에도 불구하고 농업에서는 생협이 여전히 시장의 일부를 담당한다. 전국적으로 40만 명 가까운 조합원들이 소비자생협에 조합원으로 참여하고 있다. 경제의 세상에는 국가와 시장만 있을 것 같지만, 실제로는 제3의 주체들이 사회적 경제를 형성하고 있다. 생협, 사회적 기업 같은 기구들은 문화 분야에서도 점점 중요해지고 있다. 자, 한국에서 배우들에 의한 혹은 배우들을 위한 생협이 가능할까? 드라마를 지지하는 팬들이 유기농이나 친환경농업 그리고 소농을 지키기 위한 생협 같은 조직을 만들지 못할 이유가 없다. 어쨌든 드라마나 영화에 출연하는 배우들은 유기농업보다는 수십 배는 더 매력적인 존재가 아닌가? 팬들을 그냥 매체 소비자로 생각하지 않고 시민으로 받아들이는 순간, 배우와 시민 사이라는 새로운 관계가 설정된다. 개별적인 드라마 시청자들과 달리 팬들은 자신들이 보고 싶은 것을 위해서 꽤 많은 돈과 시간을 투자할 용의가 있는 사람들이다. 그들에게 시민이라는 정체성을 부여하면, 배우들을 단순한 객체로 보지 않고 사회적 · 문화적 주체이자 생산자로 인식하면서 작지만 의미 있는 한 축을 형성할 수 있을 것이다. 자신이 좋아하는 배우를 사회적으로 지지하기 위해 배우생협 혹은 드라마생협에 월 1만 원을 지불하는 방식이 아예 불가능하지는 않을 것 같다. 이런 배우생협을 통해 어린 배우들이나 배우 지망생에게 새로운 가능성을 열어줄 수 있을 듯하다. 문제는 명분이다. 왜 내가 나보다 부유한 사람들의 활동을 지원해야 하는가. 합당한 명분을 만들어 시민들의 지원을 끌어내는 것은 당연히 배우들의 몫이다.

생협은 시민들에게 배우들이 도움을 청하는 형식이다. 이와는 다른 시도로 재단을 생각해볼 수 있다. 배우들 스스로 문제를 푸는 방식이라 할 수 있다. 충분히 돈을 번 배우들이 후배 배우들을 위해 뭔가 해볼 수 있는 가장 손쉬운 방법이다. 법적으로 한국에서는 3억 이상의 자금을 모아 재단법인을 설립할 수 있다. 누군가 신인 배우들을 지원해주려 한다면 재단 설립이 가장 빠른 방법이다. 재단 자체는 비영리기관이지만, 영리활동을 하는 배우들의 계약과 관리 업무를 대행할 수 있다.

로버트 레드포드는 선댄스 영화제를 개최하는 선댄스 재단을 만들었다. 할리우드가 마냥 상업적인 동네 같지만, 생각보다 많은 사람들이 자신들이 벌어놓은 돈을 의미 있는 일에 내어놓는다. 쉽게 "돈 놓고 돈 먹기"라고 폄훼해버리면 미국 작가들의 파업은 물론이고 장기 기획들이 어떻게 수립되는지를 전혀 이해하지 못한다. 할리우드에서 공화당과 민주당을 각각 지지하는 배우들 간의 갈등은 상상을 초월할 정도다. 그들은 돈도 돈이지만 자신의 정치적 이상을 위해서도 영화를 찍는다. 위선인지 진실인지 알기는 어렵지만 세계 최대의 시장인 할리우드 배우들도 돈을 위해 연기한다고 말하는 경우는 드물다. 그리고 문화적 이유든 정치적 이유든 의미 있는 일에 자기 지갑을 여는 사례가 적지 않다. 아직까지는 재단을 세우기보다는 돈을 벌기 위한 기획사를 차리는 예가 많지만 다른 방식으로 진화할 가능성은 얼마든지 있다. 스타급 배우들이 다음 세대의 배우를 위해 배우재단을 같이 만드는 모델이 아예 불가능하지는 않다. 경제에서는 비공식적인 메커니즘도 중요한 역할을 하는데, 드라마와 영화로 진출한 배우들이 연극무대에 서는 배우들을 경제적으로 후원하고 있다. 이런 움직임을 공식화하고 여기에 팬들이 참여하는 방식으로 배우생협이나 배우재단이 만들어질 수도 있지 않을까.

물론 이런 생협이나 재단이 초기부터 전체 규모를 좌지우지할 정도로 커지기는 어렵겠지만, 기획사에서 독립해 활동하고 싶은 배우들이 움직일 수 있는 공간은 그 자체로 의미가 있다. 무엇보다 시민들의 지지를 받아 등장한 사회적 경제 혹은 제3부문은 국가와 기업 사이에서 존재감을 드러내 어느 한쪽의 독주를 견제하는 의미를 가진다. 비록 작지만 의미 있는 경제적 축을 다원화하고 다양한 생태계를 만들어갈 때, 비로소 배우들에 대한 인권 및 경제 문제를 풀 수 있는 물질적 기반이 생겨날 것이다.

**배우 수입 양극화**
톱스타들의 출연료는 회당 수천만 원을 웃도는데 한쪽에는 1년에 100만 원도 벌지 못하는 연예인들이 부지기수인 상황이다. 여기서 현재 연예산업의 기형적인 현실을 읽을 수 있다.

한참 '프렌치 쉬크'라는 이름의 패션이 유행할 때 샤를로트 갱스부르가 패션 아이콘이던 시절이 있었다. 나는 그때 세르주 갱스부르에게 저런 멋진 딸이 있었는지 처음 알았다. 한국의 방송에 나오는 기인으로는 소설가 이외수가 꼽힐 정도지만, 그도 가수였던 세르주 갱스부르의 기이함에는 따라가지 못할 것이다. 작곡가이자 가수였던 그는 섹스를 노래에 가장 과감하게 도입했던 사람이고, 당대 최고의 패션모델 등 미녀들과 결혼과 이혼을 거듭한 것으로도 유명하다. 방송에 나왔던 불어권 스타 중에서 기이함으로는 앞으로도 따라갈 사람이 없을 것이다. 우리 식으로 치면 KBS 9시 뉴스 정도 되는 8시 뉴스에 그가 나왔는데, 10분 정도 앵커와 단독으로 진행하는 토크쇼 중에 연신 담배를 피우고 있었다. 뉴스 생방송 중에 담배 피우는 게스트가 앞으로도 있을까 싶지만, 어쨌든 그건 갱스부르니까 가능했다. 좌우를 떠나, 프랑스와 영국 국적을 떠나 최고의 '워너비'였던 그가 뉴스에서 대중 앞에 섰다는 것 자체가 뉴스였던 사람이다. 20년 전의 일인데, 그만큼 프랑스 사회가 개방적이라는 것을 느꼈다. 금기가 덜하다는 점에서는 프랑스가 한국보다 훨씬 개방적이지만, 그렇다고 방송이 사적이라는 말은 아니다. 만약 공공성 지수 같은 것을 내본다면 훨씬 더 개방적인 프랑스 방송이 한국보다 훨씬 더 수치가 높게 나올 것 같다.

공중파는 어떤 문화 매체보다 보수적이고 지켜야 할 것이 많다.

방송에 나오는 남성들은 화장을 하고 나온다. 이건 같은 영상을 다루는 다큐나 영화 같은 데서는 보기 어려운 방송만의 특징이다. 이미지를 만들면 사람 얼굴에는 그림자가 생기게 마련인데, 방송에서는 절대로 그림자를 만들지 않는다. 그러기 위해서는 다양한 각도에서 조명을 비출 수밖에 없는데, 조명이 과하면 이제는 반사가 문제가 된다. 이걸 해결하기 위해서 남성들도 메이크업을 하게 되었다. 왜 사람 얼굴에 그림자가 생기면 안 되나? 어쨌든 한 번 결정된 것은 누군가 다시 바꾸기 전에는 계속해서 지켜지는 것이 방송의 특징이기도 하다.

어느 나라나 공영방송과 민영방송이 있는데, 방송의 공공성은 공영방송뿐만 아니라 모두가 지켜야 한다. 방송 주파수로 사용하는 전파 대역이 개인 소유가 아니라 공공의 소유라서 그렇다. 수용자의 눈으로 본다면, 특별한 전자 장치를 달기 전에는 방송은 누구나 볼 수 있기 때문에 미성년자들의 접근을 인위적으로 차단하기가 쉽지 않다. 이런 이유로 공중파에는 제약이 많고, 싫든 좋든 검열이라는 게 생겨난다. 방송법은 한국에서 방송을 하는 사람은 누구를 막론하고 지켜야 하는 법이다.

방송의 공공성을 둘러싸고 논란이 벌어지곤 하는데, 과잉 대표와 과소 대표 같은 문제들이 있을 수 있다. 아직 한국에서는 없는 일이지만, 서구에서는 백인들에 비하면 유색인종 출신이 과소 대표되는 일이 종종 벌어졌다. 그래서 앵커와 같은 진행자들이 백인 일색으로 구성되지 않는 게 공공성을 둘러싼 중요한 논쟁이 되기도 한다. 요즘은 일반적으로 극우파로 분류하는 백인우월주의자들은 유색인종 혹은 이민자 출신들이 자꾸 공중파에 나오는 것을 불편해하고, 민족의 장래에 부정적 영향을 미친다고 생각한다. 인종주의적 견해는 편견과 정치적 선호도라는 의미를 모두 가지고 있다. 정치적 견해차는 진보/보수 혹은 좌우뿐만 아니라, 성별, 지역 혹은 성적 취향을 둘러싸고도 발견된다. 만약 방송사 사장이나 경영자들이 사사로운 이유로 흑인 앵커의 출연을 금지시켰다면, 공공의 자산인 전파를 사용하는 방송의 공공성이 훼손된 것으로 볼 수 있다. 진짜로 이렇게 하면 큰일 난다.

방송의 영향력이 워낙 강하니까 정파적인 목적으로 방송을 장악하고 싶은 욕구가 생기게 된다. 자기들과 생각이 같지 않은 사람들은 배제하고 싶어하는 것은 어찌 보면 너무 당연한 일이다. 그러나 자꾸 제도와 법률을 만드는 것은, 이렇게 작은 집단이 너무 많은 힘을 독점하게 되면 폐해가 더 커지기 때문이 아닌가? 정치에는 여와 야, 이렇게 두 가지 선택지 밖에 없을 것 같지만, 정책적 선택지는 열 개도 넘을 수 있다. 새만금 개발의 경우에는 여야가 모두 합의했지만, 여전히 절반의 국민은 해수유통으로 갯벌의 일부라도 보존하는 게 좋다고 생각할 수도 있다. 정치적인 다수파와 소수파가 제시하는 기술적인 해법이 일치한다는 보장은 없다. 그런 점에서 소수의 견해 표출 기회를 보장하는 것 역시 방송의 공공성에 포함되는 것이고, 요즘은 이걸 다양성이라는 측면으로 이해하는 경향이 있다. 시스템 이론으로 해석한다면, 방송 내에서 다양성을 유지하는 것이 획일성으로 생길 수 있는 시스템의 오류를 줄여준다고 말할 수 있다.

여당과 야당 사이에서 벌어지는 방송을 둘러싼 갈등이 있을 수 있다. 또 양대 정파 이외의 소수의견을 어떻게 반영할 것인가, 요컨대 다양성의 문제가 있을 수 있다. 우리 헌법은 표현의 자유를 규정하고 있고, 방송법은 공정성과 정치적 신념에 의해 차별받지 않아야 한다고 규정한다. 우리나라의 많은 제도가 그렇듯이 헌법과 법률이 규정하는 조항과 법의 정신에 따라서 운영하면 아무 문제도 생기지 않지만, 현실은 그렇지 않다.

공영방송의 모범처럼 보이는 BBC의 경우는 국왕칙서(Royal Chart)라는 형태로 왕실의 권위 위에 국영방송을 세워놓았는데, 이는 총리에게 너무 많은 권한을 주어 정권이 바뀔 때마다 자기편에 유리하게 방송을 이용하려는 것을 방지하기 위해서다. 그렇다고 우리가 영국처럼 입헌군주국으로 갈 수는 없는 노릇이다.

우리의 경우는 청와대 마음대로 하자고만 하면 제도적으로 막을 수 있는 장치가 없다. 가장 큰 정책을 결정하는 방송통신위원회에는 위원장을 포함해 다섯 명의 상임위원이 있는데, 위원장을 포함해 위원 두 명을 대통령이 지명하고, 여당 몫 한 명, 야당 몫 두 명이다. 3 대 2로, 청와대가 결정하면 그대로 의결된다. KBS의 경우는 열한 명의 이사 중에서 여야의 비율이 7 대 4다. MBC에서 의사결정을 내리는 방송문화진흥회 이사회는 아홉 명의 이사가 있는데 여야 비율은 6 대 3이다. 사장이 누가 되느냐에 따라 전체 방송여건이 좌지우지되는 것도 문제지만, 지금 같은 이사회 구조에서는 다수파의 전횡을 막을 방법이 별로 없다.

특정 정당이 과반수를 차지하지 못하게 하는 것도 방법이기는 하지만, 청와대나 여당이 지명한 이사가 임명권자의 의사에 반하는 의결을 하기는 어렵다. 사장 임명에 대해서는 3분의 2 이상 찬성 시의결도 방법이지만, 이사회의 일반 규정으로 볼 때는 특별한 경우라서 쉽지는 않을 것이다. 방송이 정치성을 띠는 거야 사람의 일이니 어쩔 수 없다고 해도 정파적 견해를 관철하는 것은 구조적으로 문제가 된다. 이사회 구성에 시민단체나 일반 국민을 참여시킨다고 해도, 청와대나 정당이 추천에 개입하면 다를 게 없어진다.

물론 제일 좋은 것은 제도적 장치를 별도로 마련하지 않고 방송 공공성이라는 아주 상식적인 덕목을 지키는 선에서 다양성을 구현하는 것이다. 그러나 우리는 아직 제대로 된 선진국이 아니어서 언제든 국가기구를 사유화하고, 방송을 자신들의 통치 수단 정도로만 생각하는 집단이 등장할 수 있다. 획일성과 검열, 이런 것을 줄이는 방향으로 가야 하는데, 그렇게 생각하지 않는 집단은 민주주의 체제 내부에도 존재할 수 있다. MBC가 배우 김여진의 출연을 막기 위해 자의적으로 방송사 내규를 만들어 공공연히 검열을 다시 도입한 것 역시 이런 관점에서 볼 수 있다. 정치적인 견해에 의한 검열이나 출연 제한은 후진국에서나 벌어지는 일이 아닌가?

우리가 생각해볼 수 있는 방안은, 공영방송 수장의 임명권을 국회에서 과반수를 점하는 정당에게 주는 방식이다. 방송에 대해서만 일종의 내각책임제를 도입하는 셈인데, 만약 과반수를 차지하는 정당이 없으면 연정을 구성해야 한다. 이 경우 집권당이 대통령직과 국회 의석 절반을 차지하면 현행 제도와 같아질지도 모르겠다. 그래도 국회에서 권한을 가지면 소수가 밀실에서 결정하는 것보다는 공론장에서 더 많이 논의할 수 있어 지금보다는 나을 것 같다. 이는 국회에 공영방송에 대한 운영권을 주는 일본 방식을 상당 부분 도입하는 것인데, 일본과는 달리 대통령과 행정부가 구분되어 운영되는 한국에서는 더 큰 효과가 있을 것이다.

20세기가 만들어낸 최고의 판타지라면 역시 방송이라고 말할수밖에 없다. 과거 어느 매체도 따라올 수 없는 판타지를 가지고 있으며, 대중에 대한 영향력 역시 막강하다. 이런 영향력 있는 장치를 자신의 사유물처럼 쓰고 싶은 거야 누구나 마찬가지일 수 있다. 그렇지만 장기적인 관점에서는 방송을 공론장으로 활용하는 편이 국가 전체를 위해서는 더 이로운 일이다. 2010년대에 방송의 공공성을 어떻게 지키고 발전시킬 것인가, 우리는 이러한 중대한 질문을 현 정부의 방송장악과 함께 만나게 된 것이다.

방송과 관련된 이야기들을 정리하면서 소결을 내리기에 앞서 2011년 초 민주당의 최문순 의원(현 강원도지사)을 잠시 만났다. 여러 가지 가설들이 현장의 실정에 얼마나 부합하고 유효한지 직접 확인해보고 싶었다. 다양한 업종에 종사하는 분들이 인터뷰이로서 도움을 주셨지만, MBC의 최전성기를 이끈 사장으로서 현장을 지휘해본 최문순 의원의 경험은 더 종합적인 시각을 제공하지 않을까 기대했다. 다른 인터뷰들은 본문의 내용으로 모두 녹여냈지만, 최문순 의원의 인터뷰만은 가능한 한 날것 그대로 독자 여러분들께 보여드리고 싶었다. 그래서 1장의 소결을 대신해 인터뷰를 요약해 싣는다.

### 1) 방송 인생에서 가장 보람 있는 일

그는 스스로 비주류로 살았다고 했다. 청와대를 비롯한 각 기관을 출입하는 방송인들은 사실은 감시자 노릇을 하라는 임무를 받은 사람들인데, 결국에는 유착관계를 맺는다고 말했다. 그래서 출입처 없는 방송기자가 되려 했고, 그런 생각이 최문순을 유명하게 만들어준 '카메라 출동'의 기획 동기가 되었다. 이는 사실 특권을 스스로 포기하는 길이었다. 한편 권력과의 유착관계를 끊기 위해 노력한 것이 방송인의 삶에서 가장 보람 있는 일이었는데, 다시 옛날 방식으로 회귀해버려 너무나 아쉽다는 말도 덧붙였다.

### 2) 예능 방송

「무한도전」과 「거침없이 하이킥」 같은 시트콤이 그가 사장일 때 만들어진 작품이다. 그전의 코미디 프로는 어느 정도 각본이 있어서 짜인 틀 내에서 진행되었다. 그는 이런 방송들의 출연자와 스태프들에게 자율적인 환경을 제공하려고 노력했고, 그리하여 현장이 방송국의 통제를 벗어난 것이 기억에 남는다고 회고했다. 그는 오락방송에서도 자율성이 중요하다고 강조했다.

### 3) 드라마

드라마에 대해서는 자본이 전면화되면서 기술이 집적되고 더 화려해졌으나 그 와중에 시청률과 광고 수주 등의 이유로 실험극이 설 자리가 없어진 현실을 안타까워했다. 방송발전기금 같은 것을 활용해 시청률 10퍼센트 미만의 실험극을 다시 만들어야 할 것이라고 말했다.

### 4) PD들의 고령화

점점 PD를 뽑지 않아서 PD들이 고령화되고, 20대가 PD로 진출하기 더 어려워지는 문제에 대해 물었다. MBC 인건비가 연 매출의 25퍼센트 정도를 유지하고 있는데 이는 나쁜 상황이 아니며, 계속해서 은퇴자가 나오는 만큼 세대간 비율에 맞추어 더 많이 뽑아도 경영에 큰 무리가 되지 않는다고 지적했다. 예전에는 노조에서 채용을 요구하는 목소리가 높았는데, 이 문제의 경우 지금부터라도 20대 혹은 대학생과 연대해 사회적 투쟁으로 전환할 필요가 있다고 대답했다.

### 5) 작가들의 처우 개선

그는 여의도에만 3000명의 이무기가 있다고 표현했다. 작가 지 망생이 그렇게 많다는 이야기였다. 사장 시절에 작가들의 처우 개선을 위해 대화를 했는데, 생각보다 내부 구조가 복잡해 해결하지 못한 것을 아쉬워했다. '자기 자식에게 방송작가라는 직업을 권할 수 있어야 한다.'는 생각으로 경영진이 이 문제를 적극 검토해야 한다고 주장했다. 여성들이 많은 구성작가들의 단결이 어려운데, 길드 같은 것을 만들어 방송국과 단체협상을 하고 기금을 마련해 상황을 개선하는 것이 도움이 될 것이라고 조언하기도 했다.

### 6) 배우들의 계약 문제

매니지먼트사에 관한 질문을 하자 현재 신고제로 운영되고 있고 현황을 파악하기가 어려워, 필요한 입법을 준비하는 중이라고 답했다. 공채 시절 배우들은 어느 정도 공적인 공간에 있었는데, 공채를 폐지한 후에는 사적인 공간에서 활동하는 자유직업인으로 넘어간 셈이라고 정리하며, 어느 정도는 이들을 공적인 영역에 편입시키는 게 좋을 것 같다고 말했다. 표준계약서를 작성하고 경영 정보를 공개하는 등 제도를 보완해야 하며, 일본처럼 몇 개의 대형 기획사로 헤쳐모이는 구조조정을 실시하고, 배우 월급제를 도입하는 방식 등을 함께 고민할 필요가 있다고 제안한 이도 최문순 의원이다.

# 2

## **텍스트**는 문화의 기본

# 1 책의 오묘한 매력

방송은 '그림'을 다루는 아주 화려한 세계이다. 신문기자는 반드시 사진을 확보하지 않아도 되지만 방송에서는 그림이 없으면 스트레이트 기사라도 나가기 힘들다. 2008년 기준으로 방송산업이 10조 원 정도의 매출액이 움직이는 시장이라면 출판은 21조 원짜리 시장이다(문화부의 2009 문화산업통계). 정부 기준으로 방송산업 종사자는 2만 9699명, 출판업은 21만 84명, 규모는 매출액 대비 두 배, 고용은 약 열 배 차이가 난다. 출판은 방송에 비해 매출액 대비 직접 고용 효과가 다섯 배 높은 셈이다. 전체 종사자 수만으로 보면 문화산업 분야의

**가계당 월간 도서구입비**

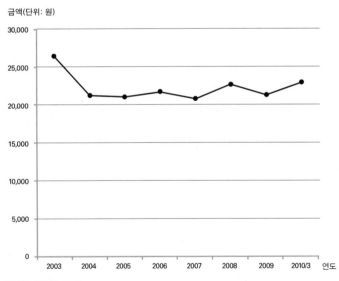

금액(단위: 원)

(통계청 가계지출 조사)

절반 가까운 사람들이 텍스트로 먹고사는 셈이다. 이 얼마나 놀라운 텍스트의 힘이란 말인가? 방송은 한 해 1억 6000만 불을 수출하지만 출판은 2억 6000만 불을 수출한다. 소설을 축으로 한 한국 출판물 수출액은 적지 않다(수출 규모는 북미, 동남아, 일본, 유럽 순이다).

그러나 21조 원 시장은 신문, 잡지 그리고 유통업을 전부 합쳤을 때의 규모이고, 교과서와 일반서적 시장만 놓고 보면 3조 5000억짜리 시장이다. 여기에 매출액 1조 원가량 되는 잡지 시장을 같이 생각해볼 수 있다. 신문까지 여기에 집어넣으면 분석이 이상해진다. 현재의 드라마 시장을 1조 5000억 원 정도로 본다면 책 시장은 나름대로 잘 버티는 편으로 보인다. 그러나 우리나라에만 있는 아주 이상한 사교육 현상으로 인한 참고서와 학습만화 등, 외국에서는 보기 어려운 기이한 책들을 제외하면 규모가 확 줄어든다. '교과서 및 학습서적', 즉 참고서류로 분류되는 책들의 매출액이 2조 원가량 된다. 상식적으로 우리가 책이라고 부르는 단행본 시장은 2008년 기준으로 약 1조 4000억 원 규모다. 이런 책들 중에도 교양서적의 모습을 띠고는 있지만 실제로는 논술학원 교재용으로 만든 책들이 있으나 이 책들이 차지하는 비율은 추정하기 어렵다. 상식적인 선에서 우리가 책이라고 여기는 상품의 시장 규모는 1조 원에서 1조 2000억 원 정도인 듯하다. 여기에는 토플이나 토익 등 영어 공부 책들도 들어가므로 결국 문학을 축으로 하는 책 시장은 1조 원 미만 규모로 줄어든다.

이건 공급자 측면의 통계이고, 도서의 종류를 가리지 않고 한국 국민들이 책에 지출하는 비용은 2003년 기준 월 2만 6346원인데 그나마 점차 줄어드는 추세다. 문화 부문 지수들이 2002년 혹은 2003년을 정점으로 줄어드는 경향을 보이는데, 출판도 예외가 아니다. 소득이 느는데도 불구하고 왜 개인은 문화 지출을 계속 줄이는지 일관된 설명을 제시하기는 쉽지 않다. 어쨌든 우리나라 국민들은 OECD 국가의 기준으로 보더라도 책을 잘 안 읽는다.

작가나 저자를 제외하고 출판계에서 책과 관련된 일을 하는 사람들은 1만 명 조금 넘는다. 성별로 보면 거의 1 대 1 구조에 가까운데, 남성이 약간 더 많다. 현업 편집자를 '제작' 분야 인력으로 분류한다면, 한국에서는 5212명이 책을 만들고 있다. 마케팅 인력은 1216명이다. 정부통계로 보면 단행본을 만드는 비정규직은 출판업 종사자 전체의 5.7퍼센트인 659명인데, 이 수치는 내가 아는 출판계 현황과는 많이 다르다. 내가 조사한 바로는 이보다 두세 배는 많은 비정규직 출판인들이 아주 열악한 조건으로 출판 과정에 참여하고 있다. 북 디자인, 일러스트, 교정교열 등 책을 만드는 과정에서 외주의 비율이 점점 더 높아지고 있는데, 프리랜서로 불리는 이런 협력자들의 비율 등이 조사에 제대로 반영되지 않은 것 같다. 어쨌든 통계를 잘 살펴보면 책을 만들고 유통하는 사람들은 어떤 식으로든 통계에 반영되는데, 작가나 저자들은 정부통계에서 도무지 잡을 수가 없었다. 각종 문인 협회에 등록된 수치가 있기는 하지만, 그들이 모두 출판으로 경제활동을 하고 있는 것은 아니라서 유효한 분석 대상으로 간주할 수 없었다. 책을 만드는 사람들의 총수는 알 수 있지만, 정작 출판계에서 '갑'에 해당하는 저자들의 수치는 모른다.

전체적으로 보면 출판업은 정규직 PD들이 비정규직 작가 혹은 저자들과 일하고, 그 과정에서 상당수 비정규직들과 협업한다는 점에서 드라마산업과 유사한 구조를 가지고 있다. 그러나 장비를 많이 사용하지 않는 점들로 인해 고용효과는 (산업연관표에 따르면) 방송보다 2.3배 높다. 2005년 기준으로 10억 원 지출할 때 방송의 취업유발효과는 3.91명인데, 출판은 12.24명이다. 대한출판문화협회에서는 총 신간 발행부수에 평균 정가를 곱하고, 이걸 2쇄를 찍어낸 기준으로 전체 매출액 규모를 계산한다. 약간 황당한 방식이기는 하지만 여러 방식으로 검산을 해보니 생각보다는 정확하다. 2007년 기준으로 3조 1000억 원 규모인데, 참고서를 합친 수치이므로 정부가 제시한 3조 5000억 원 규모와 얼추 비슷하다. 업계 추정치에 따르면 1998년과 비교해 오히려 매출액이 줄어들었다. 당시의 추정 매출액은 3조 7000억 원가량이었다. 10년 전에 비해서 추정 매출액으로는 17퍼센트, 총 발행부수로는 30퍼센트가 줄어든 셈이다. 분명히 10년 전에 비해 인구도 늘고 소득도 두 배로 늘었는데 우리는 그때보다 책 구입에 돈을 덜 쓴다. 당연히 새로 나오는 책의 종수도 많이 줄었다. 책 가격은 평균 정가 9910원에서 1만 1872원으로 10년 동안 20퍼센트 정도 올랐는데, 물가상승률을 감안해 보면 별로 오르지 않은 셈이다.

이런 데이터를 놓고 보면 IMF 이후 상당한 충격을 받고 10년이 지났는데도 예전 수준을 회복하지 못한다고 할 수 있다. 물론 같은 기간에 인터넷에서 모바일폰 그리고 스마트폰을 포함한 문화 환경은 많이 변했고 이런 변화를 감안하면 잘 버틴 거라고 볼 수도 있다. 부정적으로 해석하면, 책이 사라지지는 않겠지만 텍스트로서의 영향력이 점차 줄어들고 있는 중이라고 할 수 있다. 그러나 긍정적인 방향에서 '포텐셜'이라는 잠재성의 논리로 이 데이터를 해석할 수도 있다.

초등학생에서 CEO에게까지, "제발 이것 좀 해라."라고 사회적
으로나 국가적으로나 권장하는 문화 부문은 책밖에 없다.

좋은 책들이 출간되고, 책 문화가 긍정적으로 자리 잡는다면, 국민소득의 증가에 발맞추어 지금보다 시장이 두 배 이상 커질 수 있다고 볼수도 있다. OECD에 가입한 이후 책을 덜 읽게 되었다는 현재의 흐름이 정상은 아니다. 어느 방향으로 갈 것인가? 물론 이 문제는 국민들의 서적 구입비 및 독서 시간과 관련되어 있는데, 이 변수는 상당히 문화적인 것이라서 단기간에 움직이지는 않을 듯하다.

조금 정성적인 방식으로 생각해보자. 책이 여전히 한국 국민의 파토스를 자극할 수 있는가? 방송, 영화, 음악, 미술 모두 1차 생산자들이 돈만 보고 시작하지는 못하는 분야이다. 나는 지금 문화의 경제적 측면을 분석하고는 있지만, 경제적 이유와 문화적 동기가 기계적으로 일치한다고 보지는 않는다. 영상이나 이미지에 비해 텍스트의 힘이 떨어질까? 그럴 이유는 별로 없어 보인다. 텍스트 중의 텍스트라고 할 수 있는 책은 '읽는 재미'라는 오락의 기능도 있지만, 무엇보다 종합 지식을 선사한다는 큰 힘이 있다. 영상의 기본 역시 시나리오 같은 텍스트이다. 게다가 인터넷 환경은 매우 빠르게 변화했지만, PC 통신 시절부터 스마트폰까지, 사람들이 온라인에 접속하고 소통하는 기본 양식은 여전히 텍스트이다. 텍스트의 길이는 많이 짧아졌지만, 우리는 여전히 텍스트 중심의 세계에서 살고 있다. 문화 영역 내에서 여전히 텍스트가 원천 지식이며 기본 양식인 셈이다. 다른 문화의 경우 재미없으면 금방 눈을 돌린다. 재미없는 텔레비전 방송을 참고 보는 사람은 없고, 재미없는 DVD를 억지로 보는 사람은 비평가나 분석가밖에는 없을 것이다. 방송에서 약간만 말이 엇나가면 사람들은 바로 채널을 돌려버린다. 아마 문화 분야에서 재미없어도 참고 보는 것은 책과 스포츠 경기뿐일 것이다. 야구장에서 자기가 응원하는 팀이 지고 있으면 정말 재미없지만 그래도 참고 본다. 책, 특히 고전은 거듭 역전을 당하면서 결국은 아슬아슬하게 진 야구 경기보다 더 재미없다. 그래도 참고 보는 이유는 어떤 식으로든 자신에게 도움이 될 것이기 때문이다. 그래서 중고등학생들에게 딱딱한 고전 리스트를 들이대고는, 때로는 당근을 주면서 때로는 시험에 나온다고 협박해가며 읽히는 것이다. 그리고 여러 나라에서 어린 시절 가난한 탓에 독서교육을 받지 못하거나 책에 접근할 수 없어서 불평등이 확대되는 사태를 막기 위해 '북스타트' 프로그램을 운용하는 것이다. 초등학생에서 대기업 CEO까지, "제발 이것 좀 해라!"라고 사회와 국가가 권장하는 것은 오로지 독서뿐이다.

인류는 책이 있어 이 단계에 이르렀다고 해도 과언이 아니다. 이 말은 특히 우리에게 유효하다. 내생성장론을 비롯해 1990년대의 거시경제를 설명하는 방식에서 한국의 문맹률과 교육열은 세계적으로도 가장 중요한 사례 중의 하나였다. 그 중심에 한글이 있고 책이 있다. 그런 점에서 책은 한국 경제의 원천적인 힘이자 가능성이라고 할 수 있다. 또 한 가지 책의 특징은 다른 문화와 경쟁 관계라기보다는 보완 관계에 있다는 점이다. 예를 들면, 게임산업이 강해지면 다른 분야가 약해진다. 혹은 텔레비전이 너무 강해지면 특정 분야가 죽는 경향이 있다. 그러나 책은 그렇지 않다. 국민들이 책을 많이 읽으면 쉽게 보기 어려운 예술영화나 연극, 혹은 전위적이고 다양한 음악과 미술들에 대한 수요가 함께 생겨난다. 그런 점에서 책은 문화 부문의 전방산업이자 후방산업이다. 누구와도 쉽게 만난다는 점에서 대중들 앞에 서 있지만, 다른 문화 생산자와 국민들의 보편적 문화 생활을 지원한다는 점에서 후방효과가 강한 산업이라고 할 수 있다.

책에는 읽는 사람이나 만드는 사람 모두에게 기계적으로 설명하기 어려운 오묘한 매력이 있다. 최근에 한국의 책에서도 이미지와 타이포그래피 같은 디자인 요소가 강해졌다. 그 자체로 예술품에 가까운 수준이다. 잠시라도 더 독자의 눈을 끌어야 하기 때문인데, 어찌보면 우리 문화 수준이 그만큼 높아졌고 미감이 더 다양해졌다고 볼 수 있다. 겉모습에서 내용까지, 사실 책은 그 사회를 총체적으로 보여주는 매체다. 실용서의 내용이나 수준도 국가별로 아주 다르다. 책만혼자 앞서가기도 어렵고 너무 뒤처져서도 곤란하다. 좋은 책과 사람들 손에 들리는 책, 그 사이에서 책의 1차 생산자들이 미묘한 균형을 찾기 위해 여러모로 고심하는 셈이다. 나는 낯선 나라에 가면 우선 책방에 들어간다. 그러면 완벽하진 않아도 그 사회의 모습을 어느 정도는 파악할 수 있다. 1990년대 책과 최근 책을 한번 비교해보시라. 책디자인만이 아니라 어투, 스타일 들이 20년 사이에 엄청나게 변했다. 어떤 점에서는 책 역시 시대의 유행과 흐름을 선도하는 매체일지도 모른다.

텍스트로 된 매체 중 그 자체로 흑자 구조를 유지하고 있는 거의 유일한 매체가 바로 단행본이다. 계간지, 잡지, 심지어는 한동안 유행하던 인터넷 매체도 상업적으로 대부분 적자를 면치 못한다. 어디에선가 돈이 흘러 들어와야 버틸 수 있고, 텍스트의 아방가르드라고 할 수 있는 계간지는 사실상 한국에서는 존립할 수 없게 되었다.

단행본만이 아직은 스스로 먹고살 능력이 있을뿐더러 언론이나 잡지 등을 일정하게 지원하는 힘이 남아 있는 것 같다.

**전국 독서 실태와 분야별 발행 종수 추이**
한국인들은 성인 기준으로 2009년에 10.9권의 책을 읽었고 책값으로 월평균 9500원을 썼다. 책을 한 권도 읽지 않은 사람은 성인 기준으로 28퍼센트 정도였다.

## 2 편집자와 평생직장

편집자에 대한 영화는 생각보다 많다. 내가 본 것 중 가장 기억에 남는 영화는 줄리앤 무어가 비정규직 아동지 편집자로 나왔던 「포가튼」(2004)이다. 자식을 잃었다는 사실을 남편을 비롯해 거의 모든 사람이 잊어버렸는데 오로지 엄마만이 이 사실을 잊지 않고 있다. 그녀의 직업은 비정규직 편집자인데 이 엄마 덕에 외계인의 음모로부터 지구를 지켜낸다. '엄마＋편집자', 이 설정은 기억을 상징한다. 영화 「닥터 지바고」에서는 지바고가 인텔리라는 것을 보여주기 위해 의사와 시인이라는 두 가지 상징을 제시한다. 책, 이거야말로 가장 오래된 기억 아닌가. 지금 우리가 사용하는 저장장치들은 전기가 사라지거나 컴퓨터 체계가 바뀌면 후대에 다시 볼 수 없지만, 책은 보존만 된다면 언제든 당대를 증언하는 기억으로 전해질 것이다. 편집자들은 사회의 기억장치인 책을 만드는 사람들이고, 동시에 많은 것을 기억하는 사람들이다. 편집자를 아주 멋진 직업으로 기억하는 외국에 비하면, 한국에서는 편집자의 사회적 위상이 그리 높지 않다. 일반적으로 편집자는 그렇게 선호되는 직업이 아니다. 참고로 출판산업 전체에서 인건비의 비중은 매출액 대비 26.6퍼센트 정도다. 독자들이 책을 한 권 사면 정가의 4분의 1 정도는 누군가의 월급으로 나가는 것이다. 편집자들은 종종 대기업과 비교해서 자신들의 근무 조건이 나쁘다고 하는데, 문화산업 일반의 현황에 비하면 아주 열악한 편은 아니다. 물론 이건 출판계의 정규직 편집자들의 경우이고, 외주 편집자, 외주 디자이너 등은 훨씬 형편이 어렵다.

현재 출판사에서 일하는 사람들의 나이를 보면 마흔 살 이하가 80퍼센트를 차지한다. 나이가 마흔 살에 가까워지면 계속 남아 있어도 되는지, 다른 자리를 찾아봐야 하는지 고민이 커진다. 대부분의 출판사가 개인 회사여서 사장은 바뀌지 않고 주간이나 편집장들이 계속 회사를 옮겨 다닌다. 자신에게 잘 맞는 출판사를 찾아 입사 초기에 자주 옮기는데, 일단 정착하면 꽤 오래 있는 구조라고 할 수 있다. 편집자라는 업무 자체가 경험이 필요하고 숙련도가 매우 중요한데 최소 3년은 일을 해야 어느 정도 에디터십을 갖출 수 있다. 평균 스물여덟 살에 입사한다고 보면, 별 눈치 없이 소신껏 일할 수 있는 시간은 10년 정도 되는 셈이다. 큰 출판사가 작은 출판사에 비해 안정성이 높고 보수도 좋은 편인데, 작은 출판사에서 편집자를 뽑아 수년간 훈련시키면 큰 출판사에서 그냥 데리고 간다는 불평을 털어놓는다. 물론 편집자들 이야기를 들어보면 착취만 당하다가 어쩔 수 없이 옮기는 거라고도 한다.

이런 구조에서 고참 편집자들은 고민하게 된다. 자기 출판사를 차리거나 프리랜서 편집자로 나설 수밖에 없다. 작은 출판사들이 우후죽순처럼 생기는 이유이기도 하다. 2009년 기준, 등록된 3만 2568개사 중 한 권도 출간하지 못한 출판사는 92.5퍼센트에 달한다. 최근 임프린트가 급증했는데, 이는 출판사의 덩치 키우기 전략과 새로운 돌파구를 마련하려는 고참 편집자들의 필요가 결합해 생겨난 경향이다. 시장이 확 커질 가능성은 적고 내부에서 해법을 찾아야 하는 상황이다. 그리하여 외서의 과당 경쟁에 따른 선인세 상승, 사재기에 의한 순위 올리기, 마케팅 과열 같은 문제들이 생겨난다.

출판사 내부의 노력과 공적 지원이 필요하다. 과학이나 환경 아니면 예술 분야 등 질 좋은 서적을 발간하기 위해서는 분야별 전문 편집자가 필요하다는 데에는 모두 공감하지만, 작은 출판사에서 필요한 교육훈련을 시키고 안식년 제도를 운용하기란 쉽지 않다. 사실 지난 수년 동안 출판계에서는 '멀티플레이'라는 좀 황당한 명목으로 편집자들의 전문성을 무시하는 경향이 있었다. 잘 생각해보면 다양성과 전문성은 사실 떼어놓을 수 없는 덕목이다. 그런 의미에서 출판계도 영화계처럼 출판진흥위원회를 갖출 필요가 있는데, 여기서는 단순히 판매를 늘리거나 형식적인 정책 목표에 치중할 게 아니라 편집자들의 전문성과 경험을 높이기 위한 지원에 나설 필요가 있다. 돈이 많이 들지도 않을 것이고, 책의 질을 높이고 장기 기획을 세워 실행하는 데도 상당한 도움이 될 것 같다. 출판계를 하나의 생태계로 이해한다면, 허리에 해당하는 사람들인 편집자, 시장과 만나는 경계에서 발로 뛰는 마케터, 내부 살림을 하는 사람들로 구성된다. 좋은 작가나 저자만 있다고 해서 좋은 책이 그냥 튀어나오는 것이 아니다. 그런 책을 기획하고 실제 책으로 만드는 데에는 생각보다 많은 사람들의 협업이 필요하다. 이 일을 하는 사람들의 전체적인 수준을 높일 때 좋은 책이 나오고, 국민들도 더 많은 책을 읽을 것이다.

지금까지 우리는 도서관을 열심히 늘려서 의미 있는 책이라면 초판 정도를 소화해주는 일본의 예를 따라 출판의 다양성을 강화할 수 있다고 생각했다. 그러나 좋은 책은 작가의 노력뿐만이 아니라 기획과 편집을 잘 해낼 수 있는 전문 편집자의 역량이 투여되어야 탄생

에디터를 아주 멋진 직업으로 기억하는 외국에 비하면, 한국에서는 편집자의 사회적 위상이 그렇게 높지는 않은 것 같다.

할 수 있다. 우리는 지금까지 이 점을 너무 무시한 것은 아닐까?

지금의 20대는 출판계라는 직장을 어떻게 생각할까? 출판계는 아직은 자생력을 가지고 있고, 막상 대기업이 힘으로 밀고 들어오기가 쉽지 않은 영역이다. 분야별 전문성이 생각보다 중요해서 대기업이 자금을 투입해 사람들 스카우트해서 진용을 꾸린다 해도 전문 출판사보다 잘하기가 쉽지 않다. 신문사에서도 자신들의 출판부를 가지고 있지만 신문사의 지원을 등에 업고도 그다지 힘을 발휘하지 못한다. 그래서 다른 분야에 비하면 기획·편집 등 주요 업무의 경우 비정규직 전환이 쉽지 않고 아마 상당 기간 이런 양상이 유지될 것이다. 임금 수준은 일반 기업에 비해 낮은데, 작은 출판사의 경우에는 더 낮다. 그러나 시민단체처럼 열악하지는 않아서, 오랫동안 대기업의 문을 두드리거나 불확실한 고시에 매달리기보다는 출판계 입문이 나은 선택이 될 수 있다. 초기에는 학벌을 따졌지만 지금은 별로 그렇지 않고, 지방대학 출신이라도 자신감을 가지고 일할 수 있는 분야다. 출판사 직원들 사이에는 회사가 달라도 편집자로서의 연대감도 살아 있고, 내부 직원들 사이에는 승자독식 분위기도 높지 않다. 스펙보다는 책에 대한 애정과 성실성을 더 중시하는 분위기가 있다. 마흔 살 이후의 삶이 좀 불안한 감이 있는데, 출판계의 노력과 정부 정책의 뒷받침으로 전문 편집자 제도를 강화하면 실마리를 찾을 수 있지 않을까? 전문성과 안정성을 구조적으로 정착시키면 편집자가 더욱 선호되는 직업이 될 것이다. 그것은 우리나라의 지성 수준을 높이는 일이기도 하다. 마흔 살이 넘으면 프리랜서로 자발적 비정규직이 되는 이런 구조는 어떤 식으로든 개선해야 한다. 현재로서는 출판계가 영화나 음악 분야와는 달리 '작업비 후려치기' 같은 관행이 일반화되어 있지는 않아서 상대적으로는 좀 나아 보이지만 후생복지는 너무나 열악하다. 그리고 출판계의 프리랜서들도 자신들을 지키기 위한 최소한의 조직을 갖추어야 할 것이다. 책으로 먹고사는 인력을 두 배로 늘리기 위해서는 출판생태계의 하부조직들을 더 건강하게 만들어야 한다.

**출판산업의 매출액 및 종사자 현황**
서울과 경기도의 출판산업 매출 구성비를 합치면 85.5퍼센트가 된다. 하지만 이는 일반 단행본이 아닌 잡지나 기관지 등을 포함한 수치이다. 일반 단행본의 핵심 업무인 기획과 편집력이 얼마나 수도권에 집중되어 있는지는……

# 3 한국 문학, 아방가르드여 영원하라

현재 책과 관련해 가장 중요한 질문은 두 가지다. 첫째, 책값은 어떻게 결정되는가? 둘째, 종이책의 운명은 어떻게 될 것인가?

먼저 가격에 대해서 생각해보자. 책값은 종잇값과 저자 인세 등 제작과 관련된 생산비와 출간된 책을 독자에게 전달하는 유통에 들어가는 비용으로 구성된다. 책값에 대해 거품 논쟁이 가끔 벌어지는데 현재로서는 줄일 부분이 별로 없다. 물론 유럽(특히 프랑스)의 전통 있는 출판사들처럼 표지 디자인의 포맷을 세밀하게 정하고 컬렉션 내에서는 별도로 디자인을 하지 않으면 약간 제작비를 줄일 수는 있는데, 그 비중이 그리 크지는 않다. 무엇보다 눈이 높아진 독자들이 과거로 돌아가는 것을 달가워하지 않을 것 같다. 그보다 책값의 국가별 차이를 살펴볼 필요가 있다. 그 차이는 인건비 때문일까, 국민소득 때문일까? 대표적으로 책값이 비싼 곳은 스위스와 벨기에 같은 곳이다. 이는 일종의 사회적 선택인데, 인구 1000만 명이 채 안 되는 스위스나 벨기에에서 프랑스와 같은 책값을 매기면 아무도 로잔 대학이나 루뱅 대학 출판부 같은 곳에서 책을 내려고 하지 않을 것이다. 국가별 문화적 특성이 책값 결정에 개입한다고 할 수 있다. 우리는 대체로 책값이 싸게 유지되는 나라인데, 이 경우 국가적 특성보다는 소비자들의 수용성 혹은 소비 탄력성이 더 강하게 작동한다. 좀 특수한 경우로 일반 독자들이 아니라 기관 독자들을 위한 책이 있다. 이런 자료집 혹은 연보 형태의 책은 비싸다. 꼭 필요한 자료는 비싸도 살 수밖에 없다. 같은 이유로 일반 대중용 책값은 가능하면 싸게 매기려 한다. 이것이 한국 시장에서 작동하는 소비 탄력성 혹은 수용성의 법칙이다.

그렇다면 현재의 종이책은 얼마나 버틸까? 일단 한국 출판은 다른 문화 부문에 비하면 IMF 경제위기의 영향을 비교적 덜 받았고 아주 기막힌 우연의 도움으로 신매체의 등장에도 불구하고 잘 버틸 수 있었다. 파일 무단 복사에 의해 음반시장은 사실상 궤멸되었고, 영화산업도 상당한 타격을 받았다. 그러나 원본에서 복사되면 가치가 확 줄어드는 미술시장은 상대적으로 안정되었고, 문화 분야에서 가장 많은 돈이 유입되는 시장으로 살아남을 수 있었다.

우리나라에서는 책을 복사하더라도 돈을 아끼기는 어렵다. 물론 공장에서 대량 제작하면 싸게 할 수 있겠지만 이는 심각한 범죄행위이고 중국과 달리 우리는 제도적으로 이런 사태를 방지했다. 선진국은 책값이 비싸서 복사하는 게 돈이 덜 드는데, 우리의 책값은 제본 비용보다 그리 비싸지 않거나 경우에 따라 오히려 싼 가격대가 형성되었다. 일본 인구(1억 명)와 비교하면서 우리 인구로는 자체 시장을 형성하기 어렵다고 주장하는 사람들도 있지만, 역설적으로 바로 그래서 IMF 이후에도 문학시장이 어느 정도는 지켜졌다. 중국의 경우는 충분한 인구가 있어서 단속에도 불구하고 지하시장이 형성될 수 있다. 일본 수준으로 지하시장을 통제할 행정력을 발휘할 수 없었던 21세기 초반 한국의 상황에서는 적당한 인구 그리고 복제물의 생산과 유통을 자극하기 어려운 저렴한 책값 덕을 본 것이다. 여기에 기막힌 우연이 하나 더 있다.

2000년대 초반에는 스캔 방식으로 이미지 파일을 만들어도 그 걸 담을 저장매체가 충분치 않았다. 이러한 기묘한 균형 상태가 문학 시장이 까딱하면 지하시장으로 전락해버릴 위험을 어느 정도 막아 준 것 같다. 음악에 비유한다면, 책은 여전히 아날로그식 LP판으로 유통되는 상황이라고 할 수 있다. 언제까지 문학이 이런 방식을 유지 할 수 있을지는 알 수 없지만, 적어도 한국에서는 생각보다 오래 버틸 것 같다.

별 상관이 없어 보일지 모르지만 10대들이 가장 선호하는 선물 중의 하나가 여러 가지 색깔의 필기구 세트이다. 너무너무 공부를 하 기 싫어서 책에 갖가지 색깔로 밑줄을 치고 온갖 색상의 포스트잇을 붙이는 10대 때의 경험이 종이책과 전자책을 (아직까지는) 물질적으로 구분해준다. 하기 싫은 사교육 위주의 공부를 하다 보니 지루함을 달 래기 위해 이런 독특한 문화적 습관이 생겨난 듯하다. 전자책을 볼 수 있는 단말기가 미국과 달리 확산되지 못한 이유가 바로 이런 문화적 이질성 때문은 아닐까? 언젠가는 중고등학생들이 더 이상 종이와 노 트를 사용하지 않을지도 모르지만, 당분간 한국은 이런 상황에 처하 지 않을 것 같다. 책을 왜 사느냐? 읽으려고 한다면 도서관이나 대여 점에서 빌려서 볼 수 있겠지만, 많은 사람은 밑줄을 긋기 위해서 사거 나 선물을 하기 위해서 사기도 한다.

한국에서 책으로 먹고산다고 할 때 이는 기본적으로 집필을 의 미할 것이다. '전업작가'라는 표현은 여전히 어떤 사람들에게는 하나 의 꿈이다. 조금 인위적인 구분이지만, 문학에서는 보통 작가(writer) 라고 부르고, 인문사회과학을 비롯한 논픽션 분야에서는 저자(author)

라고 부른다. 뭐라고 부르든 큰 차이는 없는데, 일단은 이 작가들의 세계를 살펴보자.

2010년 기준으로 문학도서는 총 8192종이 발간되었는데, 그 가운데 소설이 5209종, 시 762종, 수필 478종, 희곡 63종, 평론 49종 그리고 기타 1631종이다.

전통적으로 가장 오래된 문학 양식은 시였지만 현재 시장에서 시는 버티기 어려워 보인다. 박노해의 『노동의 새벽』, 서정윤의 『홀로서기』 그리고 최영미의 『서른, 잔치는 끝났다』처럼 상업적으로 크게 성공한 시집들이 있었다. 『홀로서기』를 낸 출판사는 그 수익금으로 니체 전집을 발간했는데 시가 시인만이 아니라 출판사 자체를 먹여 살렸던 때가 우리에게도 있었다. 현재 한국에서 전업 시인으로 활동하는 사람은 (이원규 시인의 계산대로라면) 지리산의 이원규 시인과 박남준 시인뿐이다. 한때 내 가슴을 저리게 했던 『꽃들에게』의 시인 문부식은 요즘 작은 출판사의 운영을 돕고 있다. 인터넷의 등장과 함께 짧은 글이 더 많이 유통되는 게 아니라 오히려 홀대를 받게 된 셈인데 한국에서 시가 옛 영광을 되찾을 수 있을까? 작아진 시장에 적응하며, 아르바이트와 투잡, 쓰리잡을 통해 계속 시를 쓰겠다는 이들이 있으니 다행이라 해야 할까? 이 시인들이 사람들의 마음을 다시 사로잡을 수 있기를 기다리는 수밖에 없을 것 같다. 그런 점에서 최근에 몇몇 젊은 시인들의 작품이 일부 독자들에게 호응을 얻고 있는 것은 매우 희망적인 일이다.

소설은 상업적으로 성공한 문학의 대표적인 장르이다. 잘 팔리는 소설에 대해서 베스트셀러라서 또는 재수 없어서 안 본다는 사람들이 있는데, 곰곰이 생각해보면 지난 20년 동안 신자유주의를 앞장 서서 선전해온 자기계발서와 재테크 책에 불과한 경제경영서의 공세 속에서도 문학을 지켜온 것은 소설이다. 아니, 오히려 그보다 더 큰 시장을 만들어낸 것이 바로 소설이다. 게다가 최근 시장을 이끌고 있는 공지영, 신경숙은 엘리트 문단의 지원에 힘입어서라기보다 거의 독자적으로 시장을 개척해왔다. 그런 이들을 보면서 무수히 많은 소설가 지망생들이 영광스러운 그날을 생각하며 오늘도 습작에 매진하고 있다. 한국에서 전업작가는 자기계발서 분야의 공병호, 구본형 정도를 제외하면 사실상 소설가들에게만 허용된 삶이라고 할 수 있다. 인문사회과학에서는 가장 성공한 저자인 진중권이 소설가로의 전향을 진지하게 고민하는 모습을 본 적이 있다. 사회과학 분야 저자인 장하준은 교수직을 그만두고 전업작가로 살아갈 수 있겠지만 영어로 책을 쓰고 국내 시장에서 추후에 번역 출간하기 때문에 우리말로 글을 쓰는 저자로 분류하기는 어렵다. 아무튼 한국에서 전업작가는 소설가와 일부 에세이스트들뿐이라고 할 수 있다. 간단히 계산해봐도 소설로 먹고사는 사람들이 100명은 넘는 것 같다. 게다가 일단 알려진 소설가로 자리 잡으면 기고, 강연, 번역 등 꽤 넓은 부가시장이 있는 편이다. 작가들은 가수, 화가, 배우 등 어떤 문화계 종사자들과 비교해도 폭넓은 부가시장을 확보하고 있다.

책에서는 100만 부를 '자유의 손익분기점'이라고 부른다. 한 권이 100만 부가 팔리든 여러 권의 책들이 누적으로 100만 부가 팔리든, 이 정도면 책마다 조금 차이는 있지만 인세 소득이 10억 원 정도 된다. 은행 정기예금 금리로 이자 소득이 연간 4000만 원 정도 발생한

음반시장과 영화시장에 비해 문학은 해적판의 타격을 덜 받은 것 같다.
우리나라 복사비 구조에서 책을 복사해도 원래 책보다 싸지지 않는다.

다. 크게 사치를 부리지 않는다면 자기 생활을 꾸리기에는 부족함이 없는 수준이다. 어떻게 보면 소설시장은 국가가 전혀 신경 쓰지 않는 동안에 알아서 살아남은 대표적인 분야여서 국가 통제로부터 상당히 자유롭다. 경쟁도 부침도 심하지만, 살아남은 사람들은 어떤 식으로든 독자와 교감에 성공한 사람들이라고 할 수 있다. 한국에서 소설가가 책 1만 부를 팔면 삶에 대해 이야기할 수 있고, 10만 부를 팔면 정치에 대해서 이야기할 수 있고, 100만 부를 팔면 통일에 대해서 이야기할 수 있다고 하지 않는가. 참 멋진 직업인데 진입장벽이 높고 초기에 생계를 꾸려가기가 매우 어렵다는 것이 문제다.

한국에서 출간되는 외국 문학은 종수로는 전체의 4분의 1 정도 되지만, 매출액을 기준으로 하면 절반에 가깝다. 문제는 한국에서 통하는 외국 소설들을 들여오기 위해서 출판사들이 과당 경쟁을 벌여 때로는 10만 부 혹은 20만 부 이상을 팔아야 손익분기점을 맞출 수 있는 엄청난 선인세를 지불한다는 것이다. 이런 외서를 계약해 손해 보지 않기 위해서는 광고를 쏟아부어야 하니 손익분기점은 더더욱 올라갈 수밖에 없다. 그 돈을 국내 작가를 지원하는 기금으로 사용하자는 이야기들도 나오지만, 국가도 하지 않는 일을 출판사에 요구하기는 어렵다. 유명 작가들조차 외국 베스트셀러 작가들에게 마케팅에서 밀리는 판에, 다른 작가들의 설움은 말할 것도 없다. 물론 광고 없이 책의 힘으로 팔리면 좋겠지만, 이제 막 데뷔하는 사람들에게는 불가능한 일이다. 참고로 광고와 홍보의 힘을 빌리지 않고, 연예인 저자의 책을 제외하고, 출판사가 순수하게 기획을 통해 만들어낼 수 있는 최대 판매부수는 2011년 현재 2~3만 부 정도라는 것이 내 지론이다.

다른 요소 없이 기획과 내용의 힘으로 그 이상 판매하기는 쉽지 않다.

소설시장은 남성과 여성이 갈리는 편이다. 여성 작가들의 소설을 남성들은 안 보는 경향이 있는데, 주로 20~30대 여성 독자들이 수십만 부씩 사서 보는 것은 정말 대단한 일이다. 소설의 힘과 이들 20~30대 여성 독자들의 힘을 제대로 설명할 수 있어야 문학시장을 충분히 이해했다고 할 수 있을 텐데, 지금으로선 그저 놀랍다고밖에 표현할 수가 없다.

소설이 자생력을 가지고 살아남기는 했지만 그늘이 없는 것은 아니다. 일단 사회적인 목소리를 담은 문학이 줄어들었다. 고바야시 다키지의 『게공선』이 복간되면서 일본에서 수십만 권이 편의점 알바들의 손에 들렸고, 결국 수천 명씩이나 공산당에 가입하는 일대 사건이 일어났다. 하지만 한국에서 노동문학이나 참여문학은 1990년대 이래로 읽히지 않는다. 한동안 조정래와 황석영 등이 이끌던 대하소설도 이제는 점점 줄어드는 중이다.(두 작가 모두 2010년 『허수아비춤』과 『강남몽』 같은 사회적 주제를 다룬 장편을 냈으나 이전처럼 큰 울림을 주지는 못한 것 같다.) 그렇게 긴 호흡의 책을 선호하는 독자층이 아예 사라진 것 같지는 않지만 그런 작업을 해내는 대형 소설가는 만나기 어려워졌다. 특히 이런 분야에서 신인들이 많이 등장하지 않는 것도 문제다. 장르문학이라고 불리는 판타지와 SF소설도 외국 소설은 『반지의 제왕』, 『해리포터』, 『셜록 홈즈 이야기』 등 블록버스터들이 오랫동안 잘 팔리지만, 국내 작가 작품은 여전히 소수 마니아들 사이에서나 유통되고 있다. 작가가 구속되어 사회적으로도 활발하게 논의되었던 장정일의 『내게 거짓말을 해봐』(1996) 같은 소설들도 이젠 잘 나오지 않는다. 그렇다고 초기 이인성이나 최호철 부류의 형식적인 실험이 많아진 것도 아니다. 나름 실험적이라고 볼 수 있을, 김사과의『미나』(2008)는 문단 에서 신인상을 수상하긴 했지만 시장에서는 외면받았다. 신예들의 활약이 계속되기는 하지만 대부분 성장소설, 개인적 체험을 소재로 하고 있어 획일화하는 듯한 인상이다. 국가의 통제나 검열보다 시장 의 검열이 더 무섭다는 문화 일반의 경향이 소설에도 적용되는 것 같 다. 시장에서 버티는 데는 성공했지만, 그 대신 소설생태계 자체가 빈 약해지고 말았다. 이런 점에서는 드라마처럼 당장의 시장 상황은 좋 아도 사회적 지원이 필요한 것 같다.

이 와중에서 르포 문학이 아직도 죽지 않은 것은 정말 신기한 일이다.『부서진 미래』(2006)로 비정규직 문제를 부각시킨 김순천은 『대한민국 10대를 인터뷰하다』(2009),『인간의 꿈』(2011)을 내놓았는 데, 개인 작업과 팀 작업을 병행하면서 계속 주요 작품을 발간하고 있 다. 현장에서 만나본 20대 중에는 르포 문학이나 기록 문학을 하고 싶 다는 사람들이 많았다. 100억 원 정도만 지원하더라도 2년 기준으로 250명 이상의 르포 작가들을 데뷔시킬 수 있을 것이다. 이 정도면 정 말 혁명적인 일이 벌어질 것 같은데 문제는 이걸 전달하는 방식이다. 공모제 방식으로 국가가 직접 관리하면 참혹한 사태가 벌어질 것이 다. 그렇다고 출판사에 그냥 주면, 마치 영화계에서 '다양성 영화'라 는 이상한 이름으로 지원금을 받겠다고 요상한 단체들이 생겨났듯이 듣도 보도 못한 요상한 출판사들이 튀어나올 것이다. 시민들의 자발 적 지원에 의해 작지만 의미 있는 시장이 형성되면 제일 좋은데, 아직 우리나라 독자들은 르포를 받아들일 준비가 안 된 듯하다. 이 분야에서 전업작가로 활동하고 싶어하는 작가들을 그냥 두면, 반지하방에서 굶어가면서 글을 쓰게 될 것이다. 르포는 취재와 인터뷰가 중요해서 큰돈이 들지는 않는다 하더라도 맨손으로 시작하기는 어렵다. 어느 정도 실적이 있는 출판사들에 기금 운용 방식으로 작가 발굴부터 출간까지 모두 맡기는 편이 나을 수도 있다. 지역 단체에 복지사업을 위탁하는 '배달 논쟁', 즉 누구를 배달부로 하는 게 효율적인가 하는 질문이 여기서도 제기되는 셈이다. 물론 이 경우 출판사의 권한이 너무 강해지지 않도록 견제 장치들도 마련해야 할 것이다.

문학 전체로 보자면 역시 문화다양성을 고민하지 않을 수 없다. 책 판매만 생각하면 고등학생과 대학생 같은 타깃 독자에게 한 달에 두 권씩 책을 살 수 있는 바우처 형식의 쿠폰을 지급하는 것도 상상해볼 수 있다. 하지만 그런다고 문학의 다양성이 절로 높아지진 않는다. 오히려 책 광고만 늘어나는 부작용이 생길 개연성이 높다. 출판시장 모델은 여전히 상업적 방식과 전통적 방식이 혼재되어 있다. 오로지 상업적으로 매출을 올리는 방식은, 작가가 기획사와 계약하고, 광고와 강연이 주된 판매 수단이며, 독자와 출판사의 관계가 미약하다. 반면 전통적인 방식은 출판사와 독자가 일종의 생태계를 유지하면서 좀더 유기적인 관계를 맺는다. 다양성을 확보하려면 전통적 요소들을 좀더 많이 받아들여야 할 듯하다. 독자를 지역경제의 한 축으로 본다면, 지방 출판사, 지방 서점, 지방 도서관 순으로 정기 독서 모임에 도서 구입비를 지원하는 방안도 생각해볼 수 있다. 시민들의 자발적인 독서 모임은 도서관에 등록하고, 대학생들의 독서 모임은 학교에 등록하게 한 다음 출판사나 도서관을 축으로 특정 주제를 정해 지원하면 어떨까? 지역 독서 프로그램에 대한 실효성 있는 지원은 지역의 문화적 역량을 높이는 데 효율적으로 작용할 것이다.

문학 분야에 해당하는 이야기는 아니지만, 정부가 저지른 가장 확실한 도서판매 지원은 2008년 국방부의 불온도서 지정이었다. 지금은 정부가 보라고 해서 보고, 보지 말라고 해서 안 보는 시절이 아니다. 정부가 당장 할 일은 사라지면 안 될 기록유산을 보존하고 문학이 건강한 생태계를 형성하면서 다양성을 보장받도록 하는 일이다. 노벨문학상이 중요한 게 아니라, 밑바닥에서부터 더 많은 작가들이 글을 써서 생계를 꾸려나갈 수 있게 해주어야 한다. 그래야 한국 문학이 시장의 검열을 뚫고 잠재력을 폭발시키면서 시대와 호흡하는 걸작을 양산할 수 있을 것이다.

어떻게 하면 소설에서 아방가르드가 사라지지 않을까? 바로 이것이 본격문학을 지키고 키우는 길을 모색하는 자의 궁극의 질문이다. 그렇다고 문학시장을 무한정 키우고 모든 국민이 소설가가 되자는 황당한 이야기를 하려는 것은 아니다. 더도 말고, 지금보다 딱 두 배만 더 타고 갈 수 있는 배를 만들자. 그리고 장르별, 세대별 배려를 해서 전업작가가 지금보다는 서너 배 많은 사회를 만들어보자. 물론 누구든 기초 월급을 받는 보편적 복지가 실현되면 이런 고민은 할 필요가 없을지 모른다.

**한국 문학 해외 출판 현황**
한국 도서가 외국어로 번역되기 시작한 것은 19세기 말 문호 개방 이후다. 최초의 서양 언어 번역 작품은 1889년 미국에서 출판된 『한국민담집』이다. 1892년에는 『춘향전』이, 1895년에는 『심청전』이 프랑스어로……

# 4 사회과학, 금지된 것이 아름답다

내가 처음으로 사회과학 책을 쓸 준비를 한 것은 2004년경이다. 한참 녹색당 만든다고 움직이던 시절이었는데, 말도 잘 못하고 잘생긴 것도 아니고 카리스마가 있는 것도 아니어서 사람들에게 녹색당이 중요하다는 말을 할 수 있는 방법은 책을 내는 길밖에 없었다. 당시 "잘 생각했다."고 한 사람은 한 명도 없었다. 식구들은 물론이고 같이 공부하는 동료들도 이제라도 잘 좀 이야기해서 교수가 되든지 아니면 도로 정부에 들어가라고 말했다. 정 글을 쓰고 싶으면 사회과학 서적이 아니라 소설을 쓰라고 이야기해준 사람들도 많았다. 그들이 괜한 이야기를 한 것은 아니다. 자, 그동안 한국의 사회과학 출판계에 어떤 일이 일어났는지 자료로 한번 살펴보자.

다음 도표는 분야별 서적 발간량(1998~2007년 출판문화협회 자료)을 나타낸 것이다. 절대 수치는 아니고 2000년을 100으로 잡아 환산한 것이다. 거의 대부분의 분야가 IMF 경제위기 이후로 고전을 면치 못했는데 사회과학은 그 충격을 1999년에 받았다. 그리고 다시는 예전 수준을 회복하지 못했다. 그림 왼쪽 도드라져 보이는 굵은 선이 바로 사회과학이 추락하는 과정이다. 이걸 해석하는 방식은 몇 가지가 있으나 결론은 같다. "한국에서 사회과학은 죽었다." IMF 이후 문학이 소설이라는 선봉장을 앞세워 버티는 동안 시장에서 사회과학 서적은 그냥 죽어버렸다. 물론 순수과학이나 기술과학 혹은 역사서보다는 나은 상황이지만, 어쨌든 IMF와 함께 옛 영광은 사라졌다.

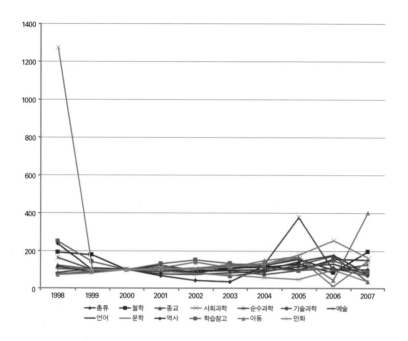

시와 사회과학은 상당히 비슷한 추세를 보이는데, 1990년대까지 영광의 시간을 보내다가 몰락했고, 소수 마니아 시장이라는 점에서 그렇다. 사회과학 딱지만 붙여도 잘 팔리던 시절이 있었다. 이제는 그 독자들이 사라졌고 자기계발서로 대표되는 신자유주의 이데올로기 시대가 왔다.

소설시장을 유형으로 분류하자면 팬들을 끌고 다니는 드라마 시장과 약간 비슷하다. 스타는 물론이고 별로 두드러지는 작품이 없는 신인들에게도 팬이 생긴다. 소설의 경우도 그렇다. 소설 한 권으로 팬들이 생기는 경우도 있다. 현재의 사회과학 서적 시장은 굳이 비유하자면 우표수집 시장과 유사하다. 사회과학 서적의 독자는 도서관 이용자와 상당히 겹친다. 한창 인기 있는 소설은 도서관에서 빌려 보기 어렵지만, 사회과학 서적은 그렇지 않다. 어지간히 독자들이 찾는 책이라면 도서관에서도 웬만하면 갖춰놓는데 그래도 책을 사는 이유는 우표수집과 마찬가지라고 볼 수 있다. 우표를 수집하는 사람은 편지 보내려고 우표를 사는 게 아니다. 이유는 다양하겠지만 기본적으로 사회과학 서적은 "그 사람의 책을 모두 사 모으겠다."는 소장욕에 기인하는 바가 크다. 우리 시대를 살았던 저자에 대한 컬렉션, 바로 이것이 사회과학 시장을 형성하는 구조인 것 같다. 그런 단계를 지나야 일반인도 사회과학 책을 구매하게 되는데 쉽지 않은 일이다.

대체로 사회과학의 핵심 독자층을 2만 명 정도로 본다. 지난 10년간 기본 시장을 지켜온 사람들로 대개 30~40대 남성들이다. 흔히들 이야기하는 386시장이다. 이 정도면 사회과학 분야 편집자와 신문사 기자, PD, 대학원과 박사과정 학생들 혹은 사회과학 분야의 주니어 박사들이 대부분이고 일반인은 정말 드물다. 시장이 이렇게 구성되어 있으면, 그야말로 책장에 꽂아놓기 위해서 혹은 두고두고 참고하기 위해서 사는 진짜 마니아 시장의 모습을 띤다. 바꾸어 말하면 진입장벽이 아주 높은 시장이다. 왜 한국 사회과학에 새로운 저자가 잘 등장하지 않는지 이로써 어느 정도 설명이 된다. 컬렉션 대상이 되기 위해서는 일단 시간이 필요하고, 인지도와 공신력을 높여야 한다.

장하준을 생각해보자. 첫 책인 『사다리 걷어차기』는 2004년에 나왔고, 대작이지만 마니아층을 제외한 대중들에게는 그다지 주목받지 못했다. 『쾌도난마 한국경제』는 대통령이 공무원들에게 읽으라고 해서 좀 반응이 있었지만, 오래가지는 못했다. 2007년에 나온 『나쁜 사마리아인들』로 장하준은 얼마간 사회과학 시장 구조에서 벗어났고, 여기에 국방부 불온도서 지정 건이 변수로 작용했다. 천하의 장하준이 여기까지 오는 데 7년이 걸렸다. 그동안 한국의 사회과학이 침체를 겪기도 했지만, 이 정도로 꾸준히 문제작을 내면서 길게 버텨야 승산이 있다. 처음에 데뷔해서 성과를 내기가 생각보다 어려운 시장이다. 장하준만큼 세계적 테제를 내기가 힘들다면, 아마 10년 정도는 버텨야 할 것이다. 사회과학 분야의 저자가 되고 싶은 사람은 '가늘고 길게'를 삶의 모토로 삼아야 할 것이다.

자, 새로 시작하는 사람들을 위해서 나와 동료들이 이 시장을 분석한 결과를 소개하겠다. 다른 책들도 그렇지만 특별히 많은 돈을 투입하지 않은 사회과학 서적의 경우, 2000~3000부가 출판사의 손익분기점이다. 이 정도의 책을 팔 수 있는 저자라면 스스로 기획해서 쓰고 싶은 책을 쓸 수 있다. 반대로 이 정도가 안 되면 높은 출판사 문턱을 넘어야 한다. 안 팔리는 책의 판매부수는 출판사들이 굳이 공개하지는 않지만 80퍼센트 이상의 책들이 서점에서 500~1000부 이상 팔기 어려운 것으로 알고 있다. 각종 연구과제로 지정되어 정부 지원을 받아 출간된 책들도 대부분 이 범주에 들어가며 무명 저자의 책은 도서관에서도 안 사준다. 도서관에서는 선정위원회의 추천을 받은 책을 중심으로 구매한다. 자신이 계속해서 집필할 주제가 있다면, 어지간하면 처음 3~4년은 판매부수나 판매순위는 안 보는 쪽이 정신건강에 좋을 것이다. 살면서 한 번도 1등을 놓쳐본 적이 없는 모범생 교수들이 살다 살다 이런 순위를 받기는 처음이라고 호소하는 경우가 가끔 있다. 그때마다 나는 순위에라도 오르는 것 자체가 대단한 거라고 위로해준다. 대선 출마설이 파다하던 2007년 정운찬 교수가 경제 칼럼

100만 부 급 사회과학 서적들이 혜성과 같이 나타났음에도
불구하고 2010년 사회과학 서적 전체 매출은 오히려 감소하였다.

집 두 권을 연달아 낸 적이 있었다. 시장 반응은 아주 싸늘했다.

데뷔하는 저자는 1000부 판매가 일단 넘어야 하는 벽이고, 그다음에는 손익분기점에 해당하는 3000부의 벽이 존재한다. 5000권 정도를 팔 정도가 되면 우리는 '고종석 급'이라고 부른다. 고종석의 고정 팬들이 만들어내는 시장 규모가 그 정도인데 이것이 기준이라면 기준이다. 워낙 작은 시장이라 기본 5000부를 넘기면 그때부터는 1급 대우를 받는다. 1만 부 이상은 '신의 영역'이라고 부른다. 어떤 책이 1만 부를 넘길지 못 넘길지는 신만이 알 수 있다. 물론 좋은 기획에 마케팅 전략이 가세하면 2~3만 부까지는 가능하지만, 그건 에세이(비소설)나 자기계발서에서나 있는 일이다. 이런 흐름에서 예외인 사람이 딱 두 명 있는데, 이미 신의 경지로 올라간 장하준과 '시골 의사'보다는 '경제 의사'라는 별칭이 더 어울리는 박경철이다.

사회과학 서적 시장에서는 5000부에서 1만 부가량 팔리는 책들을 '허리'라고 부르는데, 이런 책들이 많아져야 사회과학 르네상스가 열린다고 보는 것이다. 물론 현실에서는 수만 부를 파는 저자들과 수백 부나 겨우 파는 저자들로 양극화가 진행되고 있다. 2010년에 마이클 샌델의 『정의란 무엇인가』와 장하준의 『그들이 말해주지 않는 23가지』가 10년 만에 100만 부 급 책으로 혜성같이 등장했는데, 이런 책들의 선방에도 불구하고 사회과학 부문 전체 매출은 오히려 감소했다. 두 책의 독자는 대체로 30~40대 남성이었는데, 그동안 사회과학 서적을 보지 않던 사람들이 돌아온 것으로 분석할 수 있다. 물론 그들이 앞으로도 계속 사회과학 독자로 남을지는 알 수 없다.

문학작품과 비교해 사회과학 서적 시장에는 약간 다른 점이 있다. 잘 팔리는 문학작품 독자들 사이에는 묘한 라이벌 관계가 형성되는 것 같다. 10대 아이돌 그룹의 팬들만큼 강하지는 않지만, 순위 경쟁 의식이 조금 있다고 할 수 있다. 대체재 특징이 강한 시장이다. 그러나 사회과학의 경우는 팬덤시장의 특징과 마니아시장의 특징이 혼재되어 있다. 마니아시장에는 여러 종류의 상품을 사는 사람들이 결국은 마니아층의 한 집단이라는 특성이 있다. 2000년대의 사회과학 서적 시장이 대체로 이런 패턴을 보였는데, 이 책 독자가 저 책 독자인 경우가 많았다. 이 경우는 보완재적 성격이 강한 시장이라고 할 수 있다.

다른 문화 부문과 비교해서 사회과학 서적만이 갖는 독특한 특징이 있는데, 바로 이데올로기의 최전선이라는 점이다. 영화는 진보적 감독이 만들었든 보수적 감독이 만들었든, 일단 중요한 영화가 나오면 신문에서 다들 소개를 해주고 어떻게든 전체 판을 키우기 위해 노력한다. 문학의 경우도 그렇다. 주요 작가에 대해서는 신문사의 호불호와 상관없이 일단 소개는 한다. 사회과학에서는 그렇지 않다. 아무리 중요한 저자의 신작이라 하더라도 조중동과 한겨레/경향의 서평란은 정말 이데올로기의 격전지라고 해도 좋을 정도로 극명히 대조된다. 그야말로 "못 잡아먹어서 안달"이라는 표현이 딱 맞다. 다작으로는 신의 경지에 이른 강준만이나 파급력으로는 전례 없는 진중권의 경우, 조중동에서 신작을 다루어주는 경우는 거의 없다. 판매부수에 비해 사회적 파급력이 높아서 그렇다고 볼 수 있다.

이런 시장 구조의 특성을 감안하면 설령 중도에 가까운 사람이라도 최소한 자신이 좌파인지, 우파인지, '동지'들이 명확히 인지할 수 있는 장치를 넣어주어야 한다. 사회과학 서적의 정치적 입장이 점점 더 선명해지는 이유는 구조상 그런 책만 버틸 수 있기 때문이다. 좌파 독자와 우파 독자 모두에게 어필하겠다고 어중간한 입장을 취하면, 아무도 봐주지 않아 결국 100부도 안 팔린다. 언제까지 이럴지는 모르겠지만, 어쨌든 현재 사회과학 서적의 상황에서는 좌우의 공유지가 없는 셈이다. 그리하여 이 영역에서 가장 뜨거운 이데올로기 전쟁이 벌어지고 있다.

보수 신문사에서는 최근에 중요한 보수 서적이 없고, 새로 나오는 우파 저자도 없다고 불평을 한다. 당연한 것이, 먹고살기가 너무 힘든 분야고, 한껏 높아진 독자의 눈높이를 맞추어줄 결과물을 내기에는 품이 너무 많이 든다. 좌파 학자들은 이제 대학에 자리 잡기가 사실상 불가능해졌고, 그렇다고 우파 정권에서 삶의 대안을 찾기도 곤란해서 점점 더 사회과학 서적시장으로 들어오고 있다. 그러나 이렇게 힘든 일을 할 이유가 없는 우파들이 굳이 험악하고 자존심 구겨야 하는 시장으로 들어올 이유가 없다. 그러다 보니 주요한 책들이 계속해서 좌파 혹은 진보를 표방하는 저자들에게서 나오게 된다.

전체적으로 보면, 1990년대의 사회과학 전성기에 버금가는 사회과학 르네상스가 도래할 조건은 갖추어진 듯한데 문제는 1990년대의 주력 저자들이 아직 돌아오지 않는다는 점이다. 번역이든 집필이든 1980~1990년대에는 20~30대가 사회과학 분야의 주요 저자들이었다. 이진경은 대학원 시절에『사회구성체 논쟁과 사회과학 방법론』이라는 한 시대를 풍미한 책을 쓴 바 있다. 지난 10년 동안 사회과학 분야의 진입장벽이 워낙 높아져서 그런지 전통적인 주력 저자군이 눈에 띄지 않는다. 그들과 함께 일반인 저자가 집단적으로 등장하는 순간 사회과학 서적은 1990년대의 영광을 되찾을 것이다. 당시와 지금의 소득 수준을 고려해 추정해보면, 지금보다 다섯 배 정도로 시장이 커질 수 있다. 허리에 해당하는 책의 저자들을 기준으로 보면 열 배 정도 성장할 가능성도 있다. 가능성은 있지만 확실성은 없다. 장하준 효과를 다른 저자들도 누릴 수 있을까? 아직은 좀더 지켜볼 일이다.

워낙 이데올로기 대립이 강한 영역이라서 우파 정부는 절대로 보조금을 주거나 다른 지원을 하지 않을 것이다. 이 정권은 할 수만 있다면 금서 목록이라도 다시 만들고 싶겠지만, 금서가 될수록 더욱 힘을 받는 이상한 상품이 바로 사회과학 서적이다. "금지된 것이 아름답다!" 누가 그 금지된 땅을 밟을 것인가.

**역대 사회과학 금서 목록**
2008년 국방부가 시중의 책 스물세 권을 장병 정신교육에 부적합한 서적이라고 판단하여 불온서적으로 지정한 사건은 소위 '금서'에 대한 사회적 관심을 환기시켰다.

# 5 잡지, 숨넘어간다, 숨넘어가

VOGUE야, 넌 잡지가 아냐

섹스가 아냐 유물론도 아냐 선망조차도

아냐—선망이란 어지간히 따라갈 가망성이 있는

상대자에 대한 시기심이 아니냐, 그러니까 너는

선망도 아냐

– 김수영, 「VOGUE야」 (1967) 중에서

꽤 오래전에 박수근 전시회에 간 적이 있었다. 그림책이 귀하던 시절, 자식들을 위해 직접 그림을 그려 만든 책이 인상적이었다. 가장 기억에 남은 것은 《한국 전력》이라는 잡지 표지에 그린, 학이 날아가는 그림이었다. 가난했던 박수근이 한전 잡지 표지를 그리면서 무슨 생각을 했을까 싶어 콧날이 시큰해졌다. 회사에서 만드는 이런 잡지를 과연 누가 볼까 싶지만, 어렵던 시절, 많은 화가와 작가들이 이런 잡지에 글을 쓰고 그림을 그리면서 근근이 살아갔다. 바로 우리네 역사인 셈이다. 가끔 가스공사나 석유화학 회사의 사보에 글을 쓸 때면 꼭 박수근의 한전 사보 그림이 머리에 떠올랐다. 요즘은 화가들의 자리를 사진작가와 디자이너들이 차지하고 있지만, 여전히 문화계 한구석의 가난한 생산자들을 이런 잡지들이 먹여살리고 있다. 회사 사보는 여전히 촌스러운데, "누가 본다고 이런 걸 만들지."라고 이야기하는 사람들에게 나는 "박수근도 그런 데 표지 그리던 시절이 있었어."라고 대답한다. 아마 당시에 한전 사보를 편집한 사람들은 박수근의 표지 그림에 어느 정도 가치가 매겨질지는 미처 상상하지 못했을 것이다. 남아 있다면 그런 작은 삽화들도 상당히 비싼 값이 매겨져 있을 것이다. 지금은 유명 작가로 성장한 이들의 애환이 배어 있어 그냥 보아 넘길 수 없는 잡지도 많다. 고가의 앰프 디자이너로 유명한 마크 레빈슨도 하릴없이 오디오 잡지를 뒤적이던 시절이 있었다.

살면서 다들 한 번쯤은 잡지를 탐닉하던 시절이 있었을 것이다. 잡지의 글이나 사진에는 단행본과 인터넷 매체와는 또 다른 매력이 있다. 현재 많은 잡지들이 생존 자체가 상당히 어렵다고들 하는데 수치상으로는 확인하기 어렵다. 2008년에 4993종이 발행되다가 글로벌 금융위기의 여파로 2009년에는 고작 3761종이 발간되었지만 2010년에는 4368종이 발간되어 약간 회복되는 조짐을 보였다. 2010년 기준으로 유가지는 2287종, 무가지는 2081종이다. 정기간행물의 하위 파트로 분류되는 잡지에는 교회소식지나 학회지 같은 비상업적 출간물들이 포함되어 있어서 통계상 착시현상이 있는 것 같다. 문화부의 정기간행물등록관리시스템의 정기간행물대장이 가장 엄밀한 기준인데, 우리가 일반적으로 생각하는 잡지는 2010년 기준으로 452종 정도다. 어쨌든 한국잡지협회에 가입된 잡지는 현재 466종이다. 2009년 기준으로 아흔네 종의 라이선스 매거진이 발간되고 있다(발간되고는 있지만 자료에는 잡히지 않는 것도 있다).

정부도 잡지 경영의 심각성을 어느 정도 인식하고 있는 상황이라서 2008년에 '잡지 등 정기간행물의 진흥에 관한 법률'을 제정했는데 그뿐이었다. 원래는 영진위 같은 기구를 만드는 것이 목표였는데,

실제로는 자문위원회 구성에 그치고 말았다. 이 법의 핵심은 약간 구닥다리 느낌이 나는 '잡지산업 진흥 5개년 계획' 수립인데, 무엇을 어떻게 하려는 것인지 알 수가 없다. 어쨌든 지혜를 모아서 같이 잘해봅시다, 이 정도?

한국의 잡지가 지금 어려움을 겪는 이유는 구매체에 해당하는 종이 잡지로 계속 남을 것인가 아니면 전격적으로 신매체로 갈 것인가를 둘러싼 논쟁 비슷하다. '상업적으로 자생력이 있는(commercially viable)'이라는 기준을 들이대면 통과할 수 있는 잡지가 한국에 별로 없다. 판매이익과 광고수익이 잡지 수입의 원천인데, 두 가지 모두 하락 추세를 보이고 있다. 세계적으로 가장 성공한 경제지 중의 하나로 《포브스》를 들 수 있는데, 우리나라에서는 《중앙일보》에서 발간한다. 담당 기자도 생각보다 적고 사정도 아주 어렵다고 한다. 《포춘》의 경우는 2009년부터 《한국일보》에서 발간했는데, 아직 초기지만 대성공을 거두기는 쉽지 않아 보인다. 《포브스》, 《포춘》, 이런 라이선스 잡지는 신문사가 '호스트' 역할을 하는 잡지다. 진보계열 라이선스 잡지도 사정은 크게 다르지 않다. 프랑스 일간지인 《르몽드》에서 출발한 《르몽드 디플로마티크》는 신문사에서 독립했고, 《르몽드》의 재정난과는 상관없이 세계 73개국, 26개 언어로 동시 발간될 정도로 대성공을 거두었다. 상당히 높은 수준의 국제 전문지임을 감안하면 대단한 성공이다. 한국에서는 《한겨레신문》이 호스트 역할을 했는데, 영업 성적은 나쁘지 않지만 그렇다고 대단히 성공적이라고 말하기도 어려울 듯하다. 언론사의 라이선스 잡지는 판매나 광고수입을 기대한다기보다는 언론사의 품격이나 포트폴리오를 위해 발간되고 있는 듯하다. 일간지가 월간지 형식의 라이선스 잡지를 발간할 때, 그냥 일간지 기자들이 겸직하면 된다고 생각하는데, 발간 주기에 따른 특성이 생각보다는 강해서 별도로 분리하는 쪽이 낫다는 말이 나온다. 일간지의 발전 모델과 잡지의 발전 모델이 서로 달라 종종 의견 충돌이 생기는 것 같다.

경제적으로 성공한 산업 잡지의 대명사는 《보그》로 대변되는 패션지일 것이다. 김수영의 1967년도 시는 당시에 한국 지식인들이 이 특수한 형태의 패션지를 접하면서 어떤 문화적 충격을 받았는지를 잘 보여준다. 이명박의 '하이서울'에서 노무현 시절의 '로드맵'을 거쳐 이제는 행정용어까지 영어를 남발하느라 우리말이 누더기가 되었다. 한때 국한문혼용체가 있었듯이 영어를 늘어놓고 우리말은 조사와 동사만 쓰는 문체를 '보그체'라고 불렀다. 국내 신문사에서 발간하는 여성지들도 독특한 스타일로 자리 잡았지만, 라이선스 패션 잡지들은 이들과는 다른 시장에서 영역을 확보하고 있다. 《보그》, 《하퍼스 바자》, 《엘르》, 이 세 잡지가 패션계의 '빅 쓰리'다. 《보그》 정도 되면 독립해서 자생할 수 있을 것 같지만, 한국판 《보그》를 보면 그렇지도 않다. 《보그》 직원은 두산 직원들과 같은 대우를 받고 있어서 다른 잡지사 직원들에 비하면 상당히 나은 편이다. 문제는 특정 기업에 소속되어 있으면 잡지를 기반으로 한 다각화 전략이 어려워진다는 점이다.

국제적인 라이선스 네트워크를 가진 《보그》가 자신의 브랜드 파워로 독자적인 발전 전략을 세울 수 없을 정도라면 다른 잡지들은 더 말할 것도 없을 것이다. 패션지의 경우 잡지 일반의 어려움과 패선산업의 어려움이 겹쳐 있다고 할 수 있다. 국민들의 문화비 지출이 2003년에 정점에 이른 후 줄고 있는 데다 구매체 특성이 겹쳐서 잡지들은 다음 단계의 발전 모델을 찾지 못한 채로 곤경에 빠져 있다.

패션지를 포함한 잡지사의 진입장벽이 다른 분야에 비해 높지는 않지만, 여기서 일을 할 경우 40대 이후의 삶이 불투명한 편이다. 한 잡지 안에서도 패션, 뷰티처럼 매출과 광고에서 큰 비중을 차지하는 분야의 인력들과 인물 인터뷰 등을 담당하는 사람들의 처지가 다른 경향이 있다. 라이선스 패션지는 화려하기는 하지만 경제적으로는 풍족하지 않고, 브랜드 파워를 가지고 사업을 확충하기도 어렵다. 칼럼니스트나 분석가 등 전문 기자로서 역량을 발휘할 수 있는 여지가 있지만, 국내 섬유산업이 어려워지면서 이마저도 쉽지 않아 보인다.

그렇다면 신문사에서 직접 발간하는 주간지는 어떨까? 이들도 형편이 썩 좋지는 않아 보인다. 시사주간지 시장에서는《한겨레 21》과《시사인》이 쌍두마차를 형성하고 있고《주간 경향》이 바짝 추격하는 중이다. 가판 등 일반 판매는《한겨레 21》이 높고, 독립언론 형태로 출발한《시사인》이 정기구독자는 더 많다. 신문사를 배경으로 하고 있는 시사주간지는 일간지와는 다른 특성을 가지고 있다. 한국에서 신문 값은 생산 원가보다 낮아서 팔면 팔수록 손해를 본다. 그렇지만 같은 신문사에서 만들더라도 시사주간지는 생산 단가보다 가격이 낮지 않아서 매출액을 늘리면 많지는 않더라도 이윤이 생긴다. 독립언론으로 출발한《시사인》은 목표 이상의 정기구독자를 확보했지만 워낙 광고가 없어서 아직은 적자를 보고 있다. 한동안 적자를 보던《한겨레 21》은 최근 가판대 판매가 상당히 늘어서 2년 전부터는 흑자로 돌아섰다. 물론 이런 구조가 앞으로도 지속될지 어떨지는 아무도 모른다. 독자들의 시선을 끄는 탐사보도를 늘리기 위해서는 장기 취재를 해야 하는데 필요한 투자를 적시에 하기에는 재정이 부실하다.

　패션지, 시사주간지 등의 범주를 벗어나면 전문지들이 나온다. 오디오 잡지는 보는 사람들만 보는 대표적인 전문지이다. 하이엔드 오디오의 지존인《스테레오 사운드》한국판은 시공사의 전재국 사장이 발행인으로 되어 있다. 전두환 아들과 오디오의 관계, 시공사와 《스테레오 사운드》의 관계, 참 오묘한 함수 관계가 아닐 수 없다. 한국에서 '잡지'라는 단어에는 '고품격'이라는 수식어가 종종 따라붙는데, 라이선스 잡지를 비롯해 한국에서 발간되는 이런 고품격 잡지들은 수익성이 있어서라기보다는 잡지를 유치한 기업의 사업과 연관이 있어서 또는 사주가 선택했기 때문에 발간되는 경우도 많은 것 같다. 정보경제학 용어로는 전형적인 브랜드효과 혹은 후방효과인 셈이다. 그렇다면 다른 잡지들은 어떨까? 신문사나 출판사 등 출판 부문의 호스트를 만나지 못한 잡지들은 각종 협회에 눈을 돌린다. 그러나 한국의 협회들도 자체 예산이 충분치 않은 경우가 많아서 힘들기는 마찬가지이다. 이런 예로는 국기원 같은 든든한 후원자를 둔 태권도가 있을 텐데, 여기도 살림이 넉넉지 않아서《조선일보》의 온라인 틀을 빌려서《태권도조선》이라는 이름으로 발간되고 있다. 모든 잡지의 경영 현황을 전부 살펴보거나 현장 조사를 하진 못했지만, 내가 조사한 잡지 중에서 상업적으로 자생력이 있고 당분간 버틸 수 있으리라고 보는 거의 유일한 전문지는《월간 바둑》이었다. 젊은 사람들이 앞으로 바둑을 얼마나 즐길까 싶기도 하지만 바둑의 기보를 보는 사람들은 생각보다 열심히 바둑 잡지를 챙겨 본다. 바둑 기보야 인터넷으로 봐도 그만일 듯싶은데 바둑잡지들이 잘 버티고 있어 상당히 인상적이었다. 다른 전문지와는 달리 구독을 중단하는 독자가 상당히 적다는 점이 특징이었다.

우리나라가 IT 강국이라고 하지만 10년 전에 서른다섯 개 있던 컴퓨터 관련 잡지가 이제 다섯 개 남았다. 영화 강국을 꿈꾸지만 영화 잡지 역시 버티기가 쉽지 않고, 연재 만화가 산업 자체의 기반이 되는 만화 잡지 역시 하소연하기도 민망할 정도로 10년째 늘 위기다. 이런 상황에서 《월간 바둑》이 버티는 걸 보면 한국의 바둑은 뭔가 특별한 게 있는 모양이다. 물론 고민이 없는 것은 아니다. 다음 세대도 과연 바둑 잡지를 볼 것인가? 이것이 고민이었다.

자, 대체로 수입의 70퍼센트를 광고에 의존하는 현재의 잡지들이 스마트폰과 태블릿 PC의 충격을 버티고 살아남을 수 있을까? 워낙 변수가 많은 분야라 예측하기가 쉽지는 않다. 하지만 어쨌든 당장은 스마트폰 시대에 적응하기 위해서 잡지 앱을 활용한다 하더라도 들어가는 돈에 비해 수익 모델이 확실치 않고, 보수적인 잡지 광고주들은 여전히 전통적 매체를 고집하고 있는 것 같다. 이런 상황이라 그냥 전자 잡지로 가자거나 스마트폰 시대에 적응하면 된다는 주장은 너무 태평한 소리다. 넓은 눈으로 본다면, 이렇게 요약할 수 있다. 구매체와 신매체 사이에서 어떻게 구매체를 보존할 것인가. 우리는 지금까지 인터넷 강국을 표방하면서 신매체 쪽을 정책적으로나 사회적으로나 선호한 반면 구매체인 잡지의 사회적 의미나 정책 방향은 그리 고민하지 않은 셈이다. 신문의 경우 인터넷을 적극 활용한 미국

현재의 잡지시장이 스마트폰의 충격을 버티고 살아남을까? 구매체
와 신매체 사이에서 우리는 구매체인 잡지를 보존할 수 있을까?

이나 한국의 신문사가 경영의 어려움을 겪는 중이고, 전략적으로 일부 기사 외에는 인터넷을 활용하지 않았던 아사히를 비롯한 일본 신문사가 잘 버티는 중이다. 크게 보면 결국 독자들의 '지불비용' 혹은 '지불의사'에 관련된 문제인데, 인터넷 기사 혹은 잡지에 대한 지불의사는 아주 약하다. 물론 잡지도 다양한 파생시장을 만들 수 있고, 잡지를 기본 인터페이스로 단행본 사업을 할 수도 있다. 장기적으로 잡지는 다른 활동과 결합된 보완재들과 더불어 결합상품이 될 가능성이 높다. 그러나 상당히 오랫동안 종이 매체가 본원상품의 자리를 차지할 것이고, 다른 문화 부문과 마찬가지로 이 본원상품이 어느 정도 규모로 버티고 있어야만 파생상품 시장이 작동할 수 있을 것이다.

오드리 헵번이 천사처럼 나왔던 영화「화니 페이스」는 굵은 검은색 뿔테 안경을 쓴 고서점 여직원이 갑자기 패션지 모델로 발탁되어 파리에서 화보를 찍으면서 사진작가와 사랑에 빠진다는 이야기이다. "누나 그 사람이랑 자지 마요, 나도 잘해요."라는 박해일의 대사 하나로 사회를 발칵 뒤집어놓고 결국은 '연상녀 시대'의 서막을 연 박찬옥 감독의 영화「질투는 나의 힘」역시 잡지사 편집국에서 벌어지는 사랑 이야기이다.『미스터 초밥왕』에서 실제로 쇼타를 단련시켜 일본 초밥의 미래를 짊어질 차세대 주자로 만들어주는 쓰루에 씨는 잡지에 요리 관련 기고를 하는 칼럼니스트이다. 잡지의 사회적·문화적 힘은, 사실 신매체가 가질 수 없는 아날로그 감성에서 나오는 독특한 매력에서 생긴다. 디지털에는 아날로그 매체의 촉감과 사실감 그리고 판타지를 담기 어렵다. 왜 손해 보는 줄 알면서도 많은 사람들이 기꺼이 잡지 발행인이 되거나 잡지에 몸을 담았을까? 20세기는 어떻게 보면 출판 매체의 전성기였다고 할 수 있는데, 여기에는 단순히 산업 논리로만 담아내기 어려운 사회적 열정 혹은 문화적 매력이 있었던 것 같다. 돈이 열정을 만드는 것이 아니라, 열정이 돈을 만든다. 바로 이것이 문화의 경제적 특징이라면, 잡지는 대표적인 열정 산업이다. 그로부터 특정 산업 혹은 분야에서의 담론과 논의구조 그리고 유행의 패턴을 이끄는 효과를 불러온다고 할 수 있다. 그것이 얼마나 효율적인지는 모르겠지만, 어쨌든 우리는 그런 방식으로 진화해 왔다. 특정 문화 및 사회 영역에 자체 생태계가 들어서기 위해서는 잡지가 중심에 서고, 그 주변에 기자와 칼럼니스트 등 소위 '떠드는 사람들'이 포진해야 한다. 실무만 있고 담론이 없으면 그 분야는 활력을 잃는다. 물론 이 열정과 생태계가 고스란히 신매체로 옮겨갈 수만 있다면 문제가 없겠지만, 그게 어렵다. 어떻게 보면 20세기 내내 잡지가 형성한 문화생태계를 지금의 형태로 만든 것은 잡지 편집자나 기자가 아니라 설레는 마음으로 잡지를 사 보던 독자들의 정성인지도 모른다. 잡지 한 권 한 권의 가격은 분명 비싸진 않지만, 거기에 즉각 반응하는 독자들 덕에 잡지가 힘을 갖게 되었을 터다. 인터넷 매체로 전환할 때, 광고주뿐 아니라 독자들의 열정과 정성도 따라와줄 것인가? 신매체로 가면 제작비는 줄지만, 그러면 지금 잡지에서 일하던 사람들 중 반 이상은 일자리를 잃을 것이다. 인쇄와 유통은 말할 것도 없다. 글쟁이도 글쟁이지만, 신문사와 잡지사는 전문 사진작가들에겐 그나마 비빌 언덕이다. 모두 '프리랜서'가 되어버리면 어쩔 것인가?

선진국일수록 더 다양하고 특수한 분야를 다루는 잡지가 늘어야 할 듯한데 지금 돌아가는 상황을 보면 구매체든 신매체든 잡지 자체가 존속하기 어려워 보인다. 우리 사회에 잡지가 필요한가, 이에 대한 합의를 끌어내기가 어려워 보이진 않지만, 과연 어떤 방식으로 지원할 것인가를 논의해야 한다. 상업적으로 버틸 만한 잡지에도 지원할 것인가? 이는 논란을 불러일으키고 맥락에 따라 결정할 문제여서 정답은 없다. 그렇다고 비상업적인 잡지만 지원하면 보조금 따먹기 위해 급조된 저질 잡지가 양산될 우려가 있다. 보조금은 시장 질서를 어지럽히는 부작용을 낳을 위험이 있다.

자, 이런 식으로 생각해보자. 대구 밀라노 프로젝트의 실패 이후로 국내 섬유산업은 상당히 위축되어 사양산업이라고들 하지만 적절한 정책과 전략을 갖추면 아직은 충분히 해볼 만하다. 이런 분야에 무엇보다 필요한 것이 다수의 전문 잡지이다. 잡지는 독자뿐만 아니라 전문가들을 입문시키고 길러내는 힘을 가지고 있다. 한 분야의 상황을 가장 잘 아는 사람은 공무원이나 학자가 아니라 잡지의 고참 기자인 경우가 많다. '넓고 깊게'는 대학이나 정부가 아니라 잡지에 가장 들어맞는 듯하다. 특정 산업 분야를 생태계로 생각한다면 그 핵심에는 기술이 아니라 오히려 말이 있는 셈이다. 기술이든 생산이든 결국 사람의 일이고, 사람은 말에 따라 움직이지 않는가. 잡지는 그 말을 모으고 지배한다. 원래는 산업계에서 알아서 돈을 모아 자신들을 대변할 다양한 잡지들을 지속적으로 펴내야 하는데 그걸 못 한다면 어쩌겠는가! 국가가 나서서 보존하고 지키는 수밖에 없다. 이런 점들에 동의한다면 해법을 찾기가 훨씬 쉬울 것이다.

문화부가 잡지에 전폭 지원하기는 쉽지 않다. 현실적으로 잡지는 다른 분야에 비해 정책 순위와 예산 배정에서 밀릴 수밖에 없다.

그런데 이를 산업이라는 눈으로 생각해보자. 산업 자금이나 연구개발 자금이라고 생각하면 예산의 모수(母數) 자체가 확 변한다. 잡지 지원을 산업 정책이라고 생각하면 전혀 다르게 접근할 수 있다. 게다가 (대기업이 아닌) 중소기업이 업종별로 특화된 잡지를 만든다고 생각하면 이야기는 또 달라진다. 그러나 산업 분야에만 지원하면 문제가 생길 수 있다. 문학 분야처럼, 직접적으로는 배후산업이 없지만 전문성을 가진 분야는 문화부가 자체 지원할 수 있을 것이다. 대부분의 정부 부처가 각자 맡은 영역이 있고, 지자체들도 지역 잡지들에 대해 얼마든지 지원틀을 만들어낼 수 있다. 이런 방향으로 정책을 펼치면 잡지 숫자를 지금보다 3~4배 늘리고 다양성을 높이는 일이 불가능하지만은 않을 것이다.

정부에 인프라 지원을 부탁하면 당장 지원 금액이 커지는 것처럼 보이고 정부도 생색내기에 좋아서 곧잘 승낙하는 편이다. 그러나 실제로는 설비업체 등으로 돈이 빠져나가고 막상 해당 산업이나 업종에는 별 도움이 안 되는 상황으로 흐를 개연성도 크다. 출판의 경우도 도서관 증설 요구를 많이 했지만 사실은 도서관 리노베이션 등 토건 지출만 늘어났다. 그보다는 청년 실업 대책으로 기자들 인건비나 보조금을 지원받는 편이 잡지 자체에는 훨씬 도움이 될 것이다.

**잡지 발행 현황**
한국 잡지시장의 규모는 어떠할까? 판매부수는 공개되지 않기 때문에 발행 현황을 통해 대략 짐작해보는 수밖에 없다. 한국잡지협회 자료에 따르면 2010년 11월 현재 한국에서 발행되는 잡지는……

# 6 도서관, 사서 선생님, 동네 책방

책과 도서관 그리고 서점의 관계에 대해서는 새삼 덧붙일 말이 없을 듯하다. 양극화라는 표현이 정확한 것 같지는 않지만 어쨌든 온라인 판매가 늘어나고 서점이 줄어들면서 전문적이고 깊이 있는 책들이 서 있을 공간이 줄어든 것은 사실이다. 지난 10년 동안 서점은 10분의 1 정도로 줄어들었다. 도서관도 늘리고 서점도 늘려야 한다고 백날 말만 해봐야 뭐하겠는가. 도서관이 곧 국가경쟁력이고, 그 나라의 도서관 수준이 경제의 수준을 결정한다고 보아도 틀리지 않을 것이다.

국가별로 일반 행정부서에서 다루기 어려운 분야를 특수하게 처리하는 방법이 있다. 영국에서는 국왕이 주는 작위를 문화 외교에 상당히 잘 활용한다. 일본에도 천황 관심 사업이라는 게 있어서, 정부가 직접 하기 어려운 아프리카나 동아시아의 인터넷 지원 같은 일들을 천황이 직접 챙긴다. 일종의 권력 비선이라고 할 수 있는데, 사람 사는 데에는 어느 정도 이런 일이 벌어질 수밖에 없기도 하고, 공식 조직이 움직이기 어려운 상황도 있어서 이런 비공식 조직들이 사업을 진행하기도 한다. 요즘의 '형님 사업'은 국제 관행으로도 생뚱맞고 기상천외하기는 하다. 그러나 '여사님 사업'은 영부인이라는 반쯤 공식적인 지위를 가진 사람의 일이어서 판단하기가 쉽지 않다. 미테랑 대통령의 부인이었던 다니엘 미테랑은 인권과 관련해 자신만의 독특한 역할을 수행한 바 있다.

노무현 대통령 시절에 '여사님 관심 사업'으로 진행된 도서관 사업은 성공적이었던 것 같다. 물론 여사님 혼자 끌어간 것은 아니지만, 관련 사업들이 상당한 무게감을 가지고 진행되었다. 현 정권의 여사님 관심 사업은 한식 세계화다. 지난 정권에서는 도서관과 관련되어 중요한 인사들이 여러 명 등장하는데, 꼭 직접 관련된 이들이 아니더라도 도서관에 우호적인 인사들이 많았다. 이런 분위기 속에서 학교도서관진흥법이 만들어졌다. '작은 도서관'에 관심이 쏠려 정부에서 직접 운영하는 큰 도서관이 홀대받고, 사서 교사 제도를 급히 안착시키려다 보니 그들을 비정규직화하고 말았다는 비판이 있다. 그리고 관련 제도들이 세밀하게 정비되지 않아서 시골학교처럼 규모가 작은 학교는 사서 교사가 배치되지 못하는 문제점이 생겨났다.

우리는 지금까지 청소년 대상으로 별의별 프로그램을 다 써왔다. 논술시험을 보면 책을 좀 읽을까 싶었는데, 사교육 시장에서 논술 공부를 패턴 암기로 바꾸는 바람에 완전히 망했다. 게다가 책을 음미하면서 사고하기는커녕 기계식 요점정리로 때우면서 오히려 책에서 더욱 멀어져버리는 황당한 일이 벌어졌다. 이명박 정부 들어 '어린 쥐', 국제중 도입, 초등학교 영어 교육 강화 같은 일로 논란이 일면서 초등학교 때부터 책과는 아예 멀어지는 흐름을 보이고 있기는 하다. 가장 확실한 학교 독서 프로그램은 사서 교사 제도의 도입이라고 할 수 있다. 이 제도가 정착되면 일단 도서관 문이 오랫동안 열려 있을 수 있다. 국어 선생님이 겸직을 하고 있으면, 수업 중에는 열 수가 없어서 점심 때 잠깐 그리고 방과 후에만 이용이 가능하다. 사서 선생님이 있으면 도서관이 계속 열려 있기 때문에 자료가 필요한 수업은 도서관에서 바로 진행할 수도 있다. 무엇보다 독서 프로그램 자체가 체계화된다. 가령 학교에서 작가 같은 외부강사를 초빙하려 할 때에도, 사서 선생님이 작가(저자)와의 대화나 독서토론회 등 책과 관련된 행사들을 훨씬 더 적극적으로 기획할 수 있을 것이다. 사회적 독서는 도서관과 사서를 기본으로 하는데, 우리는 너무 오랫동안 그 기본을 무시하고 살아온 것 같다.

사서 교사들이 학생들에게는 분명 도움이 되는데, 이들을 늘리기는 고사하고 현재 인원을 유지하기도 힘든 현실이다. 학교 현장에서 가장 필요한 선생님은 사서 교사와 상담 교사인 듯한데, 이들은 보통 기간제교사라고 불리는 비정규직 신분이다. 별도 정원으로 잡았어야 하는데 전체 교사 정원에 포함해놓으니 사서 교사나 상담 교사가 늘면 과목 담당 교사 수를 줄여야 한다. 당연히 현장 교사들이 사서 교사를 달가워할 리가 없다. 자기들의 업무가 늘어나기 때문이다. 이런 상황이니 소위 학교 경영을 합리화한다고 하면 제일 먼저 경험 있는 사서 교사를 해고할 것이다. 학교 현장에서 미구에 닥칠 일이다.

제도 개선은 비교적 간단하다. 정말로 사서 선생님이 독서 프로그램에 도움이 된다면 공공 재정이나 사회적 비용을 투입하면 된다. 학교마다 최소 사서 교사 한 명 이상씩 확보할 것, 정원은 별도, 일단 이렇게 해보자. 도서관 리노베이션 한다고 들이는 돈과 비교해보면, 어느 쪽이 장기적으로 이익인지는 계산해볼 것도 없다. 유럽의 학자들은 도서관장을 굉장히 영광스러운 자리로 생각하는데 우리는 어떤가? 세계적인 작가인 보르헤스도 도서관 사서 출신임을 생각해보라. 우리에게도 이런 사례들이 많아졌으면 좋겠다. 텔레비전의 책 소개

프로그램도 사서들이 직접 진행하는 게 어떨까?

사서들의 사회적 위상과 관련해서는 도서관 민영화에 따른 사서 전문성 확보와 도서관 의사결정 체계가 쟁점이다. 도서관계에서 영향력이 큰 곳으로는 국회도서관과 국립중앙도서관이 있다. 국회도서관장은 야당 몫인데, 이 자리가 정치적으로 결정되다 보니 국회도서관장이 구청장 선거에 나서는 일이 2010년 지방선거에서 벌어졌다. 국회도서관장이 높으냐, 구청장이 높으냐, 이런 웃지 못할 논쟁이 벌어졌었다. 공무원 1급이 순환보직으로 배치되어 1년 정도 자리를 채우다가 떠나는 국립중앙도서관도 사정은 다르지 않다. 지역의 각 도서관도 정치인들의 주변 챙기기 아니면 공무원들 보직 관리용으로 이용된다. 정부출연 국책 연구원의 원장을 누가 맡아야 하는가와 비슷한 문제인데, 이제 연구원에서는 내부 승진하는 방식이 정착되고 있다. 도서관도 그 일을 천직으로 여기는 사서들이 직접 운영하는 편이 나을 것이다. 도서관은 다양한 문화의 궁극적인 인프라라고 할 수 있다.

책과 관련된 최종적인 기관은 결국 서점이다. 초등학교 때 동네 책방에 앉아서 문고판 책을 읽다가 부모님께 졸라서 결국 몇 권을 산 적이 있다. 황순원의 『독 짓는 늙은이』 같은 책들인데 나로서는 이것이 최초의 책 구매였다. 중학교에 들어간 다음에는 집에 있던 한국문학전집을 정신 차리고 읽었다. 원래 자기가 고른 게 제일 좋아 보이지 않나? 초등학생이나 중학생들이 책방에 앉아 로망을 불태우면서 시집을 고를 기회를 우리는 박탈해버렸다.

대학가에 있던 사회과학 서점들은 이제 거의 문을 닫았다. 사회과학 서점을 지키는 것 자체가 사회운동이 된 시대이다. 동네 서점은 2000년대의 인터넷 보급과 함께 문을 닫기 시작했다. 이런 현상이 과연 인터넷 때문인지, 아니면 사교육 강화 풍조와 격차 사회 때문인지, 그도 아니면 지역경제의 쇠락으로 인한 결과인지는 생각해볼 필요가 있다. 미국 일이기는 하지만 2010년대에는 대형 서점이 충격을 받고 흔들렸다. 대형 서점 중심으로 개편된 미국 서점들이 전자책 보급의 충격을 감당하지 못하고 무너지기 시작한 것이다. 우리에게도 남 일만은 아니다.

서점을 어떻게 볼 것인가. 그저 장사하는 가게인가? 그렇다면 굳이 서점을 지킬 필요가 없을지도 모른다. 인터넷 서점과 오프라인 서점의 차이는 무엇일까. 인터넷에서는 한정된 초기화면에 모든 책을 노출시킬 수 없기 때문에 베스트셀러가 절대적으로 유리하다. 서점에서는 상대적으로 덜 팔리는 책들 혹은 관심이 덜 가는 책들도 어느 정도는 자리를 차지할 수 있다. 특히 서점 구석구석에서 '보물찾기 놀이'를 하는 중고등학생들에게는 자신들만의 아지트를 만들어준다. 멀리 갈 것도 없이 내가 바로 한 달에 만 원씩 책값을 받아 서점 구석에서 쭈그리고 앉아서 주말을 보내던 '책방 소년' 출신이다. 그래서 더 사교육에 찌든 10대들에게 책방이라는 작은 해방구를 지켜주고 싶은 것인지도 모르겠다.

서점을 책 파는 가게로 보지 않고 문화공간으로 보면 지역경제 그리고 지역 공동체와 만난다. 미국과 유럽에서 서점이나 출판사가 발전한 방식이 다른 이유는 이런 지역 공동체와의 관계가 달라서일 것이다. 지역에서 사람들이 모이는 곳이 경제와 관련이 있을까? 물론

사회적 독서는 도서관과 사서를 기본으로 한다는 사실을, 우리는
잊고 있는 건 아닐까? 더 많은 스타 사서가 나와야 한다.

이다. 지역을 시장으로만 보면, 대형 할인매장이 중산층 문화에 편승해 터 잡고 나면 그만일 것 같지만, 그런 지역은 결국 지역 상권과 지역경제가 완전히 무너져 나중에는 공무원만 남게 된다. 거점 시설 하나만 있으면 관광도 되고 지역 일자리도 생겨날 것 같지만, 사람들이 살아가는 공간은 수치 모델로 형상화할 수 없을 정도로 복잡한 지역 생태계를 구성하는 법이다. 우리는 인프라라는 이름으로 기반시설을 너무 토건의 눈으로만 보았지만, 사람이 살아가는 데 필요한 지역경제의 기반시설은 그런 건물과 시설만으로 이루어지지 않는다. 사람들이 자연스럽게 만날 공간이 필요하고 무언가를 공유하면서 동질감을 느낄 수 있는 매개체가 필요하다. 전통사회에서는 기존 공동체들이 이런 문화의 연대체들을 만들어냈지만, 자본주의 사회에서는 인위적으로 만들어내거나 복원해야 한다. 선진국들은 이런 비물질적인 내부 장치들을 나름의 방식으로 만들어냈지만, 경제학 교과서에는 실려 있지 않은 이야기다. 한국에는, 처음에는 국가가 집단 거주 지역에 꼭 필요한 도시 기반시설들을 만들어주자는 의미에서 '공영개발'이라고 불렀고, 나중에 이명박 시장의 토건주의와 만나 뉴타운으로 이름을 바꾼 개발 방식이 있다. 기본 취지는 학교와 병원 등이 제대로 갖추어지지 않은 상태에서 도시만 덜렁 만들어놓으면 초기 입주민들이 너무 골탕을 먹게 되고, 나중에 상업적인 이유로 기반시설을 만들려 할 때에도 필요한 입지가 없어서 곤란을 겪을 테니 그런 사태를 방지하자는 것이다. 용인에 아파트가 들어서면서 '난개발'이라는 비난이 많았고 다시는 이런 일이 없도록 하자는 것이 원래 뉴타운이라는 공영개발 방식의 취지였다. 이것을 동네 책방이라는 관점에서 한번 생각해보자.

「심시티」 같은 오락을 할 때, 정말 살기 좋고, 행정 용어로 '자족능력'이 있는 작은 도시를 하나 만든다고 생각해보자. 그곳에 동네 서점이 필요할까? 물론 분당이나 일산처럼 규모가 크다면 대형 서점이 알아서 들어갈 것이다. 그렇다고 언제까지나 잘 버티고 있으리라는 장담은 못 한다. 서울화가 더 급속히 진행되면서 지방 대도시의 오래된 대형 서점들이 버티기 어려워졌다. 서점 하나 없는 아파트 단지에 입주해서 산다고 생각해보자. 반대로 작아도 제대로 된 서점이 한두 개 있을 뿐 아니라 헌책방도 버티고 있는 같은 규모의 아파트 단지가 있다고 해보자. 20년 후에 어떤 차이가 생겼을까? 동네 서점이 있는 곳에서 자란 아이와 그렇지 않은 아이의 운명은 과연 어떻게 달라질까? 지역경제도 전혀 다른 양상을 보일 것이다. 대기업에 출근하는 사람들이야 어차피 낮에는 집에 없으니까 별 차이가 없다고 할지 모르지만, 집 근처에서 일하는 자영업자들에게 두 공간은 전혀 다른 곳이 될 것이다. 그리고 농촌이라면? 읍면에 동네 서점이 하나라도 있는 곳과 그렇지 않은 곳의 문화적 환경은 엄청난 차이를 보일 것이다. 물론 알아서 책방이 생기고 살아남을 수 있다면 굳이 우리가 정책이나 시민운동 차원에서 고민하지 않아도 된다. 그러나 한국 자본주의는 문화적 전환을 실행할 만한 힘이 없고, 우리의 CEO들이 사비를 털어 시골에 동네 서점을 차려줄 정도로 자상하신 분들이 아니라는 점은 모두 알고 있지 않은가. 동네 서점이 일종의 도시 기반시설이라는 점을 인정한다면, 병원과 학교 같은 지역 기반시설과 다르게 볼 이유가 없다. 병원도 돈을 버는 기관이지만 적어도 아직은 비영리법인으로 병원을 관리하면서 정책 지원을 하고 있지 않은가? 그렇다면 일정 규모 이하의 책방이 지역 문화센터 역할을 하도록 지원하지 않을 이유가 없지 않은가? 어렵게나마 버티고 있는 지역 서점들은 지역 도서관과 연계시켜 더 적극적으로 공동체의 중심 역할을 할 수 있도록 지원하고, 그렇지 않은 경우에는 기준 수익과 실제 매출의 차액만큼을 지원할 수 있지 않을까?

만약 농촌 지역에, 도시에 사는 20대 대졸자가 정부에 책방을 열겠다며 신청서를 냈다 치자. 복지국가라면 그에게 실업급여나 구직급여, 아니면 기본임금이라도 지급한다. 물론 우리의 현실과는 거리가 있지만 우리 사회에서 이 정도 정책적 합의는 끌어낼 수 있을 거라고 생각한다. 도시에 사는 청년이 동네 서점을 매개로 농촌에서 활동 공간을 확보할 수 있다면, 이를 국가에서 지원하지 않을 이유가 있는가? 중앙정부가 지방정부에 주는 지원금이 너무 토건 쪽으로만 쏠리고 있지 않은지 반성해볼 일이다.

이렇게 동네 서점이 지역 도서관과 함께 지역경제 혹은 지역 공동체에서 핵심 역할을 할 수 있다면, 기본적으로는 농촌 지역 읍면을 도시의 동보다 우선 지원해야 할 것이다. 2010년 기준으로 우리나라에는 3474개의 기초 자치구역이 있고, 이는 읍 214개, 면 1202개 그리고 동 2058개로 구성되어 있다. 도시 지역으로만 구성된 서울, 광주, 대전에는 읍면 지역이 없는데, 농촌 지역을 중심으로 동네 서점을 문화기관처럼 지원하는 데에는 기술적 문제가 전혀 없다. 도시에서는 대형 서점과의 관계 등을 고려해 효율성과 형평성, 통합성을 감안해 검토해볼 수 있을 것이다.

시장의 눈으로만 본다면 도서관과 서점은 아무런 상관이 없는 별도 기관이라고 생각할 수 있지만, 문화복지 혹은 문화 공공성의 눈으로 보면 책에 관련된 기본 문화시설들이다. 사람들은 책을 사서 읽거나 빌려서 읽는다. 도서관과 서점은 '국민들의 독서'라는, 같은 행위를 둘러싼 두 가지 인터페이스일 뿐이니 함께 관리하면 장점이 있을 것 같다.

도서관 설립이나 관리를 중앙부처에서 할 필요는 없지만, 더 많이 지원하기 위해서는 이를테면 도서관지원청을 설립하면 좋을 것이다. 질적 발전을 꾀하기 위해서는 최소한의 가이드라인을 정하고 단순히 도서관 개수만 늘릴 게 아니라, 중앙부처 차원의 지원 기구가 있다면 훨씬 힘이 생기지 않을까? 서점에 대한 지원 사업도 여기서 하는 것이 좋다. 물론 내 생각이고, 꼭 새로운 부처를 만들어야 하느냐고 할수도 있다. 하지만 이렇게 적극적으로 고민하지 않는다면, 가도가도 책방 하나 찾아볼 수 없는 척박한 수준으로 동네 문화가 전락해버리리라는 것은 확실하다. 우리에게는 더 많은 도서관과 서점이 필요하다. 엉뚱하게 한식 세계화라는 명목으로 뉴욕에 정부 돈으로 식당 차리는 것보다는 이렇게 지역에 도서관과 서점을 지원하는 게 많은 이들에게 더 도움이 될 것 같다.

**지역별 공공도서관 현황**
도서관 수에서 눈에 띄는 경향은 지역별 편향이 크지 않다는 점이다. 출판업이 극심한 수도권 편중 현상을 보이고 있는 것과 비교하면 특히 인상적인 대목이다.

교보문고는 우리나라에서 가장 오래된 베스트셀러 목록과 판매 자료 등을 가지고 있다. 교보문고의 협조를 받아 부문별 판매 자료와 월별 자료의 추이를 분석했는데 유의미한 가설을 세울 수 있는 정보는 별로 없었다. 소위 청소년 독자가 중심이 되는 3월 시장처럼 출판계에서 이야기하는 몇 가지 가설들은 최소한 교보문고 자료로는 검증하기 어렵다. 다만 시대에 따라 시장 상황이 좋은 분야들이 많이 바뀌었다는 점은 확인할 수 있었다. 다른 연도나 전체적인 흐름에 비해 베스트셀러 목록에서 특히 두드러진 연도들이 있었다. 바로 1985년, 2002년, 2007년이다.

**1985년**

| 순위 | 도서 | 저자 | 출판사 | 분야 |
|------|------|------|--------|------|
| 1 | 단 | 김정빈 | 정신세계사 | 소설 |
| 2 | 오늘은 내가 반달로 떠도 | 이해인 | 분도출판사 | 시 |
| 3 | 내 혼에 불을 놓아 | 이해인 | 분도출판사 | 시 |
| 4 | 민들레 영토 | 이해인 | 카톨릭출판사 | 시 |
| 5 | 손자병법 | 정비석 | 고려원 | 소설 |

전두환 군사정권의 만행이 극으로 치닫던 1985년, 이해인의 시집이 5위권 내에 세 권이 올라갔고, 7위에도 윤동주 등의 시가 묶인 『우리가 서로 사랑했을까』가 올랐다. 시와 사회과학이 전성기였던 시절이 한국에도 있었음을 확인해볼 수 있는 자료다. 당시에 대학가

를 휩쓸었던 사회과학 서적은 금서였기 때문에, 공식 자료로는 순위나 판매량을 알 수 없지만 순위권 안에 꽤 많은 인문서들이 포함되어 있다.

**2002년**

| 순위 | 도서 | 저자 | 출판사 | 분야 |
|---|---|---|---|---|
| 1 | 아홉살 인생 | 위기철 | 청년사 | 소설 |
| 2 | 봉순이 언니 | 공지영 | 푸른숲 | 소설 |
| 3 | 그 많던 싱아는 누가 다 먹었을까 | 박완서 | 웅진닷컴 | 소설 |
| 4 | 오페라의 유령 | 가스통 르루 | 문학세계사 | 소설 |
| 5 | 괭이부리말 아이들 | 김중미 | 창작과비평사 | 소설 |

1990~2000년대에는 사회과학 서적을 포함한 인문서의 부상과 몰락, 자기계발서의 등장, 아동서의 약진, 소설의 만개, 시의 몰락 등 다양한 흐름을 발견할 수 있다. 2002년의 경우 소설이 1~5위를 휩쓸었고, 『오페라의 유령』을 제외하면 네 권이 국내 작가의 소설이다. 이 해에는 20위권 내에 소설이 일곱 권 들어갔다.

**2007년**

| 순위 | 도서 | 저자 | 출판사 | 분야 |
|---|---|---|---|---|
| 1 | 시크릿 | 론다 번 | 살림Biz | 경제경영 |
| 2 | 파피용 | 베르나르 베르베르 | 열린책들 | 소설 |
| 3 | 대한민국 20대 재테크에 미쳐라 | 정철진 | 한스미디어 | 경제경영 |
| 4 | 이기는 습관 | 전옥표 | 쌤앤파커스 | 경제경영 |
| 5 | 해커스 뉴토익 Reading | David Cho | 해커스어학연구소 | 토익토플 |
| 6 | 바보처럼 공부하고 천재처럼 꿈꿔라 | 신웅진 | 명진출판사 | 비소설 |

2007년은 한국에서 문화가 위기에 빠지면서 스포츠를 포함해 거의 전 부문에서 하락 추세가 두드러진 해이고 이런 위기가 수치상 으로도 확인된다. 이해에는 판매 순위 1~6위를 전부 실용서가 차지 하고, 특히 20위권까지 살펴봐도 실용서나 자기계발서가 아닌 책은 세 권에 불과하다. 문학을 포함해서 예술 분야에서 자리를 지킨 책 은 김훈의 『남한산성』과 황석영의 『바리데기』 정도이다. 2005년 『살 아 있는 동안 꼭 해야 할 49가지』 이후 2008년 『시크릿』까지, 자기계 발서는 4년 연속 1위를 차지한다. 이 흐름은 2008년 하반기 신경숙의 『엄마를 부탁해』가 등장할 때까지 계속된다. 2010년에는 마이클 샌 델의 『정의란 무엇인가』가 1위를 차지한다.

책으로 먹고살기, 아마 많은 사람들의 꿈일 것이다. 얼마나 먹고살아야 제대로 먹고사는 것인가. 이것은 각자의 생활방식에 관련된 문제이다. '굵고 길게'라면 1년에 열 명 남짓한 사람이, '가늘고 길게'라면 1년에 100명 정도가 책으로 생계를 꾸려갈 수 있을 것이다. 1년에 세 권을 내서 6000~7000부씩을 판다면(정가를 1만 5000원으로 보고) 연 소득은 3000~4000만 원 정도 된다. 물론 데뷔하는 사람에게 이 정도 판매는 대단히 어렵지만, 데뷔 후 5년에서 10년차 정도면 가능한 목표이다. 절대적인 기준은 아니지만, 현재의 추이와 책 시장의 잠재력을 감안한다면 지금보다 두세 배는 많은 사람이 이렇게 살아갈 수 있다고 본다. 여기서 저자에 관한 팁을 얘기해보겠다. 오랫동안 글을 쓰고 싶어하는 사람들에게 도움이 되리라 믿는다.

### 1) 출판사 고르기

일반 대중과 출판사 사이의 거리는 가깝지 않지만, 저자들이 출간을 갈망하는 것만큼이나 출판사도 새로운 저자들을 갈망한다. 출판사에서는 20대 저자, 여성 저자, 일반인 저자들을 늘 찾기 때문에 검증된 저자가 아니더라도 출판사 문턱이 높지만은 않다. 다만 문학과 인문사회과학 분야는 차이가 있는데, 작가 지망생이 줄을 서 있는 소설보다는 인문사회 쪽이 훨씬 낫다. 어느 정도 정리된 원고가 있으면 비교적 쉽게 출간 과정을 밟을 수 있고 추천이나 후원이 없더라도 별 상관은 없다.

출판사를 고를 때에는 간단히 큰 출판사와 작은 출판사를 생각할 수 있는데, 역시 장단점이 있다. 그러나 연예인급 유명인이 아니라면 어차피 데뷔하는 사람에게 큰돈을 들여 광고를 해줄 일은 없으므로 한 달에 한두 권 미만 책을 내는 작은 출판사 쪽이 유리하다. 적어도 원고가 홀대받지는 않는다. 어차피 큰 데서 낸다고 하더라도 매주 3~4권씩 출간되는 책들에 묻힐 개연성이 크니 처음부터 큰 출판사를 선호할 필요는 없다. 오히려 책이 절판되면 난감하므로, 상업성 높은 출판사보다는 초창기에 낸 책이라도 웬만하면 절판시키지 않는 출판사가 더 유리할 수 있다. 매출에 많이 신경 쓰는 출판사에서는 판매부수가 떨어지는 책은 과감하게 절판시킨다. 이런 점들을 세밀하게 살피는 것이 장기적으로는 유리하다.

### 2) 가벼운 것부터, 혹은 무거운 것부터?

일반적으로 출판사에서는 잘 팔릴 것부터 내고 무겁거나 일반 독자들이 반응하기 어려운 주제를 다룬 책은 나중에 내자고 말한다. 일리가 있지만 이럴 경우 진짜 쓰려는 글은 제대로 써보지도 못하고 2~3년 내에 잊혀질 위험이 있다. 책이라는 상품은 매우 독특해서 판매량만으로 평가되는 일반 상품과는 좀 다르다. 우선 무거운 주제, 그리고 시의성이 높은 주제를 다룬 책을 내는 편이 '오래 가기'에는 좀 더 낫다. 시의성이 아주 높으면 서평이 실리는 문화면이 아니라 사회면 혹은 정치면에 먼저 소개되기도 한다.(내 경우에 첫 책은 서평을 받지 못했지만, 보수 신문사 사회면에 스트레이트 기사로 처음 소개되었다.) 초기 판매를 가름

하는 것은 신문 서평과 도서관 사서들의 반응인데, 사서들은 문제작 혹은 무거운 책을 쓰는 저자들을 선호하는 경향이 있다. 1990년대 입문서가 호황이던 시절에는 중량감 있는 외국 저자와 국내 저자의 입문서로 시장이 양분되어 입문서로도 충분히 양서 시장에 들어올 수 있었으나 지금은 그렇지 않다. 어렵더라도 무거운 주제로 버티는 편이 유리하다. 양서를 쓰는 저자로 사서들에게 각인되면, 사회적 반응과는 조금 다르게 도서관에서 구매하는 양이 늘어난다. 어차피 인문 사회과학 기획도서의 판매 최대치가 1~2만 부 정도이므로 너무 상업성에 매달릴 필요는 없을 것 같다.

### 3) 정치적 중도에는 아예 시장이 없다

책을 준비하면서, 지나치게 좌파나 우파로 경도되지 않고 중도를 지향하는 독자들이 읽었으면 좋겠다고들 생각한다. 좌파들은 우파들이 자기 책을 읽기 바라고 우파들은 좌파들이 자기 책을 인정해주길 바란다. 그러나 서평을 쓰는 기자들은 그렇지 않다. 영화와 비교하면 매체 데스크는 지독할 정도로 좌우가 냉정하게 갈린다. 좌파이면서도 중도를 지향하거나, 반대로 우파이면서 중도를 지향하는 책들은 (지난 수년간의 관찰에 의하면) 초장에 묻혀버린 경우가 많다. 물론 저자들이 한쪽 극단으로 치우치는 것은 바람직하지 않지만, 서평의 필진들은 "누구 편이냐?"를 명확하게 물어보는 경향이 있다. "나는 모두의 친구"라고 이야기했다가 결국 "누구의 친구도 아닌 자"가 되는 상황이다. 이런 상황인지라 한국의 사회과학 책들은 제목에서부터 명확한 입장을 표명한다.

### 4) 시기의 선택

출판계에는 시기와 계절에 따른 가설이 있는데 여러 가지 자료로 검토한 바에 의하면 최근에는 그런 경향이 보이지 않는다. 즉 아무 때나 내도 별 상관은 없다는 이야기다. 원고를 다 썼을 때가 적기인 셈이다. 다만 대형 작가의 책이 나오는 시기는 피하는 게 좋은데, 실제 국내의 대형 작가들의 작품은 출판사들끼리 알아서 출간 시기를 조정한다. 그러나 데뷔하는 사람들은 크게 주목받을 일이 없으니 그조차 상관없는 이야기다. 책이 다루는 주제와 소재에 따라 좀더 민감한 시기가 있긴 할 것이다. 몇 년 전만 해도 올림픽이나 월드컵이 열리는 시기, 큰 선거가 있는 시기, 이런 때는 피하라고들 했는데, 실제 수치를 보면 그것도 별 상관은 없다. 다만 통념상 책이 안 팔리는 시기로 받아들이는 주에는 신간 출간이 적으므로 많이 팔리지 않아도 순위가 올라가는 장점이 있을 수는 있다. 아무튼 엄청나게 시의성이 있는 정치적 주제를 다루는 책이 아니라면 출간 시기는 신경 쓰지 않아도 좋을 것이다.

### 5) 사장과 이야기할 것인가, 편집자와 이야기할 것인가?

출판사를 방문하면, 사장과 더 많이 대화할지, 아니면 편집자와 더 많이 대화할지를 고민하게 된다. 문제작을 낸 출판사 중에는 1인 출판사인 경우도 많다. 「시크릿 가든」의 현빈이 들고 나온 『세상의 절반은 왜 굶주리는가』도 1인 출판사에서 나왔다. 외국에서는 저자와 사장이 직접 만나는 경우가 드물지만, 한국 출판사는 상대적으로 소규모라 저자와 사장이 직접 만나는 경우가 많다. 내 경우에는 주로 실무진인 편집자들과 책 내용을 의논하고 같이 기획하는 편이다. 1인 출판사라 사장이 편집과 홍보까지 일일이 챙겨주는 상황이 아니라면 사장과 아무리 이야기해봐야 크게 도움은 안 된다. 진짜로 책을 만지고 같이 작업하는 파트너는 편집자이다. 몇 년을 지나서 생각해보니, 편집자와 안정적인 협력 관계를 잘 맺는 편이 실무에서 쓸데없는 걱정을 줄이는 장점이 있다. 그 장점이 단점보다 커 보인다.

### 6) 직접 출판사를 차리는 경우는?

책을 출간하면서 간단한 계산을 해보면, 누구나 직접 출판사를 차려서 자기 책을 내는 편이 경제적으로 유리할 것 같다는 생각을 하게 된다. 실제로 그런 경우도 적지 않다. 매절 계약을 하는 경우 등 출판사를 직접 차리는 쪽이 1인 출판사라도 유리할 수는 있다. 그러나 인문사회 분야는 꼭 그렇지는 않은 듯하다. 출판계도 분야별로 거대한 네트워크가 있는데, 혼자 할 수 있는 일이 생각보다 많지 않고, 여러 사람과 적절히 협력 관계를 맺는 편이 장기적으로는 유리하다. 꼭 함께 일한 적이 없더라도 저자들은 기본적으로 모든 출판사의 '예비 저자'다. 적당한 원고가 있고 조건이 맞으면 언제든 책을 낼 수 있으니까, 서로 정보도 교환하고 상의도 하고 내부 자료들도 가끔은 같이 검토한다. 그렇게 오랫동안 협력하다가 적절한 상황이 되면 해당 출판사에서도 책을 낼 수 있는 것이다. 그러나 출판사를 차리게 되면 경쟁관계로 돌변한다. 양쪽의 경우를 관찰한 결과, 출판사를 차리지 않고 출판사 관계자들과 예비 저자 혹은 협력자 관계를 맺는 것이 여러 면에서 유리하다. 물론 출판사들끼리 경쟁만 하는 것은 아니나 예비 저자로서 협조하는 것에 비하면 냉랭한 느낌이 든다. 데뷔할 때에는 일단 많은 사람들의 도움이 필요한 상황이니, 직접 출판사를 차리는 것은 아예 생각도 하지 않는 편이 낫다.

### 7) 계약은 언제 하는 것이 좋은가?

계약과 관련된 기술적 문제들이 있지만, 출판 계약금이란 게 어차피 받을 돈을 먼저 받는 것에 불과하고 그리 큰돈도 아니라서(아주 유명한 작가에게는 거액의 선인세를 주기도 하지만) 없다고 생각하는 쪽이 편하다. 그림이 많이 포함된 원고의 경우 현재의 표준계약서에 문제가 있기는 한데, 경험자에게 조언을 받아 표준계약서를 약간 수정하면 된다. 첫 책을 낼 경우에는 그런 기술적인 문제보다 언제 계약을 할 것인가를 놓고 중요한 선택을 해야 한다. 즉 원고를 다 써놓고 출판사를 찾을 것인가, 아니면 출간 계획을 세워놓은 상태에서 출판사를 찾아 계약할 것인가? 원고를 다 쓰고 나서 출판사를 찾는 것은 고전적인 방식인데, 현실적으로는 현명하지 않을 수 있다. 실무적으로는 원고를 수정해야 하는 편집자들과 "한 글자도 고칠 수 없다."는 저자의 아주 지리하고 골치 아픈 실랑이가 기다리고 있다. 인문사회 분야는 집필 중간중간 수시로 소통하면서 내용을 완성하는 것이 훨씬 편안하고 시간과 수고를 절약하게 된다. 그렇다고 아직 데뷔도 하지 않은 사람과 덜렁 목차만 보고 계약을 진행할 출판사는 없다. 아주 유명한 대학 교수라도 독자들이 바라보는 시각과 사회적 위치에는 거의 상관관계가 없어서 출판사와 저자 양쪽 다 판단하기 어려운 상황이 벌어진다. 여기에서 나온 해법이 '샘플 원고'라는 것이다. 책 도입부에 해당하는 일부 혹은 가장 흥미로울 대목만을 가지고 출판사와 의논한다. 이런 방식은 양쪽 모두의 부담을 덜어주는데, 원고를 통으로 넘겨준 다음에는 저자들도 아이디어 도용이나 모티프 표절을 우려하며 불안해한다. 정리하면, 약간의 샘플 원고를 쓴 상태에서 출판사와 계약을 하는 게 현실적이다.

### 8) 출간이 무산되었을 때는?

출간이 무산되는 일은 종종 벌어진다. 내 경우에는 데뷔 전에 열 개 정도가 출간이 안 되었고, 데뷔한 후에도 출간하지 못한 원고가 다섯 개는 되는 것 같다. 그때는 경험이 적어서 집에 돌아오는 길로 쓰레기통에 쑤셔박고, 다른 포맷으로 다시 정리하곤 했다. 나한테는 습작기였던 셈이다. 『88만원 세대』의 경우는 세 번 정도 출판 불가 판정을 받았는데, 같은 시기에 작업했던 『조직의 재발견』과 같은 날 두 권 모두 출판할 수 없다는 통보를 받은 기이한 경험도 있었다. 이때는 별 미련 갖지 않고 발품을 팔아 각기 다른 출판사에서 별도로 출간했다. 물론 그 외에도 출간하지 못한 초고가 좀 있다. 상업적인 이유도 있고, 출판사의 출간 방향과 내용이 맞지 않은 경우도 있고, 내용이 덜 정리되어 무산된 사례도 있다. 데뷔 단계에서 출간이 좌절되었을 때는 훗날 더 좋은 기회가 찾아오리라 생각하고 소주 한잔 마시고 원고를 쓰레기통으로 보내시라. 자기가 생각한 내용이나 분석한 결과는 결코 사라지지도 잊혀지지도 않는다. 같은 내용이라도 포맷을 달리하면 더 좋아질 수 있고, 무엇보다 여러 번 쓰다 보면 독자들이 이해할 수 있는 장치들이 붙게 마련이다. 자신을 믿고, 미련 없이 원고를 쓰레기통으로 보낸 다음 새로운 버전을 만들어보길 권한다.

### 9) 마케팅은?

아주 유명한 대학 교수들이 책을 내도 아주 허망한 결과를 손에 쥐는 경우가 많다. 책에도 등수가 있다. 보통은 3~4년간 쌓아온 이름값의 영향을 많이 받기 때문에 책을 내자마자 폭발적인 반응을 받은 아주 행복한 몇 사람을 빼면 대부분 아주 황당한 등수를 받는다. 왜 자기 책은 홍보를 안 해주고, 신문광고도 하지 않느냐, 그런 불만을 품을 수밖에 없는데 시장 논리로 보면 당연한 결과이다. 인문사회과학 분야에서 마케팅은 아예 없다고 생각하는 쪽이 정신건강에 좋고, 그보다는 꾸준히 일정 수준을 유지하면서 주목할 만한 성과를 내는 게 중요하다. 그런 점에서는 혼자 뛰는 조용한 장기 레이스와 비슷하다. 마케팅보다 중요한 모토는 바로 이것이다. 지치지 않기, 그리고 '가늘고 길게'.

### 10) 제목과 표지 디자인은?

책의 내용 외에 중요한 요소들이 표지 디자인과 내지 디자인 그리고 제목들이다. 결론부터 이야기하면, 저자는 심혈을 기울여 책 제목, 혹은 핵심 콘셉트를 찾아내야 한다. 책 제목과 저자 이름만 노출되는 경우가 많은데, 데뷔하는 입장에서야 이름은 사실상 상징가치가 없고 마케팅 지원도 받기 어려우니 제목에 승부를 걸어야 한다. 책 제목은 출판사와 저자가 상의해서 결정하는데, 보통은 더 나은 대안을 찾기 위해서 마지막 단계까지 고심에 고심을 거듭한다. 여기에도 유행과 패턴이 있기는 한데, 그런 패턴을 깨는 책이 새 시장을 열기도 해서 일반 원칙이 있다고 말하기는 어렵다. 나는 기획 초기 단계부터 100개 정도의 제목을 만들어본다. 책 표지를 비롯한 디자인은 출판사의 고유 권한으로 통하기 때문에 저자의 개인 취향이 거의 반영되지 않는다. 그런 일로 힘 빼기보다는 자신의 파트너를 믿고 솜씨를 기대해보는 쪽이 정신건강에 좋다.

### 11) 새로운 길을 열어야!

문화의 다른 분야와 비교해 책에만 있는, 정말 특이한 장점이 있다면 실험에 들어가는 비용이 아주 적다는 것이다. 이는 드라마나 영화와 비교해보면 명확한데, 제작비가 그리 많이 들지 않기 때문에 새로운 실험을 했다가 실패해도 출판사가 망하는 일은 많이 벌어지지 않는다. 그런 점에서 전위적인 시도가 많을 수밖에 없다. 모방과 창조, 두 가지 전략이 있다면, 책은 창조하는 쪽이 더 용이하고 가능성도 많다. 기본적으로는 내용을 창조하는 것이지만 문체나 형식 실험을 해볼 여지도 많다. 나는 창조와 실험을 권장하는데 일단 길을 열면 그것은 자신의 길이자 우리 모두의 길이 된다. 상품성이나 시장은 기성작가가 된 다음에 고민해도 늦지 않다. 아직 한국의 출판계에는 모방보다는 길을 여는 실험정신을 더 많이 배려하는 편집자들이 많다. 아직은 그런 가치들이 존재할 수 있는 여지가 있다고 할 수 있다. 그걸 믿어보시기 바란다.

## 12) 독자와의 여행을 즐기시길……

서울대학교 환경대학원의 이정전 교수가 은퇴할 때 깊은 인상을 받았다. 흔히 노교수들이 은퇴할 때 제자들이 논문을 모아서 논문집을 발간하는데, 그는 남들 보기에 민망하다면서 출간을 제지했다. 물론 기념 논문집 출간 자체가 나쁘다고 할 순 없지만, 시장 논리로만 보면 안 하는 편이 도움이 된다. 정운영, 박노자 등의 신문 칼럼집이 성과를 보이던 시절이 있었는데, 개인의 글이든 집단 작업의 결과물이든 여러 사람의 글을 모은 책은 내용에 비해 시장 반응이 그리 뜨겁지는 않다. 게다가 자료집 성격의 책을 돈 내고 살 사람은 거의 없다. 한국에서 책을 사는 사람들은 이것을 일종의 여행처럼 생각한다는 가설이 있는데, 여름 휴가철에 휴가를 가는 대신 책을 읽는 사람들을 보면 어느 정도는 맞는 것 같다.

칼럼집, 인터뷰집, 블로그 글 모음, 논문집, 보고서, 인터뷰집, 이런 유형의 책은 그 내용과 시의성을 보아 충분히 발간할 만하긴 하지만 기본적으로는 저자의 명성을 따르는 경우가 많다. 그래서 꼭 출간을 해야 한다면 어느 정도 지명도가 생겼을 때 하는 편이 낫다. 인문사회과학에서는 결국 어떤 이야기를 할 것인가, 그리고 처음부터 끝까지 어떤 주제와 내용으로 풀어갈 것인가, 이 두 가지를 고민해야 한다. 한국 독자는 처음부터 끝까지 일관된, 마치 한 차례 여행 같은 형태의 책을 선호하고, 마지막 장을 덮었을 때 책을 읽기 시작했을 때와는 다른 감정에 빠져드는 상황을 좋아한다. 그래서 독자는 저자를 여행 가이드처럼 생각하는 것이다. 자신이 익숙한 고장을 다른 사람에게 안내하는 관광 가이드라고 생각하고, 독자와의 여행을 즐기는 중이라고 여기면서 책을 정리하면 훨씬 평온하고 즐거울 것이다. 인문사회과학 서적은 단편소설을 기반으로 장편소설을 만들어내는 소설과 이런 점에서 구분된다. 단문을 모아 책 한 권을 만든다고 생각하면, 사회과학에서는 독자라는 거대한 벽에 부딪히는 느낌을 받는다. 독자와 하룻밤의 산책을 함께한다고 생각하면서 글을 써보라. 틀림없이 성과가 있을 것이다.

# 3

# 영화의 찬란한 유혹

# 1 이 정권 이후에도 영화가 살아 있을까?

한국에서 영화의 흐름을 잡는 방법이 몇 가지 있다. 가장 편한 방법은 매체의 등장으로 설명하는 것인데, 텔레비전이 등장하기 이전과 이후, 초고속 통신망이 등장하기 이전과 이후로 이야기할 수 있다. 또 주제를 다루는 방식으로 민주화 이전과 이후로 구분할 수도 있고 소재 선택이 자유로워지고 포괄적인 문화적 취향이 생겨난 1990년대 이전과 이후로 나눌 수도 있다. 영화의 사조에 따라서 나눌 수도 있다. 혹은 '할리우드 키드' 혹은 386 감독처럼 주요 감독들의 사회문화적 특징에 따른 세대의 관점으로 볼 수도 있다. 연출을 맡은 감독의 눈으로 볼 것인가, 제작자의 눈으로 볼 것인가, 아니면 출연진 혹은 스태프의 눈으로 볼 것인가, 이 역시 중요한 변수다. 이 모든 것을 종합해서 보기는 불가능하다. 산업 전반을 긴 시간을 놓고 살펴볼 때 가장 상징적인 요소 하나를 선택하라면 나는 스크린쿼터를 들겠다.

스크린쿼터제는 1966년 연간 상영일수의 40퍼센트는 한국 영화를 의무 상영하라는 내용으로 도입되었는데 1993년까지는 관리 소홀 등의 이유로 실효성이 없었다. 1993년 영화인들이 '스크린쿼터감시단'을 만들면서 활동하기 시작했고, 1995년 헌법재판소에서 이 제도에 합헌 판결을 내린다. 한국 영화는 스크린쿼터제와 시장 움직임이 기이할 정도로 정확히 연동되는 양상을 보인다. 영화인들의 오랜 소망이었던 영화진흥위원회 설립(1999년), 스크린쿼터 제도 정착, 그리고 참여정부 시절에 스크린쿼터 제도 축소, 이런 요소들을 투자와 배급을 결정하는 주요 변수로 보면 한국 영화의 흐름이 읽힌다. 문화가 개방된 김영삼 정부 시절에 성공을 준비해 김대중 정부 시절에 영광을 맛보고 신자유주의가 본격화한 노무현 정부 시절에 급작스럽게 몰락해버렸다고 할 수 있다. 그렇다면 신자유주의가 더욱 가속화한 이명박 정부 이후에는 어떻게 될까? 다양한 변수들이 있겠지만, 스크린쿼터 유지가 가장 상징적인 이슈일 것이다. 그런 장치가 없어진 한국 영화의 미래는 한때 영광을 구가하던 멕시코와 브라질 영화의 현재에서 찾아볼 수 있을 것이다. 이명박 정부 이후에 한국 영화가 하나의 산업으로 남을 것이라는 보장은 없다. 할리우드 이외의 국가에서는, 영화가 대중들의 유흥거리로 정착한 인도를 제외하면, 영화시장은 상업적 논리보다는 정책 변수에 의해 결정되는 대표적인 '제도시장'이라고 볼 수 있다. 주요 정책의 흐름은 결국 정권 차원에서 결정된다. 내가 과도하게 정권과 영화산업을 연결시키는 것처럼 보인다면, 의도적으로 그런 양상을 보여주려 하기 때문이다. 1990년대 미국 직배사에 배급망이 넘어가면서 초토화된 브라질 영화시장은 룰라 대통령의 강력한 정책적 뒷받침으로도 회생하지 못했다. 내가 알기로 한 번 죽은 자국 영화가 다시 살아난 사례는 없다.

물론 참여정부 이전에도 한미 FTA와 유사한 논의가 없었던 것은 아니다. 국민의 정부 시절에도 한미투자협정(BIT: Bilateral Investment Treaty)에서 논의했다가 영화를 보호할 장치가 없다는 이유 등으로 협상이 종결되었다. 스크린쿼터가 포함된 4대 선결조건이라는 말이 이때 처음 등장했다. 노무현 정부 시절에 다시 영화계에 위기가 닥치는데 2006년 한미 FTA의 선결조건으로 스크린쿼터가 기존 146일에서

73일로 줄어드는 일대 사건이 일어났다. 스크린쿼터는 상영일수 기준으로 40퍼센트에서 20퍼센트로 반토막 났다. 배급사나 극장 사람들은 미국 영화든 한국 영화든 장사만 잘되면 되겠지만, 한국에서 영화를 만드는 사람들 입장은 전혀 다르다. 2006년에 한국 영화 점유율은 63.8퍼센트로 최고였으나 2008에는 42.1퍼센트로 급감한다. 2010년에는 점유율이 약간 늘기는 했다.

데이터만 놓고 보면 두 가지 주요 변수와 한 가지 보조 변수가 발견된다. 가장 인상적인 변수는 IMF 경제위기라고 할 수 있다. 1990년대 초까지 한국 영화는 고전을 면치 못했다. 제작 편수는 1991년에 121편을 기록해 상대적으로 높았는데 한국 영화 점유율은 21.2퍼센트에 불과했다. 관객 수가 늘지는 않았지만, 그래도 어두웠던

(총관객 단위: 100만 명) (제작비 단위: 1억 원) (국내영화 점유율 단위: 퍼센트)

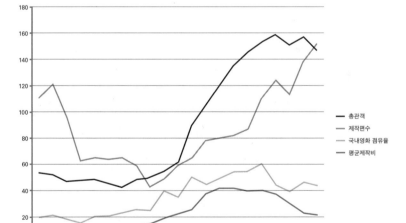

(영화진흥위원회, '연간 한국 영화 결산 보고서')

1980년대가 끝나고 새로운 1990년대가 열리면서 영화 제작에도 새로운 흐름이 나타났다고 볼 수 있다. 그런 상황에서 IMF 경제위기와 함께 영화는 완전히 새로운 국면을 맞게 된다.

위 도표는 관객, 국내 영화 관객 점유율, 제작 편수 그리고 평균 제작비의 20년 추이를 보여준다. 1998년 경제위기로 제작 편수는 1996년 예순다섯 편에서 1998년 마흔여덟 편으로 급감한다. 그러나 경제위기 와중에서도 관객의 수는 오히려 9퍼센트 증가했다. 무엇보다 한국 영화 점유율이 58퍼센트나 늘어나 39.7퍼센트에 달한다. 1991년과 비교하면 IMF 때는 제작 편수는 줄었지만 국내 영화 점유율이 폭발적으로 늘어났음을 알 수 있다. 그리고 2001년 드디어 50.1퍼센트를 기록해 한국 영화가 절반 이상을 차지하게 된다. 2007년에 다시 50퍼센트를 기록했고, 이런 과정을 통해 1999년에 한국 영화 한 편의 평균 제작비가 19억 원으로 올랐고, 21세기 들어 20억 원을 상회한다. 한국 영화의 호시절인 셈이다. 그러나 이명박 정부 들어서 영화의 평균 제작비는 지속적으로 줄어들어 2010년 21억 6000만 원으로 2000년의 21억 5000만 원 수준으로 줄어든다. 이명박 정부와 함께 1단계로 10년 후퇴하고, 2단계로 20년 후퇴한다는 영화계의 불평이 평균 제작비 통계를 통해 어느 정도 확인되는 셈이다.

1998년의 「약속」과 「여고괴담」, 1999년의 「쉬리」와 「주유소 습격사건」처럼 다양한 영화들이 대중적으로도 성공하고 두터운 애호가층을 형성하는 데도 성공한다. 이렇게 새롭게 열린 김대중 정부 시대에 혜택을 본 영화는 「공동경비구역 JSA」, 「반칙왕」 그리고 「텔미 썸딩」 등이다. IMF 경제위기에도 타격을 받지 않았다는 사실만 해도 놀라운데 되레 한국 영화는 전성기를 준비하고 있었다. 완성도 높은 한국 영화들이 쏟아져 나오면서 점유율이 급속히 높아졌지만, 한편으로는 드디어 21세기 초반의 '묻지마 투자'로 이어진다. 모두가 인정하듯 1990년대 중반 이후 이런 한국 영화의 만개는 개방되고 풍요로운 문화를 향유한 이들이 그렇게 쌓은 소양을 마음껏 발휘하여 좋은 작품들을 만들어냈기에 가능한 것이었다. 하지만 나는 큰 변수는 아니더라도 한 가지 변수를 더 언급하고 싶다. 좋은 영화들이 많이 나오고 애호가 층이 두터워진 것과 별도로 한국 영화가 상업적·대중적으로 폭발적인 호응을 얻은 데에는 IMF의 영향도 있지 않았을까? 좀 슬픈 이야기지만 갑자기 시간이 많아진 사람들이 집에서 나와 관악산 아니면 극장으로 갔다는 세간의 이야기가 수치상으로 확인된 것이 아닐까? 「쉬리」의 애잔한 사랑을 보면서 울고, 「주유소 습격사건」 같은 코미디를 보면서 간만에 웃고…… 그것이 IMF 경제위기 한복판을 통과하던 우리네 모습이 아니었을까?

이유는 설명하기 어렵지만, 한국 문화의 전성기가 2002~2003년 무렵이었다는 가설이 영화에서도 어느 정도 확인되는 듯하다. 분야에 따라서는 IMF 이후의 버블이라고 생각할 수도 있고, 실제로 정치적 암흑기를 지난 후 1990년대부터 국민들의 문화적 갈망이 높아져 이윽고 최고점에 이른 시대상황의 반영이라고 볼 수도 있다. 당시 어느 때보다 문화비 지출이 많았다. 2005년에는 드디어 한국 영화 역대 흥행 순위 1위인 「왕의 남자」와 「웰컴 투 동막골」이 나오고, 마지막 절정기인 2006년에는 「괴물」이 1위, 「타짜」가 2위를 했다. 그해에 관객은 1억 5000만 명 이상을 기록했고, 한국 영화 점유율은 63.8퍼센트로 역대 최고였다. 2007년은 한미 FTA의 국정홍보 광고에서 '경제 영토'를 외쳐대며 국수주의가 절정에 이른 해인데 「디워」가 1위를 했다. 관객은 약간 늘었지만 한국 영화 점유율이 50퍼센트로 내려앉으면서 클라이맥스가 종료된다. 원래 얼마간 존재하던 국수주의와 수출중심주의가 노무현 정부 시대에 본격화한 신자유주의적 흐름과 만나 과학과 영화에서 '부가가치 높은 수출상품'이라는 슬로건이 호응을 얻었고, 국내 생산기반이야 어찌되든 할리우드에 영화만 팔면 된다는 분위기도 호응을 얻었다. 물론 문화 수출이 나쁜 일은 아니지만, 문화가 수출입되어 좋은 효과를 내려면 한탕주의보다는 무엇보다 탄탄한 기반이 필요하지 않다.

수치상으로 보면 2007년부터 영화는 양적으로나 질적으로 극적으로 몰락하는데, 이런 추세가 이번 정권 들어 나타난 것은 아니고 이미 2000년대 중반부터 시작된 것이다. 전체적으로 IMF 경제위기 이후 대기업 자본이 영화계에 진출하면서 안정성은 취약할지라도 확실히 규모는 커졌다. 한참 돈이 들어올 때 배급사 문제와 리스크 분산 장치 그리고 영화 스태프 처우 같은 문제에 대응했다면 한국 영화의 생태계가 훨씬 더 건강해졌을 것이다. 만약 한미 FTA 협상이 2~3년만 늦게 진행되었다면 지금의 한국 영화계는 어떤 모습일까? 이 질문은 영화계가 2006년도 투자·배급의 절정기 이후 거품이 빠져 망했다는 가설과 스크린쿼터 축소 이후 어려워졌다는 가설의 충돌 지점에 놓여 있다. 아마도 두 가지가 결합해 생겨난 현상일 것이고, 어쩌면 하나가 다른 하나를 작동시킨 원인일 수도 있다. 어쨌든 한국 영화는 2002~2006년의 좋은 분위기를 체질 강화의 계기로 삼을 수 있었

한국 영화계는 이명박 시대를 거치며 멕시코형이 될 가능성이 높다.
멕시코와 한국의 차이는 딱 스크린쿼터제만큼의 차이라 할 수 있다.

을 텐데 그 절호의 기회를 놓친 것이다. 스크린쿼터는 건강한 제도적 토양을 만드는 기본 중의 기본에 해당하는 조처였다. 참여정부가 추진한 신자유주의적 문화 개방은 거품을 걷어내고 탄탄한 토대를 만들어야 했을 시기에 그와 정반대되는 길을 간 것이나 다름없다.

전체적으로 본다면, 한국 영화 호황기에 생겨난 '묻지마 투자'의 거품이 빠지는 과정에 더해 한미 FTA가 본격 작동할 이명박 시대를 맞아 스크린쿼터제의 미래도 불투명해졌다. 안팎의 난관이 겹치면서 2006년 이후 한국 영화는 위기의 터널을 지나는 중이다. 그런데 이보다 더 심각한 문제는 정권이 해괴한 정치적 논리를 들이대면서 영화지원 기관에 보수 이데올로그들을 심고 있다는 점이다. 뿐만 아니라 영화계 전체를 후진적인 정치적 동원의 도구로 삼는 시도를 서슴지 않고 있다. 이런 상황에서 한국 영화의 미래를 예측해본다면 어떨까.

2000~2005년 한국 영화는 대체로 30~35퍼센트의 영화가 손익분기점을 넘었는데, 2006년부터 이 수치가 20퍼센트 미만으로 내려간다. 이제 80퍼센트 이상의 영화가 적자를 본다고 해석할 수 있다. 영화 투자 수익률은 단기 충격이 강했던 2008년도에 -43.5퍼센트였고 2009년에는 -13.1퍼센트 그리고 2010년에는 -8.0퍼센트였다. 2010년에 손익분기점을 넘긴 영화는 스물한 편(17.1퍼센트)이었다. 그중에 수익률이 50퍼센트가 넘는 영화는 열세 편, 그리고 100퍼센트를 넘긴 영화는 여섯 편이다. 수익률 대신 제작비 분포를 보면 더 심각해진다. 제작비 10억 미만의 영화가 140편 중 일흔세 편으로 절반이 넘는 52.1퍼센트이다. 반면 108편이 제작된 2006년에는 이 비율이 23.1

퍼센트였다. 80억 이상을 투자한 블록버스터는 다섯 편이다. 이는 중간 규모의 영화들이 확 줄어들고, 블록버스터와 저예산 영화의 중간에 해당하는, 축구의 미드필드에 해당하는 영화들이 급격히 감소했다는 뜻이다. 2010년에 제작 편수는 좀 늘었지만, 2006년과 비교하면 10억 미만 영화 비율이 두 배로 높아졌다. 즉 기존 영화사들이 그냥 망할 수는 없으니까 어떻게든 저예산 영화를 만들고 당연히 스태프들에게 주어야 할 돈도 줄이고 있다는 이야기다. 이 자료를 놓고 독립영화나 저예산 영화가 늘어나 영화가 더욱 다양해졌다고 볼 수 있을까? 그렇게 보긴 어렵고 그냥 망했다고 보아야 한다. 가게가 망하기전에 '땡처리'를 하는데, 그걸 보고 손님이 늘었다거나 수익률이 개선되었다거나 서비스가 좋아졌다고 말하지는 않는다. 실제로 현장에서 확인해본 바에 의하면, "기왕 모였는데 흩어지기 전에 한 작품이라도 남기려고……" 이런 분위기이다. 명박 정권 이후에 저예산 영화가 좋아졌다고 말하기도 하는데, 그건 아니다. 그렇다면 예술영화는? 이쪽도 관객이 줄었고 전용관 사정도 나빠졌다.

한국 영화는 군사정권 시대에 '방화'였다가 1990년대 민주화와 함께 '한국 영화'가 되었고 2000년대에 전성기를 열었다고 할 수 있다. 여기까지는 좋았는데 이 다음 이야기는 좀 슬프다. 실제로 한국 영화를 개봉해서 상업적 성공을 기대할 수 있는 시즌은 1년에 네 번, 즉 설날과 추석 그리고 여름방학과 겨울방학 때다. 그런데 이 시기에는 가족 관람이 대세이므로 주로 코미디가 걸릴 수밖에 없다. 명절에 개봉하는 영화들은 자녀들과 같이 볼 수 있도록 욕설을 최대한 자제하고 야한 장면도 줄인다. 어떤 식으로든 표현에 제약을 가하게 되는데, 욕설이 난무하지만 작품성 하나만은 인정받는 인디영화 「똥파리」(2008)를 자녀들과 같이 보기란 쉽지 않다. 결국 가슴이 훈훈해지면서도 교훈이 있는, 더불어 웃으면서 볼 수 있는 장르로 옮겨가게 된다. 요컨대 디즈니 스타일 아닌가? 그나마 거장급이나 돼야 이 시즌에 영화를 걸 수 있지, 인지도가 높지 않은 감독들은 감히 엄두도 못 낸다. 물론 극장에 걸어보지도 못한 영화도 숱하게 많다. 2011년 설날에는 강우석, 이준익, 김석윤 감독이 맞대결을 펼쳤다가, 천만 관객의 신화를 남긴 이준익 감독의 은퇴 선언으로 끝이 났다. 한국 상업영화에는 이미 실험의 여지가 없다.

멕시코 영화와 한국 영화의 차이는 딱 스크린쿼터제만큼의 차이라고 할 수 있다. 멕시코는 북미자유무역협정에 가입하면서 1997년에 쿼터제를 폐지했다가 영화산업이 급격히 쇠락하자 2001년에 다시 도입했지만(비율은 30퍼센트), 규제 제도를 다시 만들 수 없다는 무역 규정에 걸려 권고 사항으로 지위를 낮추었다. 아무도 지키지 않는 제도는 없는 거나 마찬가지이다. 멕시코 영화의 전성기는 1930~1940년대지만, 지금은 근근이 명맥만 유지하는 편이다. 2010년 영진위의 멕시코 통신원인 홍정의는 아주 의미 있는 보고서를 펴냈다. 2006년과 2009년 멕시코에서는 각각 예순네 편과 예순여섯 편의 영화가 제작되었는데, 순수 민간자본으로 제작된 영화는 서른 편에서 아홉 편으로 줄어들었다. 반면 정부가 지원한 영화는 서른네 편에서 쉰일곱 편으로 늘었다. 멕시코의 민간 영화가 완전히 죽었다고 해도 지나치지 않은 해는 2008년인데, 이때 민간 제작 영화가 절반 이하로 줄어들었다. 멕시코 의회에서 "멕시코 영화를 살리자."며 직접 지원에 나서지만 그래봐야 민간 제작 영화는 연간 열 편도 안 되는 상황이다. 물론 국민의 사랑이 있으면 버틸 수 있는데, 상업 논리로 움직이는 투자자와 극장들이 기다려주지를 않는다. 수출? 국제영화제 수상? 다 호시절의 끝물일 뿐이다.

잘 생각해보자. 멕시코 영화는 스페인어권이라는 거대한 중남미 시장을 가지고 있다. 그런데도 이 모양이다. 우리는 그런 언어권에 기반한 튼튼한 배후시장이 없어서 일단 몰락하면 멕시코보다 더 비극적인 길을 걷게 된다. 브라질 영화산업은 미국 영화 직배와 함께 사실상 전멸했다가 21세기 들어 겨우겨우 살아나는 중이다. 2005년 기준으로 장편 영화 100편, 단편 영화 300편이 만들어져 인구나 경제 규모에 비하면 보잘것없기는 하다. 그러나 나프타에 가입하지 않아서 이만큼이라도 가능했지 멕시코 같은 상황이었다면 영화산업이라는 게 아예 사라져버렸을 것이다. 자국 영화를 볼 수 없는 나라도 많다. 터키, 이란 같은 나라들도 자국 영화산업을 일으키려고 엄청나게 노력하는 중이고 중국의 경우 아예 수입허가제를 두고 있다. 사실 할리우드의 공세에 맞서 자국 영화산업을 유지하기란 너무너무 힘든 일이다. 프랑스, 독일도 버티기 힘들어서 '문화다양성협약'이라는 국제협약을 통해 자국 영화를 지키려고 안간힘을 쓰는 중이다. 처음에는 자국 언어 보호라는 명분으로 보호책을 유지하다가 국제적으로 어려워지자 외교를 통해 문제를 풀려고 한다. 시라크든 사르코지든 프랑스 우파 정치인들도 자기네 영화는 지키려고 했다. 한국 우파들은 1967년부터 유지되어 한국의 고유한 제도로 국제적으로 인정받는 스크린쿼터를 못 잡아먹어서 난리다. 스크린쿼터제는 한국 영화를 지킬 수 있는 가장 기본적인 방법이다. 노무현에서 이명박 정부를 거치면서 한국 영화를 죽음으로 내모는 묘한 좌우합작이 벌어진 셈이다. 이 상태로 가면 "우리 영화니까 좀 봐주자."는 애국심밖에 안 남는데 여기에도 한계가 있다. 영화와 농업의 공통점이 둘 있는데, 노무현 정부를 거치면서 완전 망했다는 점과 '신토불이'를 아무리 외쳐도 국내 시장과 생산 기반을 지킬 수 없다는 점이다.

　'방화'라는 용어를 사용하던 시기에 한국 영화는 에로 영화가 지켜주었다고 할 수 있다. 그것을 1980년대에는 군사정권의 3S 정책의 하나, 즉 스크린이 제공하는 오락으로 정치적 감성을 마비시키는 장치라고 했다. 그러나 가만히 생각해보면 1980년대 검열이 유행하던 시절에 국가 이데올로기가 비교적 약하게 스며든 영화가 에로물이었던 것 같다. 장미희와 안성기가 공연한 「적도의 꽃」(1983)은 내가 고등학교 1학년 때 극장에 걸렸다. 미성년자 관람불가 딱지가 붙었는데, 영등포 시장 앞에서 몰래 봤던 기억이 있다. 이렇게 숨어서 본 영화들로 비로소 영화에 눈을 뜬 것 같다. 사실 박정희가 도입한 스크린쿼터제 덕에 방화라도 남아 있을 수 있었다. 중남미는 엄청나게 큰 시장이지만 영화시장에서는 오세아니아와 비슷한 규모이다. 멕시코와 브라질을 비롯한 주요한 중남미 국가는 제작 편수, 제작비 등 어떤 영화 통계에서도 세계 10위권에 들지 못한다. 한국 영화는 이명박과 함께 중남미형으로 바뀌어가는 중이다. 무서운 일이다. 영화에서는 "우리는 할 수 있다." 따위는 안 통한다. 스크린쿼터제와 민주화가 결합해 한국 영화시장이 열렸는데 이제는 반 토막이 났고 이마저도 멕시코처럼 권고안으로 바꾸면 상업 자본으로 연간 열 편 정도를 겨우 만들어낼까 말까 한 수준으로 전락할 것이다. 영화산업은 할리우드라는 세계 최강의 경쟁자가 있어서 우선 방어부터 해야 하는 시장 특성을 가지고 있다. 그런데 '공격 경영'을 좋아하던 지도자들이 방어 장치를 너무 일찍 풀어버렸다. 이 상태에서 영화시장을 두 배로 키울 방법이 있는가? 국민들의 문화 지출이 지속적으로 줄어버리는데, 무슨 방법이 있는가? 그저 이 정부 이후에도 영화산업이 살아 있기를 바랄 뿐이다.

**한국 영화 역대 흥행 순위**
영화진흥위원회가 전국 극장 전산망을 통해 본격적으로 흥행 데이터를 관리하기 시작한 2003년 이후 영화 상영 현황을 살펴보면, 전국 관객 수는 2006년에 정점을 기록했고 그후 4년 동안은 7000만 명 선을 유지했다.

# 2 뒤에서 5등에게 카메라를

권력은 총구 아니면 지갑에서 나온다. 상업영화와 인디영화로 구분하는 방식이 옳은지는 모르겠지만, 현재 상황에서 인디영화는 국가에 그리고 상업영화는 자본에 줄을 대는 수밖에 없다. 오늘날 상업영화에서 감독의 능력은 얼마나 좋은 작품을 기획하고 만들어낼 수 있느냐에 달려 있지 않다. 많은 돈을 끌어와야 하는 것이다. 나는 영화감독이 촬영도 잘하고 편집도 직접 해낸다는 막연한 환상을 수년 전까지 품고 있었다. 우디 앨런이 8밀리 영화로 습작하던 시절 이야기를 감명 깊게 본 탓인지도 모르겠다. 촬영감독이나 편집 전문가의 권한은 감독도 함부로 침범할 수 없다. 제작사가 흥행을 고려해 잘라낸 부분을 되살린, 감독의 원래 의도대로 재편집한 버전을 '디렉터스컷'이라고 하는데, 업계에서는 '비상업적 버전', 즉 재미없거나 늘어지는 버전이라는 의미로 통하기도 한다. 이렇게 감독 혼자서 영화를 만들 순 없지만, 영화에 돈이 들어오는 과정에는 감독(시나리오)과 주연급 스타 배우가 제일 중요한 변수로 작용한다. 영화계를 하나의 생태계로 본다면 먹이사슬 구조를 연상할 수 있는데 당연히 밑으로 내려갈수록 형편이 열악하고 스스로를 지키기 어려워진다.

영화에 들어오는 자금은 일단은 투자자의 돈이다. 한때 거품에 힘입어 건설업으로 진출하던 깡패들이 돈세탁을 위해 투자하거나 개인들이 막무가내로 투자했다고도 하지만, 어쨌든 대기업이 주로 투자한다. 여기서 본원상품은 개봉관 관객이고 해외 수출이나 DVD 판매 등의 파생상품이 발생할 수 있다. 미국에서는 아예 처음부터 극장 판매는 접고 DVD 판매만 겨냥하는 저예산 B급 영화들도 제작하지만 우리는 사정이 다르다. 이런 DVD시장 등 흔히 파생상품이라고 부르는 기타 수익이 워낙 적어서 '펀딩'이라고 부르는 투자자의 입김이 매우 강하게 된다. 물론 상업영화 자체는 우리나라만이 아니라 다른 나라의 경우도 소재와 주제의 선택에서 제약이 있고, 그래서 이런 것과 상관없이 만들 수 있는 인디영화라고 부르는 장르들이 형성된다. 투자자가 어느 정도까지 내용에 관계할 것인가, 이건 문화 영역만이 아니라 돈이 움직이는 투자 관계에서는 늘 생겨나는 문제이기도 하다. 투자를 했으면, 적절한 수익을 올려 그 성과를 같이 배분하면 되는 것 아닌가? 원론적으로는 이렇지만, 그리 간단하지 않다. 결국 이래라 저래라, 그런 검열 관계가 형성된다. 예술성과 상업성 사이의 갈등 혹은 정치적 견해에 따른 간섭이 이런 과정을 통해서 생겨난다. 금융투자 등 일반 투자와 마찬가지로 영화 제작 투자에서 대기업 계열의 자본 비중이 점점 높아져 영화 내용에 대한 간섭이 조금 더 심해지는 게 최근 경향이다. 그 대신 위험 분산 방식이 개선되면서 감독 등 제작자에게 집중되던 영화 흥행 실패에 대한 부담이 완화된 것도 사실이다.

상영관 문제도 잠깐 살펴보자. 상영관은 "팝콘과 콜라로 돈 번다."는 말이 공공연히 나도는 실정이다. 관객들의 실제 불만은 영화의 다양성이 상업적인 방식으로는 보장되지 않는다는 점인 듯하다. 멀티플렉스를 도입할 때의 명분 중의 하나가 바로 다양성이었다. 그러나 같은 영화를 여러 개의 방에서 동시에 상영하는 지금의 방식은 다양성 확보와는 거리가 멀어 보인다. 영화 제작 과정에서 다양성에 초점을 맞춘다 해도 배급과 상영 방식에 따라 다른 결과가 나타날 수밖에 없다. 개봉관을 확보하기 위해 배급사들은 정말 피 튀기는 처절한 전쟁을 벌인다. 우리의 영화 정책은 지나치게 생산에 초점을 맞추는데 이런 쪽으로도 관심을 돌려야 할 것이다. 시장이라는 관점에서 보자면, 국내 시장의 규모와 질적 다양성이 장기 이윤을 좌우하는 요소라고 할 수 있다.

결국 영화라는 상품은 얼마나 많이 그리고 얼마나 오래 극장에 걸 수 있는가, 이게 가장 중요한 변수이다. 극장과 제작사가 수익을 어떻게 나눌 것인가, 이게 또 하나의 쟁점이 된다. 배분 비율을 고정시키면 관객이 많이 들어오는 영화가 유리한데, 결국 그때 흥행하는 몇 편의 영화가 많은 상영관을 차지하게 된다. 반면 일정 시간이 지날수록 극장 쪽의 수익 비율을 높여주는 '슬라이딩 방식'은 영화를 장기 상영하는 인센티브를 극장 쪽에 부여해서 지나치게 짧게 걸리고 금방 내려지는 폐단을 줄이는 방식이다. 물론 이런 방식을 사용해도 전혀 관객이 들어오지 않는 영화는 버틸 방법이 없다. 또 관객들이 알아서 다양한 주제와 형식의 영화들을 찾아본다면 이런 제도 자체가 중요한 문제가 되지는 않을 것이다. 그러나 이미 할리우드라는 절대 강자가 존재하는 시장에서, 특별한 배려 장치를 만들어놓지 않는다면 장기적으로는 자국 영화의 생산 및 분배 시스템 자체가 붕괴될 것이다. 이런 사례를 브라질, 멕시코 등 중남미 국가들에서 충분히 보았다.

자, 이제 영화 제작자들 내부에서 돈이 분배되는 방식을 생각해보자. 간단하게 생각하면, 건별 지급 방식과 기간별 지급 방식이 있을 수 있다. 일본의 경우는 제작사에서 수입을 재분배하는 방식을 통해 월급 형식으로 임금을 지급한다. 일본식은 안정된 대신 엄청나게 성공하더라도 한 번에 큰돈을 벌기는 어렵다. 요컨대 프로젝트별로 임금을 지급할 것인가, 아니면 직장인처럼 월급을 줄 것인가, 두 가지 방식이 있는 셈이다. 프로젝트별로 지급할 때에도 당연히 기간을 고려해야 하지만, 우리는 '편당'으로 계산해 기간을 고려하지 않는다. 제작 기간이 긴 영화에 더 많은 제작비를 투입하고 특급 스태프들을 붙여야 할 텐데, 현재 우리 시스템으로는 그렇게 하기 어렵다. 이래서는 장기 기획이 나오기 어렵다. 피터 잭슨이 「반지의 제왕」 삼부작을 만들 때 썼던 방식이 흥미로워 보인다. 할리우드에서도 제작 기간 1년이 넘으면 장기로 보는데, 그는 3년짜리 장기계약이라는 아주 독특한 방식을 사용했다고 한다. 영화계에서 이 정도면 거의 종신고용 수준이다. 시리즈 세 편을 동시에 제작하면서 잭슨은 특A급 배우 대신 뉴질랜드 배우들의 비중을 높였고, 특수효과, 음향 등을 담당하는 스태프들에게 최고의 임금을 보장하지는 않았지만 3년간의 장기계약을 제시했다. 제작사는 할리우드 대형 제작 및 배급사인 뉴라인시네마였다. 잭슨은 장기계약을 통해 특수효과를 비롯해 의상, 세트, 음향에 이르기까지 세계 최고 수준의 여건을 갖출 수 있었다. 영화야말로 부문별 전문가가 꼭 필요한 영역인데 장기계약으로 이 문제를 해결한 사례다. 한국 영화에서도 '사단'이라고 불리는, 감독·스태프·배우들이 하나의 진용을 형성하는 경우가 있다. 일부에서는 '끼리끼리'라고 비난하지만, 현재의 시스템 내에서 안정성을 찾기 위해 진화한 방식으로 볼 수도 있다. 장기적으로는 지금의 편당 지급 방식을 개선해 영화인들이 더 안정된 방식으로 영화를 만들 수 있는 환경을 조성해야 할 것이다. 그러지 않으면 모든 영화인이 감독이 되는 그날까지 인내하는 수밖에 없는데, 모두가 감독이 되는 것은 옳지도 바람직하지도 않다. "영광의 그날까지 참고 인내하라."는 건 영화에서는 옳지 않은 경구다.

제작사 입장에서 영화에 들어오는 돈은 원천상품 수입이라고 할 수 있는 극장 수입과 파생상품 수입이 있다. 티켓 한 장당 3000원 정도를 제작사가 가져간다. 기계적으로 여기에 관객 수를 곱하면 제작사의 1차 수입인 극장 수입이 된다. 파생상품 수입은 특별히 비싸게 수출한 몇몇 영화를 제외하면 의미 있는 수치는 아니다. 극장 수입은 매출액 기준으로 1조 원 조금 넘는다. 2006년을 정점으로 영화 수출액은 급감해서 지금은 150억 원 정도이다. DVD 판매는 2007년 300억 규모에서 계속 줄어들고 있고, 온라인 영화 판매가 300억 원 규모로 추정된다. 수출액과 부가시장 수입을 전부 합쳐서 크게 잡으면 극장 매출액의 10분 1 정도가 된다. 물론 이는 매출액 기준이라서 생산자들에게 돌아가는 몫은 이보다 훨씬 적을 것이다.

전체적으로 시장이 줄어드는 상황에서는 성장기에 봉합되었던 문제들이 터져 나오게 마련이다. 집안이 망해갈 때 부부가 이혼할지, 아니면 어떻게든 같이 살아볼지 고민하는 상황이랄까. 2008년 영진위의 '한국 영화산업 실태조사'에 의하면 영화산업 종사자는 1만 1195명이고, 이중 비정규직이 43.8퍼센트이다. 출판산업이나 방송에 비하면 자료상 비정규직 비율이 네 배 정도 높은데, 이는 영진위가 조

한국의 영화 시스템이라는 이 배에 어떻게 더 탈 수가 있을까?
20대는 더 타고 싶어하는데, 배가 비좁아 새로 타기가 어렵다.

금 더 세밀하게 조사했기 때문이기도 하지만 실제 정규직을 거의 고용하지 않기 때문이다. 제작업을 기준으로 하면 영화 인구는 3534명인데 세부 내용을 보면 답답하기 그지없다. 시나리오작가 107명, 연출부 245명, 촬영부 일흔여덟 명, 조명부 서른여섯 명, CG부 115명이다. 한국 영화가 이런 인력 규모로 움직여왔다는 사실 자체가 놀랍다. 연출가 245명, 이 사람들이 영화생태계의 최종 결정권자인데, 한국 영화감독협회에 등록된 숫자가 270명가량이니까, 정말 작아도 너무 작은 생태계다. 여기에 배우들을 더하면 한국 영화계의 1차 생산자 숫자가 나온다. 이런 인력 구조로 2007년 기준으로 제작 편수 세계 9위, 평균 제작비 세계 7위, 자국 영화 시장 점유율 세계 3위를 기록했다는 사실이 그저 놀라울 뿐이다. '지속 가능성'이라는 기준을 들이대면, 한국 영화는 이미 한참 전에 사망할 수밖에 없는 인력 구조를 가지고 있다.

도대체 이 배에 어떻게 더 탈 수가 있는가? 나는 처음에 문화 분야에서 고용을 두 배 늘릴 수 있는가라는 질문을 던진 바 있다. 그런데 영화는 지금 탔던 사람도 내려야 할 판이다. 20대는 더 타고 싶어하지만 배가 너무 작아서 그럴 수가 없다. 다른 산업 같으면 거품을 빼는 구조조정을 해야 한다는 말이 나올 법도 하지만 사실 더 빼고 자시고 할 것도 없다. 남은 것은 스타들의 임금 정도인데 그들에게 목을 걸고 있는 기획사가 줄줄이 달라붙어 있어서 그걸 손댈 수도 없다. 아니면? 그럼 스태프들과 조연들의 임금을 심하게 후려치는 수밖에 없다. 줄도산이 우려된다는 영화계의 비명이 아주 엄살은 아니다. 그러나 내핍형으로 근근이 버티는 것도 한계가 있다. 그렇다고 국민들의 문화산업 지출액이 줄어드는 상황에서 극장에 자주 가자고 해봐야 효과가 있을지 의문이다. 인터넷 다운로드를 단속하면 거기에 쓰던 돈이 다시 극장으로 갈지, 아니면 영화를 아예 안 보고 말지는 '탄성치'라는 개념으로 추정해볼 수 있다. 한국에서 영화 관람은 아직까지는(혹은 오늘날에는) 그 자체가 목적이라기보다 가족끼리의 외출, 데이트 시에 즐기는 문화활동의 일환으로 보인다.

연극에서는 '관객 개발'이라는 용어를 쓰는데, 영화에서도 이런 가능성이 아주 없지는 않다. 매년 영화 소비자 조사를 한다. 샘플이 2000명인 이 조사의 대상 연령은 만 15~49세이다. 영화산업에서 50대 이상은 그냥 없는 사람으로 치는 셈이다. 최근 실버극장에 대해 논의하는데, 이는 영화 진흥 정책이라기보다는 노인 복지의 일환으로 봐야 할 듯하다. 데이터에서 두 가지 희망적인 요소를 찾아볼 수 있다. 한국에서 극장 관람객은 남성보다 여성이 조금 더 많고 영화를 혼자 보는 사람은 10퍼센트 미만이다. 일단은 10대들의 영화 관람 수치가 높은 편이어서 갑자기 관객이 줄지는 않을 것이라는 전망을 해볼 수 있다. 특기할 것은, 관람 편수는 많지 않지만 남성 중에서 가장 극장을 많이 찾는 이들이 40대라는 점이다. 지금의 40대는 나이를 먹어서도 극장에 계속 갈 가능성이 높다. 영화 그리고 한국 영화에 대한 선호도가 연령대가 낮을수록 높기 때문에 좋은 영화가 나오고 선택의 범위가 늘어나면 장기 전망은 그리 나쁘지 않다. 고연령층, 영화를 보고 싶지만 혼자 가기 어색한 중장년층, 이런 문화적 틈새를 극복할 방안을 마련하고 여기에서 활로를 찾아야 한다. 급하다고 영화 쿠폰을 주거나 단체 관람을 늘리는 단기 보조금 방식을 대충 시행하면 오히려 시장 교란을 일으킬 위험이 크다. 프랑스의 경우에는 여러 극장을 동시에 이용할 수 있는 월간티켓 같은 정기티켓을 판매하는 방식을 도입했다. 너무 싼값에 영화를 보는 것이 습관이 되면 문제가 될 거라는 반론도 많았는데, 인터넷이 보급되던 시기에 행해진 이런 정책은 결국에는 극장 문화를 지키는 데 도움이 된 것 같다. 장기적으로 본다면, 극장 나들이를 문화생활의 하나로 활성화하는 방식을 통해 영화라는 원천상품을 키워나갈 수 있다. 이런 점에서는 영화를 산업으로 봐야 하는가라는 문제가 자연스럽게 제기되는데, 문화 정책의 대상으로 넓게 보는 쪽이 더 효율적일 수 있다. 시민들의 여가생활로 파고 들어가야 한다는 이야기다.

가장 적극적인 영화 정책은 금방 효과를 볼 수 있는 지원 말고도 영화의 사회적 기반 자체를 늘리는 것이다. 이와 관련해서 정말 제안하고 싶은 정책은 영화가 목적이 아니라 교육이 목적인 영화 정책이다. 요즘은 일부 특목고를 제외하면 고등학교에서 이미 대학 입학을 포기한 학생들을 대상으로 한 교육 프로그램을 따로 마련하지 않는다. '뒤에서 5등', 우리 고등학교는 이런 친구들을 버리고 간다. '학교에는 매일 오면 좋겠고, 담배는 몰래 피워도 좋으니, 제발 사고 치지 말고 졸업하면 좋겠다.' 이것이 바로 교장선생님의 속내가 아닐까. 생각해보자. 중학교에서 영화에 필요한 기초 지식을 배우고 고등학교에서 단편영화 한두 편 만들어보고 졸업할 수 있다면 '뒤에서 5등'들의 삶이 어떻게 될까? 영화는 공부와는 다른 힘이 있기 때문에 공부와 담 쌓은 아이들도 재미를 붙일 수 있을 것 같다. 물론 책이나 잡지를 만들 수도 있고 밴드나 오케스트라를 만들어볼 수도 있지만, 다양한 문화 분야 중에서 그래도 10대들에게 가장 친근한 분야 중 하나가 영화일 테니, 당장 실험해보는 것이 어렵지 않을 듯하다. 학교에서 필요한 장비를 지원하고 학생들끼리 영화를 만들면 그리 많은 돈이 들지 않을 것이다. 학교마다 2~3개의 영화팀을 만들면 교내 영화제를 열 수도 있다. 그리고 이를 발전시키면 지역별로 근사한 학생 영화제를 만들 수도 있다. 물론 상업적으로 성공할 가능성은 별로 없겠지만 교육적으로 성공할 가능성은 높다. 일본 영화 「워터보이」나 「스윙걸스」의 실제 버전이고, 공교육이 뒷받침해주는 '할리우드 키드'인 셈이다. 이런 교육 프로그램을 만들면 상업시장에서 제대로 활용되지 못하는 인력들이 숨을 쉴 공간이 생긴다. 지도, 자문, 강의를 통해 새로운 문화시장이 열릴 수 있다. 사실 이렇게 영화 한두 편을 만들거나 참여했던 학생이 영화시장에서 전문 인력으로 살아남을 가능성 자체는 그리 높지 않다. 그러나 지금처럼 버려진 '뒤에서 5등'보다는 사회에 훨씬 더 잘 적응할 수 있을 것이다. 고등학교에서 영화를 만들면서 배울 수 있는 것은 영화 그 자체라기보다는 협업의 기술이다. 아무리 간단한 영화라도 아주 예외적인 형식이 아니라면 혼자서 만들기는 어렵다. 영화가 만들어지기 위해서는 스태프들이 필요하고, 배우가 필요하고, 감독, 프로듀서 등 각자의 역할을 나누어야 한다. 세상을 살아가는 데 국영수만 잘하는 게 중요하지 않다는 것을 배울 수 있다. 영화 제작 과정은 이런 대안교육 기능을 충분히 수행할 수 있을 것이다.

물론 이런 정책을 통해 영화계에 (꼭 제작 분야가 아니더라도) 좋은 인력이 지속적으로 공급된다면 가장 바람직할 것이다. 필요한 자금은 교육과 지역 예산에서 나올 수 있다. 세계에서 가장 강하고 특색 있는 영화는 이렇게 '뒤에서 5등'들이 영화를 사랑하고 영화로 교육받은 후에 다시 영화계로 들어오는 구조 속에서 나오지 않을까 생각한다. 어쩌면 우리는 문화산업에 대해 너무 엘리트 위주로만 접근하고 사고했는지 모른다. 하지만 나는 입시용 수업에 잘 적응하지 못한 학생들이야말로 좋은 영화를 만들 자질이 충분하다고 생각한다. '영화 머리'와 '공부 머리'는 다르다고 할까? 한국에서 영화만은 '뒤에서 5등'들에게도 활짝 열려 있었으면 좋겠다.

# 3 다큐멘터리, 20대를 위한 돌파구

"괜찮아요, 어차피 우린 잘 안 될 테니까⋯⋯."

— 독립영화 감독 조영각의 이야기, 영화 「짝패」의 코멘터리 중에서

현재 한국의 영화 구조에서 20대 영화감독이 데뷔하는 것은 불가능에 가깝다. 그렇다면 우회해서 저예산으로 제작할 수 있는 인디영화나 인디 다큐 쪽은 어떨까? 다행스럽게도 다큐 감독을 하고 싶어하는 20대들이 점점 더 늘어난다. 그리고 개도국에서 산업국가로 발전한 한국 사회의 내면을 다큐라는 형식을 통해 보고 싶어하는 외국의 수요가 있다는 점은 긍정적이다. 그러나 극장용 다큐 수요가 확 늘어난 것은 아니고 정부 지원 역시 기대기 어려운 상황이다. 어디에서나 마찬가지인데 영화 제작자들도 정부가 가급적이면 '꼬리표'를 달거나 검열하지 않고 지원하기를 희망한다. 그러나 지금까지의 추세로 예측하건대, 당분간 정부는 지원을 줄이고 검열은 강화하는 쪽으로 갈 것이다. 상업영화에서는 형식이나 이미지 속에 진짜 하고 싶은 이야기들을 감추어놓을 수 있다. 그러나 진실을 날것 그대로 보여주는 다큐에서 검열은 치명적이다. 국영방송국에서 검열을 강화할 때 제일 자주 쓰는 수법이 고비용 자연 다큐 같은 '아름다운 그림' 혹은 감동적인 휴먼 다큐의 비중을 높이는 것이다. 일본이 한참 보수화될 때, 몇 년씩 공을 들이는 NHK의 자연 다큐는 국제적으로 이름을 떨치기도 했다. 돈과 검열권을 쥔 사람들이 말하는 '아름다움'은 무

서운 무기다.

2009년에 「워낭소리」가 250만 관객을 불러 모았는데 아주 예외적인 사건이다. 한국에서 다큐 감독으로 먹고사는 길은 없다. 방송사에 소속되어 다큐를 만드는 것이 가장 현실적이지만, 경영개선과 정권에의 복종 경향이 복잡하게 얽혀 돌아가는 지금의 방송 사정으로는 이제 그나마도 쉽지 않게 되었다. 그렇다고 다큐 애호가들이 많지도 않다. 국가가 지원하거나 시민들 스스로 시장을 만드는 고전적인 해법은 둘 다 쉽지 않다. 요컨대 잠재력은 있지만 아직 그것을 사회적으로 폭발시키진 못한 상태다.

시장 상황을 잠시 살펴보자. 다큐는 일단 공중파와 IP텔레비전 등 텔레비전 시장에서 방영하는 방식과 극장에서 직접 배급하는 방식이 있다. 세계적으로는 텔레비전 방송의 8퍼센트 정도를 다큐가 차지한다. 한국에서는 MBC 12.6퍼센트, SBS 16.7퍼센트다(2007년 기준). 이중 40퍼센트 정도를 외주 제작으로 볼 수 있고, 이 수입이 다큐 제작사에는 기본 소득이 되는 셈이다. 최근에 MBC 창사 특집 다큐 한 편을 유명 영화감독에게 발주했는데 제작비가 6000만 원이었다고 한다. 상당히 좋은 조건이라는 소리를 들었다. 자체 제작은 여건이 좀 낫기는 한데, 외주 제작의 경우에는 여기에 인건비도 포함되므로 아주 빠듯하다. 이런 방식의 외주 제작은 이미 모든 장비를 갖추고 있을 뿐 아니라 여건이 괜찮은 영화 제작사에는 자금을 순환시킬 수 있어서 도움이 된다. 하지만 다큐 전문 제작사가 등장할 만한 규모는 아니다. 때로 해외 제작을 포함한 대형 프로젝트들이 등장하지만, 주로 자연이나 역사 다큐여서 사회성을 띤 다큐멘터리를 제작하기는 어렵다.

방송사 외주 제작이 아닌 독립 다큐의 경우 제작비도 문제지만 배급 역시 문제다. 독립영화 제작 배급사라고 할 수 있는 시네마 달이나 인디스토리, 한국독립영화협회(한독협) 같은 단체나 회사들이 늘고는 있지만, 개봉관 상영은 멀고도 험한 길이다. 최근에는 극장보다 공동체 상영을 늘리는 방향으로 가고 있는데, 대학이나 단체 등에서 독립 다큐나 독립영화를 상영하고 적절한 비용을 배급사에 지불하는 방식이다. 영화 관람 장비가 일반화되면서 가능해진 방식이다. 음향 설비가 잘 갖추어진 극장에 비하면 몰입도가 조금 떨어지지만, 상영이 끝나고 관객들이 함께 토론하거나 대화할 수 있다는 장점이 있다. 동물원 이야기를 다룬 「작별」(2001), 로드킬을 다룬 「어느 날 그 길에서」(2008), 이 두 편의 다큐는 생태 이야기이면서 여성 감독의 섬세한 터치가 돋보이는 작품이었다. 내가 진행하는 수업에 황윤 감독을 초청해 DVD로 상영했는데 걱정과는 달리 적지 않은 학생들이 눈시울을 붉히고 있었다. 보통 영화의 DVD는 극장 개봉이 끝나고 한 달 후쯤에 발매되는데, 황윤의 생태영화 2부작이라고 할 수 있는 이 두 편은 공동체 상영에서 어느 정도 성공을 거둔 후 2009년에 박스본으로 출시되었다.

5·18 당시 독일의 공영방송인 NDR의 도쿄 특파원이었던 위르겐 힌츠페터는 1980년 5월 19일 광주에 잠입하여 당시 상황을 생생하게 필름에 담았다. 한국 소식이 완전히 끊긴 상황에서 힌츠페터가 찍은 화면들은 NDR 뉴스로 세계에 전해졌고, 그해 9월 「기로에 선 한국」이라는 다큐로 방영되었다. '광주 비디오'라는 별칭을 가진 이 다큐는 성당 등 종교기관을 통해 비밀리에 전파되었다. 전두환의 군사

정권을 종식시키는 거사가 이 다큐 한 편으로 시작되었다고 해도 지나치지 않을 정도이다. 진실을 담은 영상의 힘은 엄청나다.

2010년 쌍용자동차 해고 사태 이후 촉발된 공장 점거 농성을 다룬 태준식 감독의 「당신과 나의 전쟁」이 제작되었다. 사회 문제를 다루었다는 점에서 전형적인 다큐라고 할 수 있는데, 정치적인 이유로 상영관을 찾을 수가 없었다. 결국 도심 재개발의 상징적 결집지가 된 홍대 앞 칼국수집 '두리반'에서 특별상영회를 열었다. 100명 미만이 들어갈 수 있는 넉넉지 않은 공간이었지만 자리를 빼곡 채우고 더 들어갈 수 없는 사람들이 문가에 서서 볼 정도로 성황리에 끝났다. 특별상영회는 이후에도 계속 진행되었다. 상업영화와 달리 다큐는 주로 사회의 어두운 구석을 조명하고 정권에 반하는 메시지를 던진다. 감추려는 사람과 보여주려는 사람의 숨 막히는 숨바꼭질이 다큐를 둘러싸고 벌어지는 셈이다.

인디다큐페스티벌은 물론이고, 여성영화제, 환경영화제처럼 주류 사회나 상업성과는 거리가 먼 가치를 구현하려는 조금 특별한 영화제들이 있다. 여기서 상영되는 영화들은 대개 다큐멘터리다. 일반 관객들은 접하기 힘들지만 이런 영화의 사회적 가치는 대단히 크다. 다큐는 말 그대로 시대를 기록하는 영화이고 아직 상업적 공간에서 풀어놓을 수 없는 이야기들을 담아내는 첫 번째 통로이다. 그런 점에서 문화 선진국과 더 많은 다큐멘터리 제작은 동의어라고 할 수 있다. 당분간 공영방송을 비롯해서 텔레비전은 더 상업성에 치중할 것이다. 결국 새로운 이야기를 하고 싶은 사람들은 극장용 다큐멘터리로 시선을 돌릴 수밖에 없다. 그리고 영화 제작을 자신의 삶으로 생각하

「워낭소리」는 예외적인 경우이고, 한국에서 다큐 감독으로 살아가기란 쉽지 않다. 이럴 때 국가의 지원이 필요할 텐데, 방식은 좀 생각해볼 필요가 있다.

는 20대들에게 상업영화의 문이 열리지 않기 때문에 그들 역시 다큐에 매진할 수밖에 없다. 다큐는 상업영화에 비해 훨씬 적은 돈으로 제작할 수 있고 실패하더라도 충격이 비교적 크지 않기 때문이다.

한국 다큐의 시장 잠재력은 충분하지만 제작비 지원이나 문화적 패턴의 변화를 기대하기는 쉽지 않다. 다큐들은 대개 무겁고 진지해서 재미있게 볼 수 있는 영화는 드물다. 국가는 제작비 지원을 무기로 점점 더 혹독한 검열관 노릇을 하려 들고 다큐의 지지자가 되어주어야 할 관객들은 아직 지갑을 열 준비가 되어 있지 않은 상황이다. 방송은 막혔고 시장은 냉정하다. 하지만 여기서 돌파구를 찾을 수 있다면, 다큐야말로 더 많은 청춘들을 입장시킬 수 있는 문화 창구라고 할 수 있다.

문제를 풀자고만 하면 해법은 다각도로 찾아볼 수 있다. 비록 시간대가 나쁘더라도 공영방송에서 20~30대 다큐 감독들을 위한 방송을 만들고 제작비를 지원하거나 일정 수준 이상의 다큐들을 방영해주는 방안을 생각해볼 수 있다. 실제로는 오디션 기능도 별로 없는 오디션쇼 한두 개 없애고, 젊은 다큐 감독이나 인디영화 감독들의 공간을 만든다면 이거야말로 제대로 된 오디션이 될지 모른다. 과연 매주 한 편씩 채울 수 있을까 싶지만 그동안 만들어졌다가 사장된 작품들 수만 해도 어마어마할 것이다. 한독협 등 전문 단체들의 협조를 받을 수도 있을 것이다. 정치적 편향이 걱정이라면 진보적인 영화와 보수적인 영화를 번갈아 상영하면 되지 않을까?

제작과 관련해 공공부문과 민간부문의 각종 기금들을 갹출하는 방법을 생각해볼 수 있다. 단기 이익을 생각하는 시장에서 처리할 수 없는 일들을 공적인 기금으로 처리하는 것이다. 배급과 관련해 극장 문제를 푸는 제일 손쉬운 방법은, 멀티플렉스 형식의 극장에 기획 능력을 높일 수 있도록 지원하는 것이다. 멀티플렉스는 상업성의 굴레가 너무 심하다고 여길 수도 있지만, 기획 능력을 갖추고 비상업적 영화들을 기획 상영하는 편이 수익성 개선에 나을 수 있다. 영화에는 오락 기능뿐만 아니라 교양 기능도 있는데, 방송국의 교양 프로가 '고품격' 이미지를 주듯이 다큐나 독립영화가 그런 이미지를 선사한다. 상업성과 예술성을 고루 갖춘 작품들은 우리나라에 이미 많고 앞으로 더 많이 나올 것이다. 문제는 극장의 기획 능력이다. 상업극장에서도 예술성 높은 작품들을 기획 상영할 수 있도록 정부가 지원하는 방법이 있다. 인건비 지원이나 세제 혜택 등은 이런 경우에 사용하는 전형적인 정책 수단들이다.

영화는 50대와 40대에게 활짝 열린 매체였다. 50대는 다른 오락이 별로 없던 1960~1980년대, 1년에 수십 편씩 한국 영화가 만들어지던 다작 시대를 지켜보았다. 예전에는 386, 요즘은 486이라고 불리는 사람들은 1990년대 후반에 활짝 열린 한국 영화 전성시대를 살았다. 20대와 40대의 중간에 낀 30대는 좀 애매하다. 워낙 영화를 집단적으로 향유했던 최초의 문화 세대들이라서 영화판에 많이 들어갔지만, 감독 중심으로 짜인 현재의 영화 구조에서 주로 스태프들을 담당했다. 너무 많이 들어왔다는 말도 나오지만, 이는 문화경제라는 흐름 속에서 영화시장을 더 키워서 해결할 문제다. 자, 그렇다면 우리의 20대는?

21세기에 이미지 시대가 도래했고 HD 장비의 저렴화 및 동영상 환경이 급격히 개선되면서 어렸을 때부터 이미지를 만지고 처리하면서 이에 통달한 사람들이 등장했다. 16밀리 영화로 습작을 하던 1970~1980년대와 비교하면, 어느 정도 영상 습작 경험을 얻은 세대가 집단적으로 등장한 셈이다. 그러나 이들에게 수십 억씩 쥐어 주고 상업영화를 맡길 제작자는 없고, 긴 안목으로 그들의 재능을 발굴할 대기업의 전문 기획자도 없다. 이대로라면 그들은 비정규직 스태프로 버티며 청춘을 바치는 수밖에 없다. 더 나이를 먹어서 감독으로 데뷔한다면? 우리는 더 이상 젊은 영화를 볼 수 없게 된다. 이런 그들이 집단적으로 데뷔할 수 있는 통로가 다큐라고 할 수 있다. 한국 영화를 위해서 그리고 20대를 위해서 우리가 돌파구를 열어주어야 한다. 이는 20대의 경제적 돌파구이자 우리 사회의 문화적 돌파구이다. 영화를 찍고 싶은 자가 다큐부터 시작할 수 있도록 체계적이고 장기적으로 지원할 수 있는 장치는 서울에 수없이 깔린 아파트 단지의 한 동을 짓는 돈이면 충분할 것이다. 토건경제에서 그리고 우리나라 경제 규모에서 수백억 원은 큰돈이 아니다. 우리의 미래를 위해 새싹들이 다큐로 들어가는 문을 활짝 열어주자.

**다큐멘터리 영화 흥행 성적**
한국에서 대중들에게 다큐멘터리 영화에 대한 인식의 지평을 넓혀준 작품은 「워낭소리」라고 할 수 있다. 촌부와 소의 삶의 질곡을 다룬 이 작품은 200만 명 이상의 관객을 동원하며……

# 4 애니메이션, 내용 먼저 고민하자

증권에서 '블루칩'이라는 표현을 쓴다. 올라갈 때 먼저 올라가고 내려올 때에는 늦게 내려오는 주식이다. 사두면 좋지만 비싸서 많이 사기가 어렵다. 문화계에서 그림은 가격이 올라가기만 하지 내려오는 법은 없는 상품이라서 증권으로 치면 골드칩 정도가 되지 않을까? 그림이 이렇게 가치저장 혹은 투기의 수단이 된 것은 복제가 어렵기 때문이다. 판화를 제외한 모든 미술품은 합법적으로는 복제가 불가능하고, 판화도 시리얼 넘버를 붙여서 관리한다. 공연예술도 같은 공연을 두 번 할 수는 없으니 매번 다른 공연인 셈이지만 그림만큼 유일성을 확보하지는 못한다. 그렇다면 복제 가능한 대중문화 상품 중 이런 블루칩에 해당하는 상품은 무엇이 있을까? 10년째 가격이 변하지 않는 상품이 하나 있는데 바로 스튜디오 지브리의 애니메이션 DVD이다. 2만 9000원, 최초의 출시가가 그대로 유지되는 유일한 상품, 그야말로 문화계의 필승 카드인 셈이다.

한국의 문화시장들이 그렇듯이 DVD시장은 2004~2005년을 경계로 곤두박질치고 있다. 온라인시장이 그만큼 커진 것도 아니어서 불법복제가 모든 것을 망쳤다는 주장이 전혀 근거가 없지는 않다. 120만 가구 이상에 홈시어터가 보급되었는데, 그걸 사놓고도 활용하지 않는다는 역설을 설명하기가 쉽지 않다. 혼수품목으로 별 생각 없이 구입한 걸까? 신혼부부일수록 문화에 대한 취향과 욕구가 강할 텐데, DVD시장의 축소는 문화적 잣대만으로는 설명하기 어렵다. 소설

『천유로 세대』에는 적은 월급으로 어렵사리 산 DVD 플레이어를 주인공이 다투다가 부숴먹는 장면이 나온다. 없는 돈에 DVD 플레이어와 DVD, CD를 사는 장면은 한국의 20대와는 다른 모습이라서 인상적이었다. 내 생각에는 한국 문화계가 망해가는 이유를 여기서 찾아볼 수 있다. 바로 돈이다. 우리는 돈이 진짜로 없다.

통계청은 매달 월평균 가계수지 조사를 하는데, 명목상 가계소득은 늘었지만 문화 지출은 오히려 줄었다. 우리가 문화적으로 가장 풍성했던 2003년에는 월 9만 9522원을 문화에 지출했다(소득의 3.7퍼센트). 이 수치가 2007년, 2008년에 3.2퍼센트로 급감했다가 2009년부터 약간 회복되어 3.5퍼센트가 되었다. 2010년 3분기에 우리나라 가계의 평균 가구원은 3.32명이고, 월평균 수입은 366만 원이다. 그리고 오락과 문화에 13만 원 정도를 지출해서 문화계수는 3.58을 기록했다. 경제학자들은 소득 증가에 따른 지니계수 하락과 문화 지출 증가를 일종의 도식처럼 생각했는데, 실제로는 아직도 2003년 수준을 회복하지 못한 셈이다. 같은 방식으로 도서구입비 2만 6346원(2003년), 2만 2892원(2010년)이라는 수치로 도서계수를 계산해보면, 2003년 1퍼센트에서 2010년 0.6퍼센트로 거의 절반 가까이 떨어졌음을 알 수 있다. 그렇다고 음원 등 디지털 자료 구입비가 많이 늘어난 것도 아니다. 카메라 구입이나 반려동물 키우는 데는 돈을 더 들였다. 요즘 인터넷에 고양이 사진이 급격히 늘어나는 이유를 설명할 수 있을 것 같다. 좁은 방에서 혼자 살면서 고양이나 개를 키우면서 사진 찍는 사람, 이것이 최근 개인들의 전형적인 삶의 방식이 아닌가. 물가상승률을 감안하면 한국의 가계(중산층을 포함해서)는 그저 먹고살기에도 빠듯한 형편이다.

이런 흐름에서 나타난 가장 극적인 변화가 DVD나 CD 구입이다. 기록매체 구입비는 2003년 937원에서 2010년 313원으로 쉼 없이 줄어들고 있다. 시장이 3분의 1 토막 났다는 DVD 업계의 이야기가 가감 없는 사실인 셈이다. 근로자 가구가 비근로자 가구에 비해 기록매체에 두 배가량 많이 지출하니까 알바 하면서 DVD를 산다는 것은 한국에서는 불가능한 일이다. 『천유로 세대』에 나오는 DVD 구매 이야기와 우리의 현실은, 바로 문화적 취향에 대한 한국과 유럽의 차이를 보여주는 셈이다.

이런 걸 감안하면 10년째 2만 9000원의 정가를 유지하는 지브리 스튜디오 DVD가 얼마나 강력한 상품인지 알 수 있을 것이다. 수년 동안 한국 소비자들은 2만 5000원 정도인 DVD가 너무 비싸고 1만 1000원 정도 되면 구매하겠다고 대답했는데, 막상 2000~3000원 정도의 소멸성 DVD가 2008년에 등장했을 때 거의 반응을 보이지 않았다. 보통 한국에서 DVD가 출시될 때 1000장을 '대박'으로 보는데, 대부분 초판을 다 소화하지 못한다. 6개월이 되면 절반, 그리고 1년이 되면 흔히 '구구공공', '육구공공'이라고 부르는 9900원 혹은 6900원짜리 염가 DVD로 풀려 나온다. 한동안 요가 비디오, 다이어트 비디오 따위가 반짝 인기를 끈 적이 있지만 알려진 것보다는 판매량이 많지는 않다. 블루레이가 출시되면서 새로운 시장이 생길 거라고들 기대했지만, 그런 일도 벌어지지 않았다. 이걸 종합하면 구매체가 신매체에 밀리는 현상이 나타났다기보다 그냥 한국인들이 돈이 없어서 CD나 DVD를 사기가 어려워진 것이라고 봐야 한다. 그렇다면 대여점은? 마찬가지다. 우리나라의 모든 문화 수치로 보면 2003년도가 가장 좋았고 이후 모든 게 어려워졌다. 모든 형태의 가정용 디스크를 통틀어 매출이 2004년에는 7000억 원 규모에서 2008년 3300억 원 규모로 줄었다(한국영화연감, 2007).

제품 가격을 어느 정도 유지하는 게 디즈니와 드림웍스의 애니메이션들인데, 이들도 스튜디오 지브리 수준으로 버티지는 못한다. 이런 제품들의 가격은 1만 5000원가량인데, 요즘은 「슈렉」도 구구공공 제품이 나왔다. 지브리는 가격을 올릴 정도는 아니지만 오프라인 소매가 기준 2만 9000원을 유지한다. 복제품에 불과한 문화상품이 이렇게 경쟁력을 유지하는 예는 드물다. "매년 어린이는 새로 태어나니까……." 이 분야 관계자에게 수년 전에 들은 이야기인데, 「월e」로 대변되는 디즈니 등의 3D 애니메이션도 마찬가지다. 요즘은 우리나라 애니메이션계에도 디지털 작업 비율이 많이 늘었지만, 2D 작업인 스튜디오 지브리의 「원령 공주」, 「센과 치히로의 행방불명」 혹은 「공각기동대」나 「에반게리온」이 여전히 한국에서는 강세다. 「센과 치히로의 행방불명」부터는 원화 작업만 일본에서 하고 그림 작업은 우리나라가 했는데, 원가 부담이 있어서 일부 작업은 북한에서도 진행했다고 한다. 최근 3D가 영상물 경쟁력에서 압도적이라고 하는 사람들이 많지만, 제품 가격의 가치 보존이라는 눈으로 본다면 별로 그렇지도 않다. 2D니 3D니 하는 기술의 문제가 아니라 사람들의 감성을 어떻게 건드릴 수 있는가, 그리고 어떻게 다음 시대의 이야기들을 잘 꺼낼수 있는가의 문제로 보인다.

애니메이션은 크게 보면 스튜디오 지브리로 대표되는 극장용 애니와 처음부터 텔레비전 연속극 형태로 제작되는 텔레비전용 애니로 나눌 수 있다. 「에반게리온」이나 「공각기동대」는 텔레비전 방영을 거쳐서 나중에 극장용이 제작되었다. 우리나라 애니메이션의 경우 이렇게 요약할 수 있다. 텔레비전용은 그런대로 버티고 극장용은 전 멸. 2008년 기준으로 애니 시장 규모는 전체적으로 4000억 정도이고, 이중 제작업은 3000억짜리 시장인데, 하청보다는 직접 제작이 조금 더 많다. 제작으로 사용되는 돈은 557억 원이고 수출액은 800억 원 정도 된다. 역시 직접 제작 비율이 하청보다 조금 높다. 애니메이션 전체 종사자는 3924명이고, 이중 제작부서에서는 3746명이 일하고 있는데 작가나 그림 그리는 사람들의 수는 얼마 안 된다.

애니메이션은 다큐와 마찬가지로 방송국이 주요 고객이다. 그런데 다큐는 힘들어도 극장판을 만들고 어떻게든 밀어서 며칠이라도 개봉관에 거는데 애니메이션의 경우 극장판이 완전히 죽었다. 제작 단가 자체가 다큐와는 비교가 되지 않고, 팀 작업이 아니면 절대로 만들 수 없다는 매체 특성이 반영된 듯하다. 2002년 「마리 이야기」가 대중적으로나 비평적으로나 일정한 성과를 거두었고, 2006년에는 관객 30만을 넘겼지만 2008년에는 고작 두 편 제작에 관객 6336명으로 한국 애니메이션 업계는 사실상 폐업 상태다. 극장용을 비롯한 애니메이션 제작 지원금이 2003년 11억 수준이었는데, 이 얼마 안 되는 돈이 이명박 정부 들어 절반 이하로 줄어 2008년 5억 1000만 원, 2009년 3억 5000만 원이었다. 반면, 한국애니메이션고등학교 등이 생겨 연간 수백 명의 전공자가 이 시장에 배출되고 있고, 지역별로 이런 고등학교가 계속 만들어지는 추세다. 하지만 이 친구들이 정말 들어가고 싶어하는 극장판 애니메이션 업계는 사실상 문이 닫히다시피 했고, 남은 자리는 방송국 납품과 외국 하청뿐이다. 방송국에 납품하고 하청 일을 하던 1990년대로 다시 돌아간 것이다.

이렇게 김대중 정부 시절에 이 산업을 육성하기 위해 정책적인 지원이 시작되었지만 이후 무관심 속에 애니메이션 분야는 다시 폐업 상태로 돌아섰다, 이렇게 요약할 수 있다. 한때 100명이 넘는 '선수'들이 모여 있다가 일부는 학습만화 작가로, 일부는 기업이나 지자체 홍보용 동영상 제작자로, 일부는 그림책 작가나 일러스트레이터 혹은 표지 디자이너로 변신해 뿔뿔이 흩어지고 말았다. 이런 고급 인력은 다시 키우기도 어렵고 모으기도 어렵지만 어쨌든 애니에 대한 열정 하나로 20대를 불태웠던 선수들은 이제 생활인으로 돌아가는 중이다. 2010년에도 사비를 털어서 극장판 애니메이션을 만들려는 사람들이 있었는데 프로젝트는 결국 좌초하고 빚만 남았다고 한다. 이게 현실이다. 극장판을 만들 수 있어야 독립적이고 자유로운 영혼을 가진 생산자들이 비로소 숨을 쉴 수 있다. 매년 배출되는 애니메이션 관련 학과 학생들이 하청 인생을 살도록 내버려둬서는 안 된다.

방송국 납품 가격에는 '모놉소니(monopsony)'라고 부르는 수요독점 구조가 있어서 금융가에서나 보던 '꺾기'가 횡행한다. 워낙 제작사들의 형편이 어렵기 때문에 방송사 납품이 중요해졌는데 방송사가 특별히 배려하지 않거나 외부 감시자가 없으면 납품가가 제작비 이하로 결정될 개연성이 높다. 그렇다고 2차 제품이나 파생상품이 별도로 형성되는 것이 아니기 때문에 제작사는 결국 망하는 수밖에 없다. 이런 과정에서 소위 '스폰서'가 등장한다. 사실 상업적으로 움직이는 영상 분야에서 '꺾기' 혹은 '후려치기'를 종종 볼 수 있지만, 스

우리 문화업계가 망해가는 이유를 여기서 찾아볼 수 있다. 바로 돈이다. 우리는
돈이 진짜로 없다. 한국의 가계는 그저 먹고살기에도 빠듯한 형편이다.

폰서 개념까지 등장한 분야는 방송 납품용 애니메이션이 거의 유일하다. 그 정도로 현재 애니메이션계가 약자라는 사실을 역설적으로 보여준다. 상업적 활동에 비상업적인 이유로 돈을 대줄 수 있는 스폰서. 기괴하지만 이것이 애니메이션 제작의 현실이다. 자, 어디에서 활로를 찾을 것인가?

스튜디오 지브리, 디즈니, 드림웍스, 다들 나름의 전략이 있고 성공한 이유가 있다. 지브리는 평화 코드로 시작해 생태 코드까지, 한 시대를 맨앞에서 이끌어나갔고, 디즈니는 가족, 드림웍스는 안티 히어로로 등 앞장세울 수 있는 코드가 있었다. 방송용 애니메이션이었던 「빨간 머리 앤」의 성공에 힘입어 미야자키 하야오와 다카하타 이사오 등이 독립해선 만든 스튜디오 지브리의 성공은, 거대 자본을 동원하는 디즈니나 픽사 같은 할리우드 시스템과는 다른 제작 방식이 어떻게 자리 잡을 수 있는지 보여준다. 이제 스튜디오 지브리는 방송국의 힘을 빌리지는 않지만, 「에반게리온」, 「공각기동대」, 「카우보이 비밥」 같은, 전설이 된 일본 애니메이션 작품들은 텔레비전 시리즈를 거쳐 극장판으로 넘어온 것들이다. 그런데 우리는 텔레비전용 애니메이션을 지나치게 검열했고 어른도 함께 즐길 수 있을 정도의 성숙한 내용은 아예 다룰 수가 없었다. 게다가 제작비 '꺾기'라니!

해마다 수천 명의 전문 인력이 쏟아져 나오는 중인데 정말이지 앞날이 캄캄하다. 자, 무엇부터 해야 할까? 대자본에 의한 물량 투입으로 승부한 미국 방식과, 방송국이 독립 스튜디오에 펀딩하고 기본 시장 역할을 하면서 '오타쿠'라 불리는 핵심 관객을 포함해 사회가 일종의 공진화를 만들어낸 일본 방식만이 국제적으로 성공을 거두었다. 두 가지 모두 한국 만화계가 당장 따라갈 수 있는 수준은 아니다. 게다가 공영방송을 운영하는 경영진의 문화적 감성은 (현재로서는) 너무 딱딱하다. 노골적인 시대 비판과 정부 비판을 담은「공각기동대」를 과연 우리 텔레비전에서 볼 수 있을까?

만화 그 자체의 문화적 힘을 이용한 지브리의 방식을 그나마 현실적으로 시도해볼 수 있을 것이다. 문화에 형식과 내용이 있다면, 오타쿠를 만들어내는 것은 결국 내용과 철학이다. 두터운 팬층 없이 애니메이션이 독자 산업으로 형성될 수가 없다. 사실 한국만큼 일본의 망가 문화를 적극 소화하는 사회는 드물 것이다. 어려서부터 만화를 질리도록 향유해온 세대들이 이제 생산에서 주력을 담당하고도 남을 30~40대가 되었다. 사실 우리 주위에 오타쿠들은 널려 있다. 이런 흐름이 생산 활력으로 이어질 수 있게 하려면 약간의 정책 지원과, 만화로 '우리 이야기'를 해보겠다는 강력한 열망이 필요할 것 같다.

그림을 그릴 수 있는 사람들은 넘쳐나고 앞으로도 계속 쏟아져 나올 것이다. 환경이나 여건을 비롯해 차이가 하나둘은 아니지만, 지브리 스튜디오와 결정적으로 다른 점은 우리에게 '하고 싶은 이야기'가 없다는 것이 아닐까? 만화에 대한 욕구가 모자란 것이 아니라 만화로 우리 이야기를 할 수 있다는 가능성을 충분히 보여주지 못한 것이다. 애니메이션이라는 형식으로 시대정신을 담아낸 예가 있을까? 좀 가혹하게 이야기하면, 한국 애니메이션에는 테크닉만 있지 내용은 없는 상황이 아닐까? 너무 오랫동안 우리는 하청 상태에서 그림만 그렸기 때문에 정작 자신이 하고 싶은 이야기를 자신 있게 할 수 있는 기회를 얻지 못한 탓인지도 모른다. 자기 이야기를 하기 전에 검열에 찌들어버린 지난 수년간 우리 애니메이션은 서서히 죽어가고 있었던 것이다. 언젠가 그런 시대정신을 담은 애니메이션이 극장에 걸리는 날이 올지도 모른다. 그러기 위해서는 무엇보다 애니메이션 관계자들, 애니메이션을 하고자 하는 이들이 동시대인에게 무슨 이야기를 할지를 고민해야 한다. 한국 애니메이션의 진짜 문제는 진정 하고 싶은 이야기가 없거나, 아니면 그 이야기를 과감히 할 수 있는 용기가 없다는 것이리라. 기술과 인력, 자본, 정책 지원은 이런 근본적인 문제와 함께, 혹은 이런 문제를 해결한 후에 고민해야 할 것 같다.

최근 오랫동안 좌초를 거듭하던 「마당을 나온 암탉」이 여름방학 시즌을 맞아 드디어 개봉해서 관객 한국 애니메이션 사상 최초로 100만 명을 넘어섰다. 기획부터 시작하면 제작 기간 6년인데, 영화로 쳐도 긴 기간이다. 그만큼 우여곡절이 많았다는 얘기다. 문제는 이 프로젝트를 시작했던 때보다 지금의 제작 여건이 더 나빠졌다는 점이고, 이런 기획이 더 이상 이루어지지 않고 있다는 것이다. 부디 이 애니메이션이 한 시대의 종막이 아니라 새로운 시대의 서막이 되기를 희망한다.

**극장용 애니메이션 흥행 순위**
2004년 이후 가장 많은 관객을 모은 작품은 「쿵푸 팬더」로 467만 명이라는, 애니메이션으로서는 대단한 흥행 기록을 수립했다. 국내에서 높은 흥행 성적을 올린 애니메이션들은 주로……

# 5 연극, 기묘한 미니멀리즘

구로사와 아키라 감독의 영화 「가게무샤」(1980)의 첫 장면은 아주 긴 롱 테이크 신이다. 연극적 효과를 살렸다는 평을 받는 장면인데 그냥 앉아서 대화하는 장면이 아주 길게 나온다. 20세기 초 영화가 중요한 오락거리가 된 이래 카메라 움직임은 영화에 긴장감을 불어넣는 가장 중요한 장치였다. 카메라를 직접 들고 찍으면서 사실성을 높이기도 하고, 헬기에 카메라를 달고 공중 샷을 찍기도 한다. 별의별 시도들이 다 나왔고, 관객들은 이제 웬만한 시도는 다 식상해졌을 정도다. 사실 평론가들이나 애호가들이 아니고서야, 대부분의 관객들은 「가게무샤」의 도입부에서 참지 못하고 졸기 시작할 것이다. 영화계의 변화가 워낙 빨랐기 때문에 이제 연극과 영화는 연출 기법이나 상품의 성격으로 보더라도 구분된 매체로 보아야 할 것 같다. 하지만 영화와 연극은 실제로는 그리 많이 떨어져 있지 않다. 전후방산업이라는 관점으로 본다면, 연극은 영화의 후방산업으로 볼 수 있고, 별도의 길을 가는 문화 매체라고 볼 수도 있다. 연극과 영화 혹은 드라마 배우들은 기술적으로는 거의 구분되지 않는다.

문화비 지출은 2003~2004년을 경계로 줄어들기 시작하는데 이러한 경향이 연극에서도 관찰될까? 현장에서는 2002~2003년에는 그래도 흥행이 되었는데 지금은 훨씬 더 힘들어졌다는 답변이 들려온다. 하지만 전체적인 수치만을 보면 연극계가 힘들다는 점을 확인하기 어렵다.

2003년 문화향수조사를 보면 연극 관람은 11.1퍼센트였다. 이 수치가 2010년 11.2퍼센트, 2006년 8.1퍼센트로 잠시 떨어지기는 했지만 여전히 11퍼센트의 국민은 연극을 보고 있다. 무용(1.4퍼센트)에 비하면 열 배가량 높은 수치이다. 고전음악, 오페라(4.8퍼센트)보다 두 배가량 높다. 연평균 관람 횟수는 0.2회로 한 번도 변한 적이 없다. 이런 수치들은 고정된 관객에서 갈라먹기라는 연극계의 주장을 뒷받침하는데, 그렇다고 2000년대 초반에 비해 지금이 훨씬 어렵다고 하긴 어렵다. 다른 통계들을 보자. 공연예술실태조사(2010년)에 의하면 대학로 극장들은 회당 관객 쉰여덟 명을 유치한 것으로 나타났다. 평균 점유율은 63.4퍼센트이다. 텅텅 비는 수준은 아니다. 물론 현장 관계자들은, 상업물 연극만 남아서 그렇지 자유롭게 연출할 수 있는 상황은 아니라서 수치로만 따질 게 아니라고 한다.

　　그러나 이런 통계에는 약간의 착시현상이 있다. 아직 문화적으로 완전히 정착했다고 보기는 어려운 뮤지컬이 여기에 포함되어 있다는 사실을 생각해볼 필요가 있다. 뮤지컬의 성공으로 연극과 음악 양쪽에서 통계상의 어려움이 생긴다. 연극 쪽에서는 뮤지컬을 연극으로 분류하고, 음악 쪽에서는 음악 공연으로 분류한다. 연극에서 뮤지컬을 제외하고 보면, 고전적인 연극 자체가 힘들어진 것은 어느 정도 사실이다. 전체 공연 수치 통계에서는 뮤지컬을 연극 아래에 두는데, 뮤지컬 공연 건수는 2002년 110회에서 2009년에는 837회로 많아졌다. 반면 일반 연극은 2002년 1160건, 2008년 1071건으로 비슷한 수준이다. 연극 통계에는 공연 건수와 공연 횟수가 있고, 초연과 재연이 있어서 기계적으로 비교하기는 어렵다. 하지만 뮤지컬이 건수로는 여덟 배, 금액으로는 두 배가량 규모가 커졌는데도 불구하고 연극은 여전히 비슷한 숫자를 무대에 올리고 있으니, 2002년은 좀 나았는데 지금은 엄청 힘들다는 말이 엄살은 아닌 셈이다.

영화와 비교하면 상대적으로 고급문화로 인식되던 연극이 그 지위를 뮤지컬에 내준 다음에 더 힘들어진 셈이다. 무대예술이나 조명 등을 담당하는 스태프들은 이 와중에 버티기가 더 어려워졌고 세대 단절을 걱정할 정도로 인력 수급 자체가 어렵다. 돈도 없고 전문가를 구하기도 어려우니 자연스레 지출 항목을 줄이게 된다. 몇 년 전부터 연극계에서 다시 미니멀리즘이 유행이라고 한다. 배우 구성도 단출하게 하고 무대 배경도 최소화한 양식이다. 현대의 세련된 경향을 받아들인 거라고 볼 수도 있지만, 대형 스펙터클을 더 이상 연출하기 힘들어서 어쩔 수 없이 선택한 양식이라고 보는 쪽이 현실에 가까울 것 같다. 별로 좋은 상황은 아니다. 이런 구조에서는 사람들이 손가락질을 해도 선정적인 연극이 나타날 수밖에 없다.

현재 신규 관객으로 연극계의 새 바람으로 인식되는 층은 40대 주부 관객이다. 문화향수조사에 의하면 40대의 92퍼센트, 50대의 93.6퍼센트가 남녀 불문하고 1년에 연극을 한 번도 안 본다. 공연 시간을 10시나 11시로 옮겨서 오전 공연을 늘리는 대학로의 시도를 연극 용어로는 '관객 개발'이라고 볼 수 있는데 성공할 가능성이 높다. 거꾸로 생각해보면 상황이 그만큼 힘들다는 증거이기도 하다.

연극의 경제적 딜레마를 이해하기 위해 영화와 비교해보자. 연극과 영화의 차이는 곧 영사기가 하는 일과 사람이 하는 일의 차이라고 할 수 있다. 영화는 한 번 찍으면 그다음에는 딱히 사람이 할 일이 별로 없지만 연극은 매번 사람이 움직여야 한다. 즉 복제한 결과물과 복제할 수 없는 결과물의 차이다. 그래서 영화는 상영 기간을 늘릴수록 관객이 늘어나 수익성을 개선할 수 있다. 그런 이유로 최종편집 때 한 타임을 더 상영할 수 있도록 러닝타임을 줄이거나, 개봉관을 확보하기 위한 경쟁을 하는 것이다. 그러나 연극은 공연 기간을 늘려도 수익성을 많이 높이기가 어렵다. 인건비가 나가기 때문이다. 물론 대개는 배우들과 공연 전체를 놓고 계약하기는 하지만, 어쨌든 이론적으로 공연은 오래 할수록 손해 보는 일이다. 여기서 경제성을 찾기 위해서는 두 가지 방법과 한 가지 편법이 있다.

첫 번째 방법은 관람료를 높이는 것이다. 뮤지컬, 오페라, 외국 극단 초청공연에 이 방법을 쓴다. 물론 투입 비용 자체가 높아지기 때문에 관람료를 비싸게 매겨도 떼돈을 버는 것은 아니고, 심지어 손해 보는 경우도 많다. 보통 연극은 소비자의 가격탄력성이 아주 높을 것이라고 추정한다. 문화 상품의 경우 대개 그렇지만 고급예술에 가까울수록 사람들은 가격이 비싸지면 지출을 줄이는 성향이 있다. 연극은 입장료를 너무 높게 책정해버리면 관객들이 아예 발걸음을 안 하기 때문에 이렇게 하기 어렵다. 정부 지원 없이 관람료를 높이면 대중들이 연극을 점점 더 멀리하게 될 것이다.

두 번째 방법은 규모를 키우는 것이다. 그래서 자꾸 대규모 극장을 만들어야 한다는 이야기가 나오는데, 여기에는 딜레마가 있다. 오페라나 록 음악 공연의 경우 고정 관객이 아니라 특별한 행사를 어쩌다 한 번 보는 팬들이 모여들지만 그래도 공연장을 채울 수가 있다. 그러나 연극은 기본 관객층이 있기 때문에 한 공연에 관객이 몰리면 다른 공연의 관객이 줄어든다. 관객 총수가 결정되어 있다는 가설을 적용하면 대체로 일관된 결과를 볼 수 있는데, 지방 공연은 예외다. 그래서 지난 수년간 수도권 집중 완화라는 명분으로 지방에 공연장을 많이 만들고 공연도 늘리려는 움직임을 보였다. 그래도 수도권 집중 현상은 강하다. 2007년 기준, 공연 건수로 보면 수도권과 비수도권이 53.3 대 46.7이어서 얼추 비슷해 보이지만 공연 횟수로 보면 87.5 대 12.5로 수도권에 압도적으로 몰려 있다. 문화향수실태조사(2010)에 의하면 거주 지역에서 연극을 보는 비율이 72.9퍼센트이기 때문에 지방공연을 키우면 다른 극단에 피해를 주지 않고도 채산성을 맞출 수 있다는 계산을 할 수 있지만 이 역시 불가능하다. 지방에서 그런 공연을 성공시키려면 기획비와 홍보비를 많이 들여 규모를 키워야 하는데 그러면 적자 폭이 더 커진다.

정상적인 방법은 아니고, 편법으로는 인건비 자체를 줄이는 방법이 있다. 좋은 방법이 아니라는 것을 알면서도 대부분의 극단이 이렇게 한다. 연극은 편당 얼마로 지불하는데, 배우의 평균 단가는 무상에서 800만 원까지, 그야말로 천차만별이다. 신인 배우들에게는 거의 출연료를 주지 않고, 800만 원을 받는 배우에게는 형식만 그렇게 해놓고 '마음의 빚'으로 간직할 뿐 실제 지불하진 않는다. 이미 영화나 드라마에서 충분히 성공한 배우에게 정상적인 비용을 지불할 정도로 넉넉한 극단은 거의 없다. 최근에 흥행에 성공한 어떤 연극에서 중견 배우 기준으로 150만 원을 준다는 답변을 들었다. 그렇게 많이 주느냐고 물었더니, 석 달 연습에 공연까지 전부 합친 출연료라고 한다. 중견 배우가 1년에 연극 네 편에 나오면 그야말로 몸이 부서져라 연기를 했다는 얘긴데, 그렇게 벌면 연간 소득이 600만 원이다. 배우 월급제를 도입한 극단도 일부 있는데, 개인적으로 전해 들은 극단의 월급은 30만 원 정도였다. 연소득 360만 원인데, 신인 기준으로는 나쁘지 않다는 것이 그 자리에 있던 업계 분들의 일반적인 반응이었다. 물론 최저생계비에는 한참 미치지 못하는 수준이다.

연극의 문화적 기능과 다른 부문과의 연계효과를 생각해 지원이 필요하다는 점에 일단 동의할 필요가 있다. 연극은 영화와 드라마의 후방산업이자 전방산업이다. 영화나 드라마에 필요한 인력을 집중 훈련시켜 공급하는 후방산업이라는 사실은 두말할 필요도 없다. 실험극을 비롯해 연극 자체에도 새로운 요소들을 끊임없이 만들어내는 아방가르드 요소가 있기 때문에 영화에 새로운 자극을 주어 풍성하게 해주는 역할도 한다. 연극은 예술적 가치뿐만 아니라 산업 연관효과라는 측면에서도 결코 포기해서는 안 되는 특수 영역이라고 볼 수 있다. 여기에는 다들 동의할 것이다.

자, 그럼 문제를 어떻게 풀어야 할까? 먼저 행정 및 지원체계를 고민할 수밖에 없다. 우선 예술 행정을 예술가가 직접 해야 하는지, 아니면 공무원들에게 맡겨야 하는지를 물을 수 있다. 정답은 없다. 지금 우리의 예술 행정 시스템은 '예술가에게 직접 예술 행정을⋯⋯' 이런 생각 위에 세워진 것이다. 2002년 대선 때 고 노무현 대통령의 공약사항으로 순수 문화예술 진흥기구인 한국문화예술진흥원을 현장 문화예술인 중심의 지원 기구로 전환하여 2005년 9월에 한국문화예술위원회라는 것을 만들었다. 문화계 인사라고 해서 정치적으로 중립일 필요는 없지만, 최근의 방송이나 언론 분야에서처럼 이념에

영화와 달리 번번이 사람이 움직여야 한 번의 공연이 이루어진다. 연극
은 공연 기간을 늘려 총관객이 늘어도 손익분기점을 맞추기가 어렵다.

따른 편 가르기와 사보타주, 자기편에게 힘 실어주기가 팽배한 것은 이례적인 경우다. 이는 예술의 문제라기보다는 정치의 문제다. 정권 핵심층이 정상적인 절차를 무시하고 예술과 방송을 장악하면서 이념까지 장악하려는 시도는 정말 지나치다.

　　현재 문화예술위원회의 문제점은 영화진흥위원회와 비교해보면 금방 드러난다. 물론 영진위도 중립성이나 공정성이라는 측면에서 노무현 정부 때에는 보수주의자들에게, 이명박 정부 들어서는 진보주의자들에게 비판받았다. 어차피 청와대에서 위원장을 '꽂아 넣는' 방식이고, 한국의 시스템은 프랑스 같은 이른바 문화강국에 비하면 정치의 영향을 많이 받는다. 시스템 문제라기보다는, 아직은 문화를 별도의 행적 영역 혹은 경제 영역으로 인정하지 않고 그저 통치 시스템이나 집권에 도움을 준 인사에 대한 보은 수단 정도로 생각하는 경향 때문이다. 어쨌든 효율성과는 상관없는 시스템이다. 2005년에 생긴 한국문화예술위원회는 가계의 문화비 지출이 점점 줄어드는 추세를 막거나 반전시키는 데 실패한 것으로 보인다. 문학, 시각예술, 양악, 국악, 무용, 연극에 북한 문화까지, 7개 분야를 한군데에 몰아놓고 단일위원회로 운영하다 보니 특정 사안에 적절히 대응하기가 쉽지 않다. 열 명의 위원이 함께 결정하는 방식이라 결국은 대부분의 행정적 결정을 사무처에서 내리게 된다. 같은 위원회 구조처럼 보이지만 영진위와 예술위는 분야별 관리와 관리 일원화라는 차이가 있다. 이는 행정을 맡은 직원들의 존재론적 입장차("나는 누구를 위하여, 왜 일을 하는가?")에서 나온다고 할 수 있다. 공무원인가, 예술가인가, 혹은 행정인인가, 이런 자기 확인보다 중요한 것은 도대체 누구를 위하여 일을 하는가를 명확히 아는 것이다.

대부분의 정부기관이나 위원회와 마찬가지로 영진위도 위원장 선출시 청와대에서 최종 낙점한다. 이거야 특별한 일은 아니다. 그렇지만 영진위 직원들 자신이 누구를 위해서 일하는지를 잊어버리는 일은 거의 발생하지 않는다. 영화에 대한 기준과 취향은 시간의 흐름이나 사회의 변화에 따라 바뀔 수 있다. 그렇지만 기본적으로 영화를 지켜야 한다는 생각을 가진 사람들이 그렇지 않은 사람에 비해 조직을 훨씬 잘 운영할 수 있다. 문화위원회의 경우는 주인 없는 조직에 가깝다. 음악, 국악을 비롯한 다른 분야도 마찬가지지만, 연극이야말로 문화예술위원회 체제는 절대 올바른 해법이 아니다. 기관의 역사성도 생각해봐야 한다. 즉 이러한 지원 조직이 어떤 과정을 거쳐 생겼는가를 생각해보자는 이야기다. 대통령 후보에게 건의해서 얻어낸 기관과, 이를테면 스크린쿼터제를 지키기 위해 영화감독과 배우 등이 투쟁해서 만들어낸 조직은 업무에 임하는 자세가 다를 수밖에 없다. 전체적으로 현재의 문화예술위원회는 해체하고 부문별로 재구성하는 편이 훨씬 낫다. 연극 분야는 특히 더 그렇다.

두 번째 질문은 연극 현장의 관계자뿐만 아니라 문화 생산자 전체에게 해당된다. 연극배우들이 가난하다는 것은 누구나 알고, 무대나 조명을 담당하는 스태프들의 삶이 어떤 지경에 있는지 모르는 사람은 없다. 각 가정에서 문화비 지출을 줄이고 있는 지금의 추세가 바뀌지 않으면, 뮤지컬처럼 상업화에 성공한 분야를 제외하면, 형편은 당연히 더 어려워질 것이다. 물론 뮤지컬도 연극보다 조금 나을 뿐 제대로 된 임금 구조가 만들어지지 않은 점은 마찬가지이다. 출연료로 표현되는 임금도 낮을뿐더러 프리랜서라는 이유로 4대 보험도 적용하지 않는 경우가 많다. 물론 보수주의자들은 흥행 성적을 향상시키고 수익성을 개선함으로써 시장에서 문제를 해결해야 한다고 주장할 것이다. 하지만 드라마나 영화도 이런 구조를 만들기 어려운 판에 임금을 낮추어 겨우겨우 꾸려가는 연극에서 그런 일이 가능할 리가 없다. 그냥 연극을 포기하라는 말이나 다름없다.

배우와 스태프의 생계 문제는 예술 지원뿐만 아니라 복지라는 관점에서 살펴볼 필요가 있다. 최근 들어 보편적 복지와 선택적 복지 혹은 잔여적 복지 같은 말에 익숙해졌다. 사회적 임금이란 용어에도 익숙해질 필요가 있다. 이는 자신이 쓰는 돈 중에 복지를 통해 들어오는 돈이 어느 정도인가를 가리키는 용어인데, 선진국은 보통 50퍼센트 정도다. 만약 최저생계비 수준의 돈이 '기본소득' 형태로 배우는 물론 모든 국민에게 지급된다면 어떨까? 미국 알래스카 주민들에게는 이런 기본소득이 지급되는데, 이론상으로는 불가능하지 않다. 가장 이상적인 형태는, 예술계에 별도로 지원하기보다 전체적인 복지 체계를 디자인하여 도와주는 방식이다. 하지만 당장 실현하기는 어렵기 때문에 일이 없을 때 지급하는 실업수당 등을 도입할 필요가 있다. 독일의 예술가사회보험제도나 프랑스의 앵테르미탕 같은 제도들이 이 두 번째 범주에 들어간다. 사회 전체의 복지 수준을 당장 높이기 어렵기 때문에 일할 때와 일하지 않을 때의 구분이 모호한 예술인들에게 휴직 시에 실업수당을 지불하는 식으로 복지제도를 먼저 도입하는 방식이다. 이런 제도는 연극 같은 분야에 가장 시급한데, 다른 분야에 비해 이를 요구하는 목소리가 작은 것은 기이한 일이다. 어떻게 보면 '연극은 배고프다.'는 명제를 너무 오랫동안 안팎으로 당연시했기 때문이 아닐까?

선진국이 된다고 문화비 지출이 저절로 늘어나는 것은 아니다. 물론 연극의 사회적 수요가 늘어나고 여기에 맞추어 새로운 양식과 내용이 속속 등장하는 것이 가장 바람직하다. 그러나 대량생산이 불가능한 연극의 속성상 입장료를 획기적으로 높이지 않는 한 사회적 지원은 필수이다. 그러지 않으면 배우들의 생계가 위협받을 수밖에 없다. 연극은 영화나 드라마에 비해 훨씬 저렴한 방식으로 실험을 해볼 수 있고, 전위적인 성격을 유지할 수 있다는 장점이 있다. 물론 투입 비용을 높일 경우에도 나름의 장점이 생기는데, 그렇게 한다고 해도 영화 제작비보다 훨씬 적은 돈으로 새로운 작품을 만들 수 있다. 미학적 기획의 결과물이라기보다는 비용을 조달할 수가 없어서 생겨난 기이한 미니멀리즘, 배우들을 쥐어짜고 주머니를 탈탈 털어서 만들 수밖에 없는 미니멀리즘은 한마디로 비극이다. 결코 우리가 갈 길이 아니다. 검열관, 자금, 경제성 그리고 복지, 이 사이에서 시급히 적절한 해법을 찾아야 한다.

**2010년 연극 공연 현황 및 흥행 순위**
2010년에는 '연극열전'의 성공에 힘입어 시리즈 연극이 활발하게 기획됐다. 영화감독들의 연극 연출 도전으로 이목을 끈 '감독, 무대로 오다' 시리즈가 기획되어 허진호 감독의 「낮잠」, 장항준 감독의 「사나이 와타나베」……

시대가 영화를 만드는가, 아니면 영화가 시대를 여는가. 제작자는 영화로 시대를 열었다고 할 것이고, 분석가는 영화는 시대의 산물이라고 할 것이다. 무엇이 진실인지는 잘 모르겠다. 어쨌든 지난 20년간의 자료를 놓고 보니 세 번의 흥미로운 시점이 나온다.

### 1) 1991년. 방화에서 한국 영화로 바뀐 시기

1990년은 민주화가 무엇인지 보여주는 해다. 「장군의 아들」이 흥행 순위 1위였고, 2위는 「남부군」, 3위는 「행복은 성적순이 아니잖아요」였다. 참고로 1989년에는 「매춘」과 「접시꽃 당신」 그리고 「변강쇠」 순이었다. 1991년에는 「장군의 아들 2」, 「사의 찬미」, 「추락하는 것은 날개가 있다」가 상위 순위를 점했다. 아직 국내 영화의 점유율은 낮지만, 드디어 방화라는 이름 대신 '한국 영화'라는 이름으로 바뀐 시절이다. 한국 영화를 돈 주고 보기 시작한 감격적인 해다. 이해에 한국 영화 제작 편수가 102편을 넘었다.

### 2) 2000년. 영화가 돈을 끌어들이는 시기

IMF 경제위기를 거치면서 한국 영화가 문화 코드로 정착했고 사람들은 영화계에 펀딩하기 시작했다. 송강호, 이병헌, 이영애를 내세운 「공동경비구역 JSA」이 맹활약했다. 그 밖에도 「반칙왕」, 「박하사탕」, 「오! 수정」 등의 영화가 있었고 류승완 감독의 「죽거나 나쁘거나」도 이해에 드디어 극장에서 개봉했다. 다음 해에 나온 「친구」도 흥행에 성공했고, 이해에도 역시 한국 영화사에 남을 작품들이 줄줄이 개봉했다 (「엽기적인 그녀」, 「봄날은 간다」, 「고양이를 부탁해」, 「와이키키 브라더스」, 「파이란」, 「번지점프를 하다」 등). 한국에서 영화의 시대가 열렸다.

### 3) 2007년. 한국 영화가 망한 해

망하고 나서 그것이 현실로 드러나는 데에는 몇 년이 걸린다. 「왕의 남자」는 2005년, 「괴물」은 2006년에 나왔고 한국 영화는 규모상 최고의 절정기를 맞았다. 지금까지 1000만 명 이상이 본 한국 영화는 다섯 편이 나왔는데, 「해운대」만 2009년작이고 나머지 영화 네 편은 한국 영화 전성기로 가는 과정에서 나왔다. 2007년에는 「디 워」, 「화려한 휴가」, 「투사부일체」가 각각 1, 2, 3위를 했다. 스크린쿼터의 축소로 국내 영화 비율도 이때부터 떨어지기 시작하고, 투자자들도 시장을 떠나서 2008년에는 결국 투자수익률이 −43.5퍼센트로 떨어진다. 2000년대 중반 영화판의 '묻지마 투자'는 이렇게 종결되었다. 그리고 이때를 기점으로 한국 영화 점유율이 낮아지기 시작한다. 다음 해에는 관객 수 자체가 줄어든다. 그러므로 2007년은 한국 영화가 망한 해라고 할 수 있다. 2008년에는 「좋은 놈, 나쁜 놈, 이상한 놈」, 「추격자」, 「미녀는 괴로워」 같은 영화들이 나왔다. 지표상으로는 이 해가 최악이지만 비극이 반복되지 않은 이유는 제작비를 낮추는 등 몸집을 줄여서 현실에 적응했기 때문으로 보인다.

'고독한 예술가'라는 통속적인 이미지와는 달리 문화 분야에서 혼자 일하는 사람은 거의 없다. 종합예술이라고 불리는 영화의 경우 1인 다큐 작업을 한다 해도 혼자 일할 수는 없다. 우리나라에서는 영화 제작 현장을 '충무로'라고 하는데, 물론 영화 관련 회사들이 충무로에만 있는 것은 아니다. 하지만 영화계가 아주 가난하던 시절부터 정말 영화가 좋아서 일을 했던 사람들의 흔적이 충무로에는 여전히 남아 있다. 1980년대, 아직 끈적끈적하던 한국 사회의 분위기가 21세기까지 넘어온 경우라고 할 수 있다.

박찬욱도 봉준호도 이런 충무로 분위기에서 데뷔한 감독들이다. 지금은 한국을 대표하는 감독들이 되었지만, 그들도 첫 출근 해서는 책상 하나 배당받고 점심값과 차비를 손에 쥐었을 뿐이다. 시나리오를 검토하거나 자질구레한 일들을 하는 속칭 '시다'지만 당시에는 그런 방식으로 사람들이 영화계에 발을 들여놓았다. 물론 표준계약서는 생각도 할 수 없었다.

"굶지는 않는다."라고 영화인들이 표현하는 방식은 일단 사무실에 출근하는 것으로 시작된다. 일이 있든 없든 그렇게 충무로의 하루가 시작된다. 점심을 같이 먹고 때때로 영화 촬영 현장에 간다. 그러니 어쨌든 영화 현장에 있으면 "굶지는 않는다". 일종의 견습 과정인데, 이런 허드렛일을 거쳐 조연출이나 스태프로 자리 잡고 마침내 영화감독이나 기획자가 되는 것이다.

충무로에서 일하는 방식은 상업적이고 계약적이라기보다는 전근대적 방식에 가깝지만 그렇다고 꼭 비효율적이라고 말하기도 어렵다. 영화라는 작업 자체가 여러 사람의 손이 필요해서, 구석구석 계약 관계로 구축되기 위해서는 상당한 자본력과 장기적인 안정성이 뒷받침되어야 하는데 한국 영화는 한 번도 이런 단계에 이르지 못했다. 늘 돈이 부족했고 흥행에 성공했다 하더라도 '경마장 가는 길'과 마찬가지라서 다음번에도 성공한다는 보상이 없었다. 이런 상태에서 지금의 충무로 방식이 등장하게 된다. 좋다거나 나쁘다고 평가하기도 쉽지 않은 '일단 출근'이라는 방식에 봉준호 감독 세대까지는 어느 정도 적응했고, 또 좋은 시절을 만나서 시나리오를 준비했던 이들 대부분이 '입뽕'이라고 부르는 감독 데뷔 과정도 거쳤다. 다만 감독과 배우 외에 수많은 스태프들에게 돌아가는 보상 체계가 합리적으로 자리 잡기 전에 호황이 끝났다는 것이 문제다. 전문성을 높이기가 쉽지 않고 노동 착취의 우려가 상존할 수밖에 없는 상황이다.

이런 끈적끈적한 관계는 20대들에게 익숙지 않다. 영화 스태프들에 대한 처우는 여전히 열악한데, 비정규직 중의 비정규직인 충무로의 노동 방식을 감내하고 '일단 출근'을 하기가 쉽지 않다. 게다가 계약 관계가 명확하지도 않고, 영화 프로젝트가 좌초하면 체불임금 문제가 발생할 수밖에 없다. 물론 영화가 '엎어지는' 상황에서도 출근하는 사람들끼리는 나름대로 다음 프로젝트로 문제를 풀어나가지만 어지간한 내부자들 외에는 계속 붙어 있기가 쉽지 않다. 혼자서 어려운 상황을 헤쳐나가려 했던 최고은 작가의 사건도 이런 관점에서 볼 수 있지 않을까.

아주 세밀하게 표준계약서를 만들고 계약에 따라 처리하는 것이 합리적일 테다. 하지만 그렇게 밀고 나가면 늘 자본금이 부족한 상태에서 불안하지만 나름대로 문제를 해결해온 충무로 시스템이 깨진다. 물론 돈이 많이 들어오면 지금보다 개인들의 사정이 나아질 수는 있지만 당분간 영화계에 떼돈이 들어온다는 보장은 없다. 지금도 1000만 관객 영화가 나올 수는 있지만, 이는 영화시장의 성장과는 무관하게 특정 영화에 더 많은 관객이 몰리면서 생겨나는 '제로섬 게임'의 양상이 될 개연성이 높다. 쉽지 않은 문제다. 합리성과 비합리성이 중첩되면서 나름의 일관된 방식이 자리 잡았는데, '혼자 일하는 법'에 익숙한 20대 영화인들에게는 일종의 진입장벽이자 불합리한 관행으로 받아들여지는 것이다.

20~30대 시나리오작가들에게 일단 충무로에 출근하라고 말하는 것이 옳은가, 아니면 좀더 면밀하고 합리적인 계약을 맺고 일을 진행하는 쪽이 옳은가? 물론 후자가 바람직하겠지만, 20대 역시 충무로에서 일하는 법에 좀더 익숙해지는 편도 나쁘지 않다. 영화 작업의 총체적 특성을 더 깊이 이해하면 시나리오 작업에도 도움이 될 것이다.

최근 영화시장이 위축되면서 전 같으면 20억 원 정도를 들이던 영화도 이제는 15억 원 정도를 쓰는 상황이다. 이런 상황에서 달리 덜어낼 데가 없으니 인건비를 줄이게 된다. 당연히 단순 스태프들의 인건비가 가장 위협받는다. 그러나 충무로 시스템에서는 이런 어려움을 집단적으로 나누는 안전망이 작동한다. 물론 그런다고 스태프들의 임금이 엄청나게 높아지는 것은 아니지만, 충무로에서는 외부 충격을 나름의 방식으로 완화하고 있다. 자금 부족으로 한 팀이 계속해서 영화를 제작할 수 없게 되자, 쉬는 동안에 다른 영화 제작에 참여하는 '메뚜기'도 있다. 만약 충무로가 오로지 경제적 계산에 의한 계약대로만 굴러갔다면, 지난 1년 동안에 꽤 많은 제작사들이 도산하고, 극소수 제작사만 상업영화를 만드는 상황으로 내몰렸을 것이다. 상업영화의 실정이 이러니 인디영화를 비롯한 다른 영화는 말할 필요도 없겠다.

과연 이런 방식으로 한국 영화가 얼마나 더 버틸 수 있을까? 전망이 밝지는 않지만, 생각보다는 '가늘고 길게' 버텨낼 것 같다. IMF 경제위기 때 대기업들이 주로 도입했던 인센티브와 성과급 같은 노동관리 방식을 영화계에서 도입했다면 이미 2007년을 즈음하여 한국 영화는 괴멸적 타격을 받았을지 모른다. 아직까지 충무로는 학맥보다는 사무실 혹은 감독의 인맥에 따라 움직이는 편이다. 희망컨대 다른 데라면 몰라도 충무로만은 고졸들에게 활짝 열려 있기를 바란다. 또 청년들이 이런 분위기에 잘 적응하면서 더 합리적인 방식을 조금씩 구상하고 실현해나가는 유연함을 발휘하기를 바란다.

# 4

# 누구나 악기 하나쯤
# 연주할 수 있는 나라

# 1 800만 인구 스위스와 한국

　보통 사람들이 예술이라고 할 때 가장 먼저 떠올리는 분야는 미술과 음악일 것이다. 경제학자들이 상상한 미래 경제의 모습은 이런 예술의 대표적인 분야들이 국민소득의 증가 속도 이상으로 융성하는 것이다. 선진국에서는 맞는 말이지만 한국에선 그렇지 않고, 특히 음악은 다른 어느 분야보다 극적으로 몰락했다. 미술은 최소한 시장 관련 지표들은 개선되고 있는데, 음악은 어느 지표를 보더라도 암울하다. 여기에 본원상품 같은 개념을 대입하면 더 심하다.

　음악과 미술은 복제될 수 있는가, 그렇지 않은가라는 차이점을 가지고 있다. 생산품이 시장에서 판매되는 순간 이런 차이가 발생한다. 복제될 수 없는 예술품은 희소성과 더불어 가치 보존이라는, 종종 현금 보관에 버금가는 특수한 기능을 가지게 된다. 드라마「대물」에서는 갤러리의 그림을 통해 정치인들이 돈세탁하는 과정을 볼 수 있는데 실제 현실과 별반 다르지 않다. 기업, 정치, 검은돈 거래, 탈세 등이 얽히면서 일반인들과는 별로 상관없는 경매시장이 형성된다. 미술작품의 시세는 화가가 사망하여 더 이상 작품이 나오지 않는 (공급이 중단되고 수요만 있는) 희소성 단계에 들어가면서 본격적으로 형성되기 시작한다. 물론 경매시장이 커지면 생존 화가들의 작품에 대해서도 예비수요가 생겨난다. 살아서는 아무런 영광도 누리지 못했을 뿐만 아니라 빵 한 조각 제대로 챙겨먹기 어려웠던 고흐 같은 사람들이라면 낯설어했을 풍경이다. 그림과 경제성을 결합시킨 현대 화가를 피카소라고 한다는데 그런 일들에 능숙한 화가들은 이제 우리에게도 낯설지 않다.

그러나 음악은 지난 10년간 미술은 물론 출판과 영화와도 다른 길을 걸어왔다. 출판계에서는 여전히 매년 몇 권의 '밀리언셀러'가 나온다. 영화에서 밀리언셀러는 기본 중의 기본이다. 다큐에서도 밀리언셀러가 이미 등장했고 몇 가지 여건만 갖추어지면 인디영화에서도 밀리언셀러가 나올지 모른다. 그러나 음악 분야에서 밀리언셀러는 21세기와 함께 사라졌다. 음반을 본원상품이라고 한다면 음악은 산업 차원에서 심각한 위기를 겪는 중이다. 양이 줄어들었을 뿐 아니라 기반 자체가 무너지는 중이다.

일반적으로 대중음악과 고전음악을 비교하면서 고전음악의 위기를 이야기하곤 한다. 국악도 고전음악의 범주에 포함된다. 이전에는 대중음악 > 클래식 > 국악, 이러한 흥행 도식이 상식이었다. 하지만 지금 상황은 오히려 국악 > 클래식 > 대중음악이라고 보아야 할 것 같다. 국악이나 클래식 분야는 정부가 최소한의 시장 기반을 제공해서 특별히 더 나빠질 게 없어서 그렇다. 만약 국가가 음악시장에서 아예 발을 빼면 고급 소비자들에 기반을 둔 클래식 정도만 겨우겨우 버틸 것이다. 그렇다고 클래식 같은 고전음악이 호황을 누린다는 이야기는 아니다. 그저 시장이 작고 기본 수요가 있어 대중음악만큼 등락을 많이 타지 않아서 상대적으로 나아 보이는 것일 뿐이다.

최근 「나는 가수다」라는 버라이어티쇼가 인기다. 대중음악의 톱스타들이 서바이벌 방식으로 프로그램을 끌어가고, 연령별, 성별 균형을 맞춘 청중 평가단이 평가한다. 신인이 아닌 이미 성공한 최정

상급 가수들끼리 경쟁한다는 점이 일반적인 오디션쇼와 다르다. 마치 거물들이 모두 나서는 대선이나 총선의 텔레비전 토론 혹은 최고 인기 연예인들이 경쟁하던「명랑운동회」를 연상케 할 정도이다. 이 기막힌 현상은, 기획력의 승리라기보다는 음반시장 몰락에 따른 어쩔 수 없는 선택이라고 보아야 할 것 같다. 톱클래스의 영화배우들을 앉혀놓고 누가 대사 전달력이 좋고 표정 연기를 잘하는가 혹은 누가 즉흥 대사를 살하나 등을 평가한다고 생각해보자. 이런 방송이 가능할까? 음악시장의 몰락으로 별 중의 별로 살아도 좋았을 대중음악계 최고 스타들끼리 서바이벌 게임에 나서게 되었다. 잔인한 현실이다. 그렇게라도 해서 음악을 살려야 할 것 아니냐는 제작진의 말을 특별히 반박할 수가 없다.

자, 그렇다면 2010년대 음악시장 몰락은 전 세계적인 현상인가. 정부는 다른 나라도 마찬가지라고 말하는 것 같지만, 가만히 살펴보면 최소한 OECD 국가 중에서는 우리나라만 음악이 망한 것 같다. 물론 다른 나라 역시 본원상품 상황이 어려워지고 규모가 줄어드는 추세를 보이지만, 우리나라처럼 극단적으로 망한 나라는 없다. 간단히 비교하면, 인구 800만의 스위스보다 우리의 음악 기반이 더 취약하고 장기 전망도 더 어둡다. 좀더 자세히 살펴보자.

지금 한국의 음악산업에서 숫자 따지기는 허깨비 놀음과 비슷하다. 정부에서는 3조 원 시장이라고 발표하지만 여기에는 노래연습장 매출액까지 포함돼 있다. 노래연습장 매출액 1조 5000억 원 떼고 나면 딱 1조 5000억 원이 남는다. 글로벌, 글로벌 하는 세상이니 외국사람들의 눈으로 한번 보자. 국제음원협회에서 잡는 한국 음악 판매량은 1200억 원 정도다. 음반 600억 원, 음원 600억 원, 이 정도가 한국 음악시장 규모이다. 여기에 판매사, 기획사, 배급사들의 매출액을 전부 합치면 1조 원 정도로 추정할 수 있다. 미국은 우리의 서른두 배, 일본은 스물여덟 배, 영국과 독일은 열다섯 배 정도 된다. 우리와 규모가 비슷한 나라는 인구 1000만이 안 되는 스위스인데, 스위스도 우리보다는 많다. 미국과 비교해보면, 여러 수치 중 달랑 하나만이 미국과 비슷한데, 전체 매출에서 음반 판매량이 차지하는 비율이 그렇다. 약 50퍼센트다. 일본 74퍼센트, 영국 73퍼센트, 프랑스 77퍼센트로 이 나라들의 음반 판매 비율이 좀 낮은 편이고, 독일어권의 경우 독일 85퍼센트, 스위스 84퍼센트로 상당히 높다. OECD 국가 중에서는 한국이 음반 판매율이 가장 낮은데, 달리 말하면 전체 유료 다운로드 비율이 가장 높다고 할 수 있다. 앨범은 웬만해선 잘 안 산다는 이야기다. 어떤 통계를 뒤져도 일관된 수치가 나온다. 통계청 조사에 의하면 우리나라 가계에서는 CD와 DVD 구입에 한 달에 평균 300원 정도 지출한다. 5년에 한 장 꼴에도 못 미친다.

곰곰이 생각해보자. 우리나라에서 홈시어터는 120만 대 정도 보급되어 있다. 적지 않은 숫자이고, 이 정도로 하드웨어가 보급되어 있다면 당연히 이걸 활용하기 위해서라도 입체 음향을 선사하는 DVD 판매량은 지금보다 훨씬 많아야 할 것이다. 그러나 현실은 전혀 그렇지 않다. DVD 초판 1000장도 소화하기 어렵다. 이런 현상은 고가의 하이엔드를 비롯한 앰프시장과 앨범 판매 사이에서도 관찰된다.

우리나라 국민은 2007년 한 해에 앰프와 CD 플레이어를 포함한 컴포넌트 33만 6000대를 샀는데, 이 가운데 수입 오디오는 18만 대가 넘는다. 이 시기에 국내 오디오 업계가 괴멸 상태였다고들 하는데, 그렇게 죽는소리를 하는 것 치고는 진짜 많이 구입한 편이다. 이렇게 비싼 오디오를 사는 사람들도 CD는 안 산다는 이야기니, 기계에 들이는 돈과 소프트웨어에 들이는 돈이 도무지 균형이 맞지 않는다. 스피커로 비교해볼까? 같은 해 우리는 스피커를 50만 조를 샀는데, 이중 27만 조가 수입 스피커이다. 물론 그중에는 PC용 스피커도 포함되어 있겠지만, 대개는 하이엔드를 선호하는 사람들이 구입했을 것이다. 우리가 수출한 스피커는 7만 조가량 된다. 카 스테레오는 15만 조가량 수입했는데, 이해에 새 차를 사거나 스피커를 장착한 사람이 31만 명 정도니까 JBL 같은 고가의 스피커를 달고 나오는 고급차를 제외하면 절반에 가까운 국민이 자기 차에 외제 스피커를 달고 있다는 이야기다. 통계청 자료가 잘못되었거나, 우리가 미쳤거나, 둘 중 하나다.

간단히 계산해도 우리는 매년 1조 원 이상을 홈시어터나 카오디오, 아니면 하이엔드 오디오 구입에 쓰고 있다. 그런데 DVD, CD, LP 모두 합쳐 가계 지출이 300원? 높게 추정해도 전체 600억 원 정도인 앨범시장과 비교해보면 토건 한국의 양상이 가정집에서도 펼쳐지고 있다고 말할 수밖에 없다. 도서관 짓느라 도서 구입비가 없고 학교 인프라 늘리느라 정작 학생들 급식 보조할 돈이 없고 오디오 콤포넌트 사느라 앨범 살 돈이 없다. 전부 토건 시대의 '뽀다구' 문화의 잔재인 셈이다. 21세기 들어 우리는 하드웨어 시대를 극복하고 소프트웨어 시대를 맞는다고 했는데 죄다 말장난이었던 셈이다. 불법유통 꼭꼭 틀어막고 돈 내고 다운받게 하면 경제 규모에 걸맞을 정도로 음악산업이 커질까 모르겠다. 아니면 정부나 사회가 나서서 앨범을 더 살 수 있도록 캠페인이라도 해야 할까.

어떤 시장이나 핵심 상품 혹은 본원상품이라는 게 있다. 파생상품을 만들어내는 원천상품이기도 하고 전체 시장의 추세를 이끄는 상품이다. 석유에서는 휘발유보다 항공유가 옥탄가가 높고 더 비싸지만, 항공유를 중심으로 가격을 책정하지는 않는다. 공업용으로 사용되는 벙커C유가 한때 휘발유보다 많이 소비되었지만 역시 마찬가지이다. 석유는 휘발유가 대표 상품이다. 영화는 극장 관람이 본원상품이고 DVD나 캐릭터 등 나머지 파생상품의 크기도 본원상품에 따라 결정된다. 책도 마찬가지다. 책 시장에서는 음악으로 치면 아직도 CD에 해당하는 종이책을 사고판다. 이런 시장에서는 본원상품의 크기가 전체 시장 크기를 결정하고 경쟁도 본원상품에서 이루어진다.

문화 부문 시장 중에서 음악은 아주 독특한 시장인데, 본원상품의 물리적 성격에 대한 논란이 아직도 벌어진다. 원래 음악은 공연이 중심이었으나 녹음 기술이 발전하고 LP라는 물건이 등장하면서 산업화됨에 따라 음악시장이 형성되었다.

소니 워크맨의 등장으로 카세트가 왕좌를 차지한 적이 있었다. 그 자리를 CD가 이어받아 결국 카세트와 LP를 밀어냈다. 그다음엔 MP3가 혜성처럼 등장했다. 소비자들은 물론이고 정부도 이는 기술 진화의 결과로 음악산업이 당연히 가는 길이라고 생각한 것 같다. 노래만 들으면 되는 거 아냐? 매체가 무슨 상관이야? 그런데 이게 간단한 문제가 아니다. 디지털 시대라고는 하지만 음반은 여전히 이 시장의 본원상품이라는 것이 내가 세운 가설이다. 여기에는 약간의 심리적인 이유와 문화적인 이유가 있다. '가설'이라고 이야기하는 이유는

홈시어터는 120만 대나 보급되어 있지만 DVD는 1000장도 팔기 힘들고 몇천만 원짜리 오디오는 팔리지만 CD는 '비싸다'며 팔리지 않는 현실.

수치를 들어 "이것이 진실이다."라고 주장하기에는 변화가 너무 빠르고 내가 확보한 수치들이 충분치 않기 때문이다.

　노래 한 곡만 담은 싱글 앨범과 여러 곡을 담은 정규 앨범의 관계 혹은 공연과 앨범의 선후 관계를 기계적으로 분석하기는 쉽지 않다. 우리나라에서는 싱글 앨범 시장이 별도로 형성되어 있지는 않지만, 외국에서는 싱글이 먼저 히트를 한 다음에 본 앨범이 발매되는 경우도 많다. 혹은 공연이 성공하고 나중에 앨범이 잘 팔리는 경우도 있다. 그러나 전체적으로 앨범 판매액이 전체 시장 규모의 기준이 되는 변수이며, 음악의 양적 발전은 물론 질적 발전을 이끄는 주요 매개체이다. 이는 텍스트에서 단행본이 갖는 매우 독특한 위치 혹은 극장에서의 영화 관람과 비교할 수 있을 것이다. 생산자와 소비자 사이에 교감을 통한 '메타' 대화 혹은 상호 발전이 있다고 할 때, 좋아하는 곡을 하나만 선택해서 듣는 것과 일련의 작업이 하나의 세트로 모인 앨범 전체를 듣는 것은 큰 차이가 있다. 확실히 앨범 전체를 듣는 팬이 음악을 총체적으로 소비한다고 할 수 있다. 물론 한 곡만을 즐겨 듣는다고 해서 애정이 덜하다고 말하기는 어렵지만, 현대 음악산업은 이런 앨범을 통해 팬과 맺는 특수한 관계 위에 서 있다. 앨범이라는 양식이 무너지면, 결국 음악산업이 파편화되면서 내부의 역동성을 확보하기가 어려워질 수 있다.

　자, 다시 스위스 이야기로 돌아가 보자. 스위스 음반시장은 우리나라 음반시장보다 크다. 다른 값비싼 상품이라면 국민소득의 차이로 쉽게 설명할 수 있는데, CD가 한국에서 엄청나게 비싼 물건도 아니라서 "비싸서 못 산다."라고 하기에는 좀 그렇다. 한국의 스파게티는 유럽에 비해 절대 가격이나 물가수준을 감안한 상대 가격이 엄청나게 비싼데도 잘 팔린다. 이럴 때 스파게티 소비에 문화적 요소가 개입한다고 말한다. 우리는 유럽의 스파게티는 들여왔지만 음반문화는 들여오지 못한 것일까.

연구를 위해 스위스에 갔을 때 우선 놀란 것은 버스정류장마다 하나 걸러 'vinyl'이라는 간판을 붙인 LP 가게들이 있다는 점이다. 유럽에서 LP가 여전히 생산·유통되고 있다는 것은 알고 있었지만 그 정도로 활발할 줄은 몰랐다. 그러나 진짜 놀란 것은 여전히 주요 앨범들이 카세트테이프 형태로 나오고, 오디오 가게에서 다양한 카세트 데크를 팔고 있다는 사실이었다. 카세트? 카세트는 나도 포기한 매체이다. 보관도 어렵고 음질도 마음에 안 들기 때문이다. 너무 궁금해서 물어봤다. 그랬더니 평생 카세트로 음악을 듣고 젊은 시절의 기억을 카세트테이프에 담아둔 사람들이 굳이 CD로 바꾸겠느냐는 것이다. 딴은 그렇다. 첫사랑에게 받은 테이프, 첫 여행 갈 때 샀던 테이프, 첫 월급 받고 샀던 테이프, 그것은 잊지 못할 추억이고 어떤 이에게는 삶의 전부일 수도 있다. 나도 중학교 때 처음 샀던 LP인 「러브 스토리」 OST와 「사운드 오브 뮤직」 OST 앨범을 아직도 가지고 있고, 우울해질 때면 아무 생각 없이 살던 청소년 시절을 생각하면서 그 음악을 듣는다. 다들 그런 음악, 혹은 음반이 있지 않은가?

경제학에서는 이를 행위이론으로 설명하는데, 기억과 추억들이 음악의 소비 행태에 개입하는 것 같다. 왜 사람들이 1000만 원이 넘는 하이엔드 오디오를 살까. 여기에는 단순한 과시욕과는 좀 다른, 특수한 취향이 개입할 수 있다. 그러나 6만 달러와 2만 달러라는 국민소득 차이로는 스위스에서 번성하는 음반가게가 왜 우리나라에서는 다 망했는지 설명하기 어렵다. 경제 부문에서 구멍가게와 지역 소상공인을 지키지 못했던 것처럼, 공동체 지역 문화를 창출하거나 보존하지 못한 우리의 특성 등이 복합적으로 결합한 결과로 보인다. 분명 중고 음반을 파는 가게는 동네의 작은 문화 구심지 역할을 했다. 그러나 우린 그것을 지켜야 한다는 생각은 하지도 못했고, 이런 현상과 밀접한 연관이 있는 풀뿌리 문화를 발전시키지도 못했다. 여기에 음반시장 붕괴와, MP3 유료화 정착 등 디지털 전환만이 발전이라고 생각한 정부의 실책이 문제를 결정적으로 악화시켰다. 어쨌든 언론에서 사용하는 열독률 같은 개념을 적용한다면, 중고 LP를 사고팔 뿐만 아니라 아직도 카세트테이프를 듣는 스위스인들의 충성도는 음악 파일을 다운로드 받는 사람들은 절대로 따라갈 수가 없다.

아날로그냐, 디지털이냐. 이것은 사실 하이엔드 오디오 시장이라면 모를까 일반 음악시장에서는 그리 중요한 요소가 아니다. 특히나 몇 천만 원짜리 기기를 사면서도 CD는 비싸다고 불평하는 한국에서는 더욱 그렇다. 혼수품인 홈시어터나 매킨토시 앰프 따위는 음반이나 음원의 구매로 이어지지 않는 한 음악시장에 별 영향을 미치지 않는다. 홈시어터와 오디오 세트가 아무리 많이 팔려도 DVD나 앨범이 더 팔리진 않는다. MP3 플레이어 보급이 늘면서 디지털 음원 판매량은 좀 늘었지만, IMF 이전의 시장 규모에 비하면 가당치도 않은 수준이다.

도대체 한국 사람들의 음악 소양이나 전통이 스위스보다 못할 이유가 어디 있는가? 「심청가」나 「춘향가」의 역사나 깊이가 요들송보다 못할 리는 없지 않은가. 가구당 앨범 구입비가 월 300원이라니, 이런 상황에서 음악산업을 운운하는 것 자체가 난센스다.

**음반, 음원 판매 현황**
디지털 음악 시대가 도래하면서 자연스럽게 '음반 판매량'의 의미 또한 점차 사라지고 있다. 한국콘텐츠진흥원이 발간한 『2009 음악산업백서』를 보면, 음반산업의 매출 규모는 811억 원(2007년 788억 원)인 반면······

# 2 아이돌 가수, 지속 가능한 음악

'음악으로 먹고살기'는 현재로서는 매우매우 힘들다. 앨범시장이 완전히 무너진 상태라 일부 아이돌 가수들을 제외하면 아주 적은 돈을 벌면서 음악을 하거나, 국가 혹은 지자체가 운영하는 오케스트라에서 일하는, 일종의 제도시장으로 들어가는 길만이 남아 있을 뿐이다. 물론 음악인들은 원래 가난했다고 말할 수 있지만, 20세기에 이미 가난에서 벗어날 수 있을 정도로 산업화의 길이 열렸다. 그렇지만 21세기 한국에서 음악가들이 경제적으로 생존할 수 있을까, 그리하여 지속적으로 새 얼굴이 등장할 수 있을까. 이제 더는 이미자, 조용필의 시대가 올 것 같지 않고 연말 디너쇼로 유명한 패티김의 시대도 영영 사라져버린 듯하다. 심지어 일제시대에도 화려한 조명을 받던 가수들이 있었다. 도쿄 음악학교에서 성악을 전공했던 현인이 해방 이후 「신라의 달밤」으로 데뷔할 정도로 당시에는 음악이 문화적·경제적으로 매력 있는 분야였던 모양이다. 박수근이나 이중섭 같은, 지금은 최고 반열에 오른 화가들이 일제시대와 해방 공간에서 겪었던 경제적 궁핍에 비하면 음악인들은 상대적으로 형편이 나았다고 할 수 있다. 중요한 판소리들은 물론이고 민요와 단가 등의 국악들도 모두 이 시기에 녹음되어 지금도 보존되고 있다. 이유야 어떻든 지난 50년 사이에 음악과 미술의 경제적 처지는 역전되었다.

파스텔이나 붕가붕가레코드 같은 인디 음악 레이블들로 눈을 돌려보자. 붕가붕가레코드가 세상에 등장하면서 내걸었던 모토가

'지속 가능한 딴따라질'이었다. 눈물겨운 일이다. 지속 가능하다는 것을 경영학 용어로는 영속성 혹은 'going-concern'이라고 표현할 수 있는데, 기업은 '수익 극대화'가 아니라 조직의 보존 자체를 목적으로 한다는 것이다. 그러나 붕가붕가레코드가 내건 지속 가능한 딴따라질은, 대박은 어려우니 '가늘고 길게' 어떻게든 음악시장에서 버텨보겠다는 의미를 가지고 있다. 대중음악 하는 사람들이 사회과학 저자들이나 토로할 법한 결연한 의지를 표명하다니 모두 숙연해질 수밖에 없다. 음악을 하는 사람들이 애국지사 같은 결연한 의지와 지조로 무장해야 하는가? 그 와중에 달빛요정역전만루홈런이 지병으로 사망하면서 그동안 어려운 상황에서 음악 활동을 해온 사실이 널리 알려져 또 한 번 사람들을 숙연해지게 했다. 왜 일제 때 독립운동하는 심정으로 음악을 해야 하는가. 어차피 상업적 의미에서의 재생산이 아주 어려운 고전음악도 아니고 그저 대중음악일 뿐인데 말이다. 잘못되어도 한참 잘못되었다. 경제의 생태적 전환을 의미하는 지속 가능성이라는 개념이 이렇게 서글프게 쓰인 예는 일찍이 없었을 것이다.

자, 그렇다면 홍대 앞 음악인들이나 인디 밴드의 정반대편에 서 있는 이들을 한번 살펴보자. 지금은 아이돌 그룹의 전성시대이다. 한때는 20대 댄스그룹이 대세였으나 지금은 10대 걸그룹이 주름잡고 있는 실정이다. 이들에게는 '지속 가능한 딴따라질'이 가능할까? 물론 불가능하다. 걸그룹이 스무 살이 되면 더 이상 걸그룹이 아니라는 말장난이야 해볼 수 있겠지만, 사실 이런 농담에는 심각한 문제가 담겨 있다.

기획사 입장에서는 이윤율을 극대화하고 여기에 더해 가수와 안정적인 관계 맺기를 원할 것이다. 수익성과 안정성, 이 두 가지 패턴이면 아이돌 그룹에 대한 기획사의 행위는 얼마간 수량화하거나 확률변수로 분석할 수 있다. 총투자비는 연습생 선발에서 데뷔에 이르는 과정에 들어가는 비용이고, 수익은 앨범 수입, 광고 수입, 출연료 등이 될 것이다. 물론 팀을 하나만 구성하는 게 아니라서 총투자비와 성공의 확률변수에 대한 계산은 쉽지 않다. 이는 주식시장에서 '몰빵'을 할 것이냐, 포트폴리오에 의한 분산투자를 할 것이냐의 문제와 크게 다르지 않다. 흔히 기획사에서 자기들도 이익을 내지 못한다고 이야기하는데, 투자를 한다고 다 성공하는 것은 아니기 때문에 전체적으로 이익을 보기 어렵다는 뜻으로 이해할 수 있다. 반면 성공한 개별 아이돌 그룹 입장에서는 자신들이 받은 돈보다 훨씬 많은 돈을 벌어들인다고 생각할 것이고, 당연히 불공정 계약을 했다고 느낄수밖에 없다. 주식시장에서는 개별 종목에 대한 개별 수익성이 아니라 전체 포트폴리오에 대한 수익성을 계산하지만 아이돌 그룹은 개별 그룹별로 별도의 손익계산서를 요구한다. 사람은 유가증권이 아니고 각자 영혼을 가지고 있다. 그래서 기획사가 수익을 올리는 것과, 개별 팀의 경제적 성공이 반드시 연동하진 않는다. 이런 기획사의 관행을 수익성을 중심으로 한 시장논리에만 맡겨놓으면 '노예계약서'니, 착취니 하는 이야기들이 나올 수밖에 없다. 노동자들을 보호하기 위해서 각종 제도를 만드는 것과 다를 바 없는 이야기다. 대규모 유기농 농장에서 노예제를 운영하면 수익성이 높을 수는 있지만 오늘날 문명사회에서는 도저히 용인할 수 없는 행태이고 현대 자본주의 체제에서도 노예제는 거부한다. 표준계약서나 규제가 필요한 이유는 수익성 논리에만 따르면 언제든 기획사의 부당행위가 발생할 수 있기 때문이다.

이것을 장기적인 관점에서 생각해보자. 그럼 가장 수익성이 높다는 아이돌 그룹의 경우 '지속 가능한 딴따라질'은 불가능하다. 최소한 걸그룹 형태로는 불가능하다. 이 사실을 모두가 알고 있다면, 당연히 단기 수익률을 높이기 위해 움직일 것이다. '메뚜기도 한철'이라지 않는가. 하지만 인간은 기계가 아니라서 적절한 노동조건에서 일하고 재충전하지 않으면 아무리 잘난 사람이라도 금방 소모되고 만다. 아이돌 그룹 멤버들이 소모품으로 전락하는 것을 구경만 할 게 아니라 성인이 되어서도 음악을 계속할 방법을 찾아줄 수는 없는 것일까? 유사한 경우로 아역 배우들을 생각해보자. 레오나르도 디카프리오야말로 대표적인 아역 배우 출신인데, 성인이 되어 완전히 새로운 연기 스타일을 찾으면서 최고의 배우로 우뚝 섰다. 그런 사례는 많다. 왜 할리우드의 아역배우는 가능하고 한국의 아이돌 스타는 불가능한가? 어쩌면 우리는 할리우드 이상으로 상업성을 추구하면서 한 사람을 진정한 예술인으로 만들려는 노력은 하지 않고 그저 돈벌어주는 '반짝이'만을 만들어왔는지도 모른다.

이 시점에서 온라인 음원시장에서 60퍼센트 이상을 차지하는 아이돌 그룹들이 등장한 탓에 음악시장이 죽었다는 일부의 생각이 과연 옳은가를 생각해볼 필요가 있다. 아무도 정확하게 분류하지는 못했지만, 일단 정부가 파악하는 바로는 현재 인터넷 음원시장에서 상위 60퍼센트를 이런 아이돌 스타들이 점하고 있다. 텔레비전 노출도는 그보다 더 높을 것 같다. 자, 이런 변화의 의미는 무엇일까? 질문을 요약하면 이렇다. 사람들이 아이돌 스타들만 좋아해서 음악시장이 죽은 것인가, 아니면 음악시장은 이미 죽었고 그 빈 공간에 아이돌 스타들이 등장했는가? 데이터만 보고 이야기하면 아이돌 스타들이 음악시장을 죽였다고 단정하기는 어렵다.

아주 섬세한 가설을 세우고 최근 데이터로 분석하지 못한 점에 대해서 먼저 독자의 양해를 구한다. 거칠게라도 내가 세워본 가설은 이렇다. 한국의 음악시장은 2008년 즈음 완전히 망했고, 음악산업에는 작곡가, 작사가, 가수뿐만 아니라 유통과 기획에 종사하는 사람들도 있으니 뭐라도 만들어 팔 수밖에 없었다. 스튜디오 작업이야 누구든 와서 판만 만들면 수입이 나오는 분야이다. 박하게 이야기하면 음악산업의 어려움을 진작 알았더라면 정책 대안들을 충분히 고민할 수 있었는데, 아이돌 그룹이 전격 등장함에 따라 그런 위기가 은폐된 것이 문제라고 할 수 있다. 뒤집어 이야기하면 아이돌이 아닌 가수들은 어려운 시절을 겪었지만, 음악산업의 다른 분야 종사자들은 덕분에 어려운 시기를 버틸 수 있었다고 할 수도 있다. 사회과학 MD들이 사회과학으로 쳐주기 어려운 책들도 사회과학으로 분류하면서 사회과학이라는 항목과 분야를 지켰던 상황과도 비슷하다. 약간 과장하자면 아이돌 그룹 덕에 금융위기라는 한파 속에서도 음악산업 종사자들이 먹고산 것 아니냐고 이야기해볼 수도 있다.

한국콘텐츠진흥원에서 2009년에 발간한 '음악산업동향분석'이라는 보고서에는 한예종 예술경영연구소에서 분석한 '국내 음악시장 장르 편중 현황 분석'이라는 자료가 실려 있다. 음원 제공 서비스업체인 멜론 기준으로 2006년 13.3퍼센트였던 아이돌 가수의 비중이 2008년 63.3퍼센트까지 높아졌다. 싸이월드는 12퍼센트에서 32퍼센트로 급격히 상승하였다. 미국의 경우는 힙합과 R&B 등 흑인음악이 60퍼센트 정도를 차지한다. 한국 같은 아이돌 스타 현상은 미국이나 유럽에서는 보기 힘들고 이런 현상의 원조 격인 일본도 이 정도로 극단적이지는 않다. 미국의 흑인음악이나 한국의 걸그룹이나, 어차피 음악시장이 한쪽으로 쏠리는 건 마찬가지 아니냐라고 할 수도 있지만, 흑인들의 힙합은 자생적으로 만들어져 뿌리 깊게 이어져오던 마이너 음악이 보편화된 것이라는 점에서 사회적 맥락이 전혀 다르다. 소외되었던 아이들이 힙합을 통해 음악의 힘을 알게 되고, 그렇게 해서 주류 사회에서 적응하고 자기 길을 만들어간 예는 수없이 많다. 사회적인 의미만 따져볼 때, 힙합이 반항의 음악이라면 아이돌 그룹 음악은 반동의 음악이다. 반항할 것인가, 욕망할 것인가, 힙합과 아이돌 그룹 음악은 파토스의 방향 자체가 다르다.

한국과 미국의 음악시장은 규모로는 비교 대상이 아니지만, 가장 강도 높은 신자유주의를 오랫동안 추종하면서 승자독식 현상이 강화된 나라의 시장이라는 공통점이 있다. 표현하기에 따라서는 '문화의 블록버스터화'라고 부를 수 있을 것 같은데, 작품당 자본 투입률을 계산해보면 지금 순위에 올라 있는 그룹들의 자본 투입이 전체적으로 높을 것 같다. 게다가 음원시장의 비중이 절반이 넘어가면서 획일화 현상이 생겨나는 듯하다. 온라인에서는 노출도 높은 베스트셀러들이 더 유리해진다. 앨범의 수명도 점점 짧아져 이제는 최고의 인기를 누리던 앨범도 한 달 만에 식상해져버린다.

이런 일련의 흐름을 보면 한국에서 음악시장은 음반사들이 망하면서 사실상 사양산업의 길을 걸어왔는데, 그나마 아이돌 그룹이 등장해 외형이라도 지킨 것이라는 극단적 가설을 세워볼 수 있다. 패션산업이 포함된 섬유산업은 전형적인 사양산업의 특징을 보여주는데, 산업 매출액 비중, 수출액 비중, 수입액 비중 모두 감소하는 중이다. 여기는 시장이 섬유업과 의류업으로 나뉘는데, 기이하게도 두 개의 시장이 서로 분리되어 있다. 한국 섬유 제품은 여전히 경쟁력이 있는데 주로 외국시장으로 진출하는 전략을 세워 실행하는 중이다. 반면에 국내 의류업은 수입 원단을 쓰려는 경향이 강하다. 물론 그렇다고 해도 전체 규모가 30조 원가량 되고 60퍼센트를 수출하는 패션산업을 1조 원 규모의 음악산업과 비교할 수는 없다. 음악 분야의 수출액은 150억 원 정도인데 그나마 절반 이상이 일본에서 벌어들이는 돈이다. 특별히 한류의 결과라기보다는 워낙 음악을 많이 또 다양하게 듣는 일본 사람들의 취향 덕인 것 같다. 일본 음악시장에는 한국 음반시장이 70억 원 정도 규모로 존재한다고 볼 수도 있을 듯하다. 물론 한국의 앨범시장의 10분 1 가까운 큰 규모지만, 그걸로 먹고살 수는 없다. 아이돌 스타의 일본 진출은 사실 국내 시장의 포화로 인한 결과로 보아야 한다.

이런 흐름들을 다른 산업과 비교하면서 정리해보자. 당분간 음악은 사양산업에서 벗어날 수 없고, 이미 만들어진 기획사나 스튜디오들이 그냥 죽을 수는 없으니까 아이돌 스타라는 특별 기획상품을 시중에 출시한 것이라고 볼 수 있다. 아이돌 그룹은 결성 자체를 기획사에서 대신 해준다. 기획사에서는 자신들도 투자를 많이 하고 있고

아이돌 스타의 노동 등 인권 문제도 생각해야 한다. 장기 활동이
가능한 물질적 기반을 만드는 것이 길게 보면 오히려 더 이익이다.

손해 보는 경우가 더 많다고 하는데, 아이돌 스타들을 착취하기 위해서 하는 빈말만은 아니고, 승자독식 시장에서 볼 수 있는 자연스러운 현상이라고 할 수 있다.

자, 여기서 먹고살기라는 문제를 아이돌 그룹 멤버 개개인에게 던져보자. 과연 그들은 이걸로 먹고살 수 있을까? 겉보기에는 화려하지만 개별 멤버들에 대한 손익계산서를 내보면 미래는 물론이고 현재도 그리 밝지 않다는 사실을 알게 된다. 일단 음악시장 자체가 드라마나 영화의 10분의 1밖에 안 된다. 광고시장 같은 파생시장은 본원 상품시장보다 큰데, 광고시장 역시 줄어드는 상황이라 지금보다 더 커지리라 보기는 어렵다. 여기에 '10초 가수', '5초 가수'라는 말이 나올 정도로 한 곡에서 한 번 노래하기도 쉽지 않을 만큼 그룹이 커져서 각자의 몫이 점점 더 작아진다. 엎친 데 덮친 격으로 스타 변동 주기가 더 빨라지는 흐름을 보인다. 앨범이 버티는 기간이 짧아지니까 기획사로서는 앨범 발간 횟수를 늘리거나 스타를 등장시키는 주기를 더 짧게 하는 전략을 밀 수 있는데 양쪽 다 쉽지 않다. 더구나 지금의 아이돌 그룹 소년 소녀들이 20대 이후 진로는 어떻게 될까? 그런 고민을 안 한다. 대중음악은 상품이지만 사람은 상품이 아니다. 기본 구조는 스포츠와 유사한데, 운동선수는 꼭 프로 무대에서 뛰지 않더라도 사회체육 쪽에서 활동할 수 있는 여지가 있다. 그러나 아이돌 그룹 멤버들이 나이 들어 활동할 수 있는 영역은 음악 안에서 그리 넓지 않다.

장기적인 관점으로 본다면 아이돌 그룹 시장의 치명적인 문제는 앨범시장이 지금처럼 계속 줄어들면 음악시장 자체가 더욱더 축소될 것이라는 점이다. 소비의 측면에서 음악의 가장 큰 특징은 어떤 문화상품보다 충성도가 높다는 것이다. 이는 LP와 CD 같은 고전적 매체 자체의 힘이다. 여기에 팬덤 현상이 결합하면서 아이돌 스타가 존립할 수 있는 공간이 나오는데, 본원시장 자체가 줄어들면 팬덤만으로 규모를 유지해야 하는 어려운 상황을 맞게 된다.

경영학적으로 이야기하자면, 지금의 한국 아이돌 그룹 전성시대는 시장이 한 체계에서 다른 체계로 전환되는 과정이 아니라, 한 시장 자체가 죽어가면서 '막판 대바겐세일'을 벌이는 상황에 더 가까워 보인다. IMF 경제위기를 맞아 국내 섬유산업이 망하면서 아웃렛이 유행했던 적이 있었다. 그후 섬유산업은 쇠락했고 대구의 섬유산업 전성기는 다시 돌아오지 않았다. 냉정하게 이야기하면 팬덤은 개인의 매력과 투자비, 우연성의 함수이다. 예를 들어 사람들이 좋아할 만한 음색을 소유했다면 그걸 일종의 '상징자본'으로 이해할 수 있다. 그러나 역시 팬덤의 총량을 결정하는 평균적·장기적인 요소는 노출도 등으로 파악할 수 있는 투자비이다. 정치인들이 칭찬을 못 받으면 욕이라도 먹고 있어야 한다고 이야기하듯이 시장에 들어와 있어야 기획과 투자로 팬덤을 만들어낼 수 있다. 결국 인기의 일정 부분은 돈에 달린 셈이다. 문화현상에는 돈만으로는 설명할 수 없는 우연성이 작용한다. 시의성, 시대 흐름, 감성 코드 같은 우연한 요소들이 결합된다. 큰 기획사들이 연속해서 좋은 성과를 내는 이유는 어느 정도 규모의 경제가 성립할 수 있고, 기획 노하우 같은 무형 자산들이 영향을 미칠 수 있기 때문이다. 이는 음악시장 내부의 경쟁과 관련된 요소들인데, 지금처럼 본원시장에 해당하는 앨범시장 자체가 살아나지 않으면 팬덤을 만들거나 유지하는 것도 한계에 봉착한다. 국내 음반

시장은 1997년에 4160억 원 규모였는데 IMF 시절에 3530억 원 규모를 기록해 잠깐 주춤했다가 2000년에 4104억 원으로 다시 올라간다. 역대 기록을 보면 1997년이 최고인데, IMF 경제위기의 한복판을 지날 때에도 3500억 원 규모를 유지했던 것이다. 그때보다 소득이 두 배나 올랐는데 사람들이 음악에 돈을 쓰지 않는 것은 문화적 문제로 설명할 수밖에 없다. 아이돌 스타의 등장은 이런 음악산업 위기의 결과이자 원인이다. 음반시장을 떠난 지 10년이 지난 이 사람들을 다시 불러올 수 있는 방법은 없을까. 이것이 아이돌 가수를 비롯한 음악계 사람들이 고민해야 할 문제이다.

아이돌 그룹을 좋아하는 사람도 있고 싫어하는 사람도 있다. 사람마다 취향이 다르고, 문화에서는 절대적으로 옳고 합리적인 취향이란 애당초 존재하지 않는다. 그렇지만 음악 정책은 음악 기반 자체를 대상으로 펼쳐야 옳을 것이다. 일종의 음악 인프라와 인건비 두 부문에 지원해주어야 한다. 드라마에 한류 붐이 불 때 우리는 한류우드를 들먹이며 난리를 쳤지만, 문화에서 그런 국수주의적 시장 개척은 한계를 드러내고 만다. 내적인 힘이 넘칠 때 자연스럽게 외부로 흘러 들어가는 것이지 국수주의적 열풍에 편승해봐야 기반이 탄탄해질 리가 없다. 일본의 한국 앨범시장을 70억 원으로 볼 때 7억 원씩 매출이 증가하면 10퍼센트 성장하는 셈이다. 이를 목표로 정책 자금을 투입한다면 도대체 얼마를 써야 타당할까? 일반적인 정책 사업 측면에서 본다면 매년 1~2억 원 이상 지원하기 어렵다. 그러나 이 돈을 음반시장 기반에 지원하기로 한다면 경제적 약자, 소외된 문화계층, 지방 사람들에게 혜택이 돌아가야 하고 장기적으로는 음악 교육과 결합하는 것이 바람직하다.

아이돌 스타의 팬덤이 음반을 구매하는 문화로 연결되어야 1990년대의 생동감 있는 음악시장을 회복할 수 있다. 우리는 너무 오랫동안 '빽판'을 사다가 1990년대 민주화와 함께 문화의 시대를 잠깐 열었지만 이런 흐름이 일본이나 유럽처럼 하나의 문화로 자리 잡기 전에 불법 쪽으로 흘러버렸다. 불법 행위로 시장이 죽은 건 사실이지만, 우리는 그동안 인터넷 만능주의에 빠져 있지나 않았는지 생각해볼 일이다. 그런 시대를 거쳐 아이돌 스타가 탄생했는데 어떻게 분석해봐도 그들의 미래 역시 밝아 보이지는 않는다.

경제적인 지속 가능성과 함께 생각해봐야 할 것은, 아이돌 스타들의 인권 문제이다. 지금의 10대 아이돌 그룹의 수명은 수년 전의 20대 그룹에 비해 더 짧아졌다. 스포츠 스타도 활동 기간이 짧지만 이렇게 짧지는 않다. 이런 구조에서는 당연히 계절상품을 파는 공장들처럼 가동률을 마구 높이게 된다. 이들의 활동 기간을 늘려주거나 인권과 관련된 제도를 정착시키는 방식을 생각해봐야 한다. 노래 부르는 일에 정년이 있을 법하진 않지만, 어쨌든 이들의 활동 기간을 늘려줄 방안을 고민할 필요가 있다. 오래오래 가수 활동을 할 수 있게 할 방법 말이다.

그런데 가수들의 인권은 어떻게 지킬 수 있는가? 등록만 하면 되는 기획사가 난립하고 있지만 이에 대한 관리체계도 부실하고 표준계약서 문제도 수년째 표류 중이다. 문화의 각 영역에 노조나 선수협 같은 단체들이 생기면서 인권 문제를 조금씩 해결해오는 편인데, 아이돌 그룹은 역사도 짧고 한데 뭉쳐 제 목소리를 내기도 어려워 보인다. 한때 한국 비보이들이 세계를 재패하면서 반짝 난리가 난 적도 있지만 나이 서른에 상당수 댄서들이 부상자가 되어버렸다. 경제와 인권은 양립하기 어려울 것 같지만 기본 인권을 지키면서 오래 활동할 수 있는 물질적 기반을 구축하는 것이 길게 보면 더 이익이다. '소탐대실'이라는 말이 괜히 나오겠는가? 아이돌 스타들도 휴식, 보건, 교육, 최저임금 등의 권리를 행사할 수 있어야 한다. 우리는 아이돌 스타가 절정에 올랐을 때의 짧은 모습만 보지만, 그들은 이미 수년간의 연습생 기간을 거친 사람들이다. 14~15세의 연습생, 혹은 그 나이에 막 데뷔한 아이들이 무슨 수로 자신을 지키고 연대하는 방식을 생각할 수 있겠는가? 그렇다고 이렇게 폐쇄적이고 작은 공간에 인권단체가 들어갈 수도 없다. 어떻게든 이 아이들의 인권을 보장해주는 것이야말로 그들 스스로 음악성과 재능을 펼칠 수 있게 도와주는 지름길일 것이다. 정부에서는 연예기획사를 관리하는 담당 부서를 만들 것이라고 한다. 거기에 연예인 인권 담당관을 한 명이라도 두고 매년 백서를 발간할 수 있는 예산만 배정하더라도 지금보다는 상황이 훨씬 나아질 것이다.

**역대 아이돌 가수들**
H.O.T.가 데뷔한 1996년을 우리나라 아이돌 그룹의 원년이라고 한다면 아이돌 그룹이 활발히 활동하기 시작한 지도 벌써 15년째에 들어선다. 매년 수십 팀의 아이돌 그룹이 데뷔하지만 그중 상당수는 흔적도 없이 사라진다.

# 3 인디 음악과 소리의 세계

예전에는 기획사라는 게 없었고 가수들은 대개 지구, 오아시스, 성음 같은 음반사에 소속되어 있었다. 그때와 지금, 어느 쪽이 좋은지는 판단하기 어렵지만 권력 관계가 균형을 이루지 못했던 것은 다를 바 없는 듯하다. 어쨌든 음반시장이 5분의 1 토막 나는 동안 동네 음반가게도 사라져갔다. 이제 시내와 대학가에서 명맥만 유지하는 상황이다. 1999년에 조성모는 100만 장 이상 팔린 앨범을 두 장이나 냈는데 소리바다의 등장과 함께 2001년부터는 그런 앨범이 나오지 않는다. 한국에서 마지막으로 100만 장 판매고를 기록한 앨범은 2001년 11월에 발매된 god 4집 「길」이다. 지금은 10만 장 넘기기도 버겁다. 이렇다 보니 사실상 아이돌 스타를 제외하면 죄다 인디 가수가 된 셈이다. 형식적으로는 기획사에 소속되어 있다 하더라도 큰 의미는 없다. 이런 규모로는 매니저 월급도 못 준다. 그런 판에 밴드라니!

어쨌든 그냥 망할 수는 없는 거라서 인디레이블들이 '지속 가능한' 모델을 만들기 위해 노력하는 중이다. 붕가붕가레코드의 2010년 매출액은 6억 원 정도라고 한다. 홍대 앞 클럽의 밴드들은 지명도에 따라 다르지만 공연 시 회당 출연료로 5~10만 원은 받았다고 한다. 홍대 앞 공연 수요는 전반적인 음반 판매량과 비교하면 1990~2000년대에 비교적 크게 추락하지 않고 안정적인 수준을 유지하고 있는 셈이다. 요즘은 일부에서 공연 수익을 비율에 따라서 나누는 방식을 도입하는 중이라고 한다. 실패하면 떨어지는 게 없지만, 대성공을 거두면 예전보다는 조금 더 많은 돈을 받을 수 있다.

록, 힙합, 발라드 등 장르와 상관없이 사실상 아이돌 그룹이 아닌 음악가들은 현재 인디 뮤지션으로 분류되고, 이런 사람들이 주로 앨범을 내는 음반사는 인디 레이블로 불린다. 시장에서 돈이 생길 전망이 보이지 않고 정부 대책을 기대하기도 힘든 상황에서 어쩔 수 없이 제시된 방안이 '사회적 경제'라는 틀이었다. 제작자들이 생산자 협동조합을 만들고, 여기에 팬들이나 지지자들이 참여해서 일종의 문화공동체를 만드는 방안을 논의하기도 했다. 정신은 나쁘지 않지만, 독립적으로 움직이는 가수나 연주자들 사이에서 협동의 기반을 만들기가 쉽지 않을 것이다. 또 사회적 기업 형태를 도입하는 논의도 있었다고 한다. 사회적 경제 부문의 경우 초기 2년간 정부가 인건비를 지원하는데 이후의 수익 모델이 불투명해서 현실적인 대안으로 받아들이기는 어렵다. 문화생협이든 사회적 기업이든, 장기적으로는 지역경제와 접목하는 쪽으로 방향을 잡아야 하는데 이를 통해 인디음악 전체가 버틸 수 있는 기반을 마련하기는 쉽지 않다. 팬과 음악가들이 더 긴밀히 접촉하고 사람들이 하고 싶어하는 이야기와 실제 만들어지는 음악 사이의 피드백이 강화되면 좋을 것이다. 그러나 위기에 직면한 한국 음악 특히 비상업적인 분야에 큰돈이 투입될 여지는 거의 없고, 새로운 장르 실험이나 장기 기획을 실행하기에는 불투명한 부분이 많다. 옳다고 해서 성공할 수 있는 것은 아니다.

인디 가수들의 현실을 조사하면서 나는 한국에서 문화경제학과 생태경제학은 다를 게 없다는 결론을 내렸다. 문화 쪽이 더 화려해 보이지만 실제로 고유한 것들, 의미 있는 것들은 어느 구석에서 죽어

어렵다고 해도 한국의 음향산업은 1조9000억의 규모를 가지고 있다.
약간만 떼어내 가수와 밴드 활동의 기반을 조성하는 데 쓰면 어떨까.

가고 있었다. 공장식 축산을 도입하면서 소와 돼지의 개체수는 엄청나게 늘었지만, 보존 가치가 있는 종은 대부분 위기를 맞은 것과 비슷하다. 강화도의 도요새, 울산의 고래 혹은 지리산의 로드킬을 연구할 때와도 비슷하다. 데이터도 별로 없고, 사람들은 어김없이 그건 뭐하러 뒤져보느냐고 묻는다. 보람은 있었으나, 연구를 하면 할수록 점점 더 비관적인 생각이 들었다. 차이점이 있다면 고라니나 포획된 고래에게는 물어볼 수가 없는데, 문화산업 현장의 사람들에게는 뭐가 문제고 어떻게 했으면 좋은지 물어볼 수가 있다는 점이다. 물론 물어봐도 뾰족한 답은 나오지 않고 더 답답해질 뿐이지만.

한국 음악계는 현재 극단적으로 얄팍해져서, 종 다양성이라는 개념을 적용한다면 종 자체가 상당히 줄어 있는 상태이다. 정상적인 생태계라면 먹이사슬을 따라 피라미드 모양을 형성해야 하지만, 지금은 아이돌 가수를 중심으로 최상위 머리 부분만 잔뜩 커졌고, CD를 5~10만 장 파는 허리는 아주 앙상해졌으며, 음악을 하려는 바닥층도 많이 줄어든 상태다. 이 정도 되면 복원을 고민해야 하는 상황이다. 불과 10년 전에 이 나라에서는 1년에 100만 장을 파는 앨범이 몇 장씩이나 나왔다.

이 시점에서 왜 사람들이 아직도 LP며 CD를 사는지 생각해보자. 멋있어서 또는 옛날 기분 느끼려고 산다는 사람들이 있지만, 여기에 약간 복잡한 음향 논쟁이 끼어든다. 사람의 가청 범위는 20~20만 헤르츠이다. 아날로그 매체인 LP에는 이 범위를 넘어선 소리들도 저장된다. CD를 제작할 때는 가청 주파수를 넘어선 소리를 쳐낸다. 그런데 이 가청 주파수 바깥 소리들도 하모닉스라는 배음효과에 의해

소리에 간섭한다고 한다. 이에 대해 이른바 '황금박쥐 논쟁'이 일어 났다. 과연 인간이 들을 수 없는 주파수의 소리를 듣는, 황금박쥐 귀 를 가진 사람이 있느냐 하는 이야기다. 일부는 피아노의 타건음은 LP 에서만 제대로 들을 수 있다고 주장하는데, 감성에 관한 문제라서 기 술적으로 정답을 내리기는 쉽지 않다. 눈을 가리고 청음하는 블라인 드 테스트를 하면 거의 구분하지 못한다. 원래 하이엔드 현상은 미세 한 기술 및 품질의 차이로 가격이 심하게 변동하는 것을 말하는데, LP 와 CD 논쟁이 여기에 해당한다. LP를 고집하는 사람들은 엔지니어링 기술 이야기를 한다. LP 시대에는 기술적 한계로 마스터링하는 과정 에서 인위적으로 조절을 하는데, 거기에 나름의 맛이 있다는 것이다. 지금은 작곡가가 누군지, 작사가가 누군지 별로 신경 쓰지 않지만, 녹 음 마스터링 엔지니어까지 가려가면서 음악을 듣던 시절이 있었다. 더 들어가면 LP의 원재료인 비닐이 네덜란드 산이냐 아니냐를 구분 하고 녹음한 나라를 따지기도 했다. 고급 자동차에 장착하는 스피커 와 앰프를 만드는 나라들이 그 시절에 축적된 기술로 지금 오디오 시 장을 휩쓸고 있는 것이다. 이것은 부가가치율이 가장 높은 상품 중의 하나이고, 음악산업의 가장 든든한 우군이다.

MP3로 넘어오면서 웨이브 파일에서 압축을 시도했는데, 간단 히 이야기하면 사람 귀에 잘 들리는 중음 구간은 그대로 두고 잘 안 들리는 구간의 소리 밀도를 낮추면 파일 크기가 작아진다. 여기에 더 해 전반적인 소리 밀도를 좀 낮춰서 정말 가볍게 만드는 데 성공했다. 세계적으로 음향산업은 75조 원 규모의 엄청난 시장이고, 실감 오디 오라는 새로운 개념을 내세워 IT, 3D 기술과 결합하면서 3.2퍼센트씩 성장이 예상되는 분야이다. 우리 음향산업 규모는 세계 10위라지만, 기술력은 선진국 대비 70퍼센트 정도이다. 2008년 1.9조 원이던 산업 규모를 2020년까지 10조 원 규모로 늘리고 세계 3위의 음향대국으로 발돋움하겠다는 야심 찬 계획을 세워놓기는 했는데, 글쎄올시다. 어쨌든 지난 10년 동안 음향 분야에서는 5.1 채널을 넘어 9.1 채널에 이르렀고, 다음에는 입체 음향 채집 기술 및 구현으로 넘어갈 것이다. 기존 오디오 CD도 SACD 등 훨씬 정보량이 풍성한 단계로 넘어가고 있다. 그동안 음악을 관장하는 행정 당국만 MP3 수준에서 음악을 관리하고 있었던 것이다. 앞으로 음악 포맷은 더 커지고, 음악인들은 LP를 뛰어넘는 감성을 담기 위해 불철주야 매진할 텐데 이를 지켜보는 사람 입장에서는 딱하지 않을 수가 없다. 음악의 실패는 한편으로는 소리에 대한 이해의 실패이자 음향산업을 배후산업을 포함한 하나의 틀로 이해하지 못한 프레임의 실패이다. 돈 내고 음악 파일 사라는 이야기만 할 게 아니라 구매체와 신매체 그리고 차세대 매체를 연계·통합해 시장을 키우고, 경쟁력을 강화하는 방안을 고민해야 했다. 좋은 음악과 녹음 기술 그리고 음향산업이 따로 노는 것 같지만, 모두 전후방효과를 내면서 소리의 생태계를 만드는 것이다.

어렵다고 해도 한국의 음향산업 규모는 1조 9000억 원대에 이른다. 여기서 1퍼센트만 떼어내 음향산업의 원천 기술에 해당하는 가수와 밴드들의 활동 기반을 조성하거나 국민들의 음악교육에 써보자. 정부도 지금까지의 정책 실패를 인정하고 대응자금을 내놓는다면 360억 원이 된다. 우리는 서글프게도 일본 음반시장의 니치(niche) 마켓으로 몰려가면서 그것을 '한류'라고 포장하는 데 급급하고 있다.

우리 시장은 빈사 상태인데 말이다.

지난 10년 동안 매체 이야기가 나올 때마다 LP는 퇴출되고 사장되는 구매체라고들 했다. 하지만 이는 우리나라에나 해당되는 소리다. 재즈, 팝 같은 올드팬이 있는 영역은 그간의 혼돈을 정리하고 새롭게 스몰 사이즈 마켓으로 완전히 자리 잡았고, 클럽에서는 DJ 믹싱용으로 여전히 힙합 앨범들이 수입된다. 광화문 교보문고 매장에도 다시 LP가 돌아왔지 않은가. 턴테이블 소유자들은 음악에 가장 많은 돈을 지출하는 충성도 높은 고객이다. 물론 마니아들이 지키는 작은 시장이기는 한데, 불편을 감수하고 음악을 듣는 사람들이 유럽과 일본에는 아주 많다. 이용이 편리할수록 소비가 늘 것 같지만, 문화현상에는 호기심과 편리함 그리고 고집스러움 같은 것들이 모두 개입한다. 21세기 들어 모든 음악이 MP3 하나로 통합될 거라고 예상하는 사람들이 많았지만, 그런 일은 벌어지지 않았다. 지금 비디오가 VHS, DVD 그리고 블루레이로 동시에 발매되듯이, 음악도 음질 향상을 위해 무게를 늘린 LP, SACD 등 차세대 포맷과 일반 CD 그리고 음원이 공존하면서 중요한 타이틀은 복수 형식을 유지할 것이다. 여기에 이미 등장한, 입체음향을 뛰어넘는 감성음향에 주목할 만하다. 향후 100조 원 이상으로 성장할 세계 음향산업은 이런 흐름을 타고 있다.

**인디 레이블과 소속 가수들**
서울의 인디 가수와 밴드들은 대부분 라이브클럽이 많은 홍대 주변을 중심으로 활동하고 있다. 2008년에 '서교음악자치회'라는 단체를 꾸려 공동 사업을 펼치고 있으며 현재 이 자치회에 가입한 인디 레이블은 43개이다.

# 4 신자유주의와 토건 앞에 선 클래식

처음에 클래식을 분석할 때에는 모차르트와 말러를 주로 사는 사람들에 대한 샘플 조사를 해보고 두 가지 구매 패턴 분석과 지역적 특성 혹은 계급 변수를 관찰해볼 생각이었다. 그러나 현재 한국의 클래식시장에서는 이런 분석이 별 의미가 없어 보인다. 국내 음반 판매량에서 차지하는 비중을 고려해 계산해본 결과 클래식의 시장 규모는 10~20억 원 정도다. 여기에 국내 성악가와 연주가의 비율을 감안하면, 수출을 포함해 국내 클래식 음악인들의 앨범시장은 모두 합해도 웬만한 기업의 일개 부서 예산보다 작은 규모다. 최근 늘어난 온라인 음원 비율을 감안해도 마찬가지일 것 같다. 물론 LP도 다시 팔리고, 클래식 전성기의 명반들도 복각되어 출시되지만 이쪽은 마니아 시장일 뿐이다. 어쨌든 모두 합쳐봐야 20억 원 미만 시장이라 국민경제 규모에서는 무의미한 수치다.

문화예술에 관한 실태조사는 한국문화예술위원회가 생겨난 2005년부터 시작되어 그 전 상황은 비교가 어려운데, 한국의 오케스트라는 2006년 총 단원 수 7만 6226명에서 2008년에는 5만 6911명으로 아주 빠르게 줄어들고 있다. 문제는 단원 수가 주는 것과 함께 비정규직화도 빠르게 진행된다는 점이다. 2006년에도 비상근 단원 비율이 72.5퍼센트로 전체 공연단체의 비정규직 비율인 76.8퍼센트보다 낮았다. 주요 공연예술 분야에서 비정규직 비율이 가장 낮은 곳은 62.4퍼센트를 기록한 무용이다.

| | 비정규직 비율(2006) | 비정규직 비율(2008) |
|---|---|---|
| 전체 | 76.8 | 78.9 |
| 연극 | 70 | 82 |
| 무용 | 78 | 62.4 |
| 양악 | 72.5 | 81.6 |
| 국악 | 83.1 | 77.4 |
| 복합 | 85 | 87.6 |

(2007년 공연예술실태조사, 2009년 공연예술실태조사)

2009년 데이터를 사용하지 못한 이유는 공연장만 조사했지 공연단체는 조사하지 않았기 때문이다. 이 수치를 보면, 전체적으로 공연단원들이 줄어드는 가운데 무용과 국악 부문의 비정규직 비율이 미미하게나마 낮아졌고 클래식 분야의 상황은 아주 어려워졌음을 알 수 있다.

그렇다면 이런 오케스트라 구조조정을 거쳐 시장에서의 상황은 더 나아졌는가? 2008년 기준 수입의 40.6퍼센트를 자체 조달했는데, 그중의 19.3퍼센트가 티켓 수입이다. 46.1퍼센트는 공공지원으로 충당하는데, 이는 국악(61.1퍼센트)보다는 낮지만 연극(35.3퍼센트)보다는 높은 수준이다. 그리고 기부금이 13.3퍼센트를 차지해 공연단체 중에서는 가장 많았다. 이런데도 클래식 악단의 평균 수입액은 1억 2000만 원이고 평균 지출액은 11억 9000만 원 정도이다. 공연단체 전체로 보면 총수입 5168억 원, 총지출 6406억 원인데 여기에는 보조금도 포함되어 있다. 티켓으로 들어오는 수익금을 계산해보면 지출액의 7퍼센트에 불과하다. 공짜표를 줄이고 공연장이 가득 찬다고 해도 수입이 지출의 10퍼센트를 넘기기 어렵다. 공연예술이라는 것이 기업경영처럼 생각해서는 도저히 견적서가 안 나오는 분야이다. 단원들 조금 줄이고 비정규직으로 바꾼다 해도 여전히 적자를 면치 못한다. 그럼 망해도 상관없는 것인가. 물론 공연장에도 안 가고, 발레도 국악도 안 보는 사람들은 그렇게 생각할 수도 있다. 굳이 거기에 세금을 쓸 필요가 있는가, 이렇게 생각할 사람도 없지는 않을 것이다. 이 문제를 따져보기에 앞서, 왜 갑자기 이런 상황에 처했는지를 생각해보자. 국민소득이 늘고 예전에 비해 클래식에 대한 선호도 역시 높아진 것 같은데, 왜 공연예술가는 줄어들고, 클래식 연주자들은 갈수록 비정규직으로 내몰리는가?

흐름만을 보면, 2000년대에 토건에 당하고 신자유주의에 뒤통수 맞은 것이다. 한국에서는 문화 부문의 예산도 건설사들이 토건경제에 얹어 가져갔는데, 처음에는 수도권에 그다음에는 지방에 '지역문화' 혹은 '지역경제' 등을 내걸고 대형 공연장들을 많이 지었다. 대규모 시설물은 2006~2007년경에 어느 정도 포화 상태가 되었고, 지방정부도 재정 상황이 급속히 악화되면서 더 이상 토건을 끌고 가기 어려워졌다. 그렇다고 공사를 안 할 수 없으니까 대형 오페라하우스를 서울같이 재정이 넉넉한 도시에 짓겠다고 나섰는데, 오페라하우스 대신 중고등학생들이나 지역 밴드 혹은 주민들이 사용할 작은 공연장이나 지역 극장이 더 필요하다는 반론에 밀려 주춤거리고 있다. 토건에 대한 반감이 생긴 것도 사실이다. 하지만 이 과정에서 상당수 클래식계 인사들이 토건 편에 섰다. 토건경제가 문화계를 포섭하는 방식은 결국 돈을 쓰는 것인데, 사회의 다른 분야와 마찬가지로 '문

티켓으로 들어오는 수익금은 어차피 지출액의 7%. 단원들을 약간 줄이거나
비정규직으로 바꾸는 등 기업과 같이 접근해봤자 견적이 나오지 않는다.

화의 토건화' 역시 광범위하게 진행되었다고 할 수 있다.

말은 문화예술 지원이지만, 실제로는 토건으로 간 돈이 슬슬 줄어들기 시작했을 때, 이를 '하드웨어에서 소프트웨어로'라는 구호가 실현되는 것으로 보고 클래식 쪽에서도 반긴 것 같다. 그런데 인건비 지원 등 보조금을 받지 않으면 존립할 수 없는 분야로 들어와야 할 돈이 다시 4대강 사업을 비롯한 토건으로 흘러가버렸다. 문화예술 분야를 대폭 지원해 문화복지로 가는 길을 열어야 할 텐데 2000년대 초반부터 슬슬 도입되기 시작한 문화계의 신자유주의가 공연예술에 매서운 한파를 몰고 왔다.

이명박 정권과 함께 예술계에는 찬바람이 불었다. 토건과 결합한 한국의 신자유주의 국면은 오페라하우스 건축과 더불어 국립오페라 단원을 해고하는 그로테스크한 장면을 연출한 것이다. 정부 지원이 축소되고 해고와 비정규직화로 예술가들의 신분이 불안해지고 가계의 문화비 지출도 줄어드는 상황이라 문화경제의 전망은 암울하기만 하다.

물론 클래식을 문화복지의 중심에 세워 지금보다 두 배는 더 많은 사람이 활동할 수 있는 정책을 만들 수는 있다. 음원의 가능성, 배후산업과의 연관성, 문화의 복합적 효과 등 경제적 타당성을 숫자로 나타내는 기법들이나 정책 옵션은 얼마든지 있다. 멸종 위기에 처한 고래종을 지키기 위한 정책도 수립하는데 많은 이들이 좋아하고 심오한 감동을 선사하는 클래식 음악을 살려내지 못할 이유가 없다. 그러나 그에 앞서 클래식 음악은 무엇이고 왜 2010년에 사회적으로나 문화적으로 더 많은 지원을 해줘야 하는지를 업계 종사자들이 다시 진지하게 생각해봐야 할 때인 것 같다. 척박한 1970년대에도 사람들은 음악감상실에서 클래식을 즐겼고 음악 전문 잡지를 구독했다. 하지만 지금은 거의 특혜에 가까운 정부 지원에도 불구하고 상황이 어렵다. 이에 대해 내부적인 성찰이 먼저 필요한 것 아닐까?

여담인데 정부에서 사용하는 '양악'이라는 명칭은 좋지 않은 것 같다. 너무 민족주의 냄새가 나고 글로벌 시대와 어울리지 않는다. 클래식이든 고전음악이든 걸맞은 명칭을 정착시켜야 할 것이다. 그리고 지금처럼 한국문화예술위원회에 얹혀 가는 방식으로는 클래식의 정체성을 지키기 어렵고 국민들과 소통하기도 어렵다. 자신들을 진정으로 대변할 수 있는 행정 체계도 고민해봐야 할 시점이다. 원로와 스타들이 후배 연주자들의 비정규직화가 "실력이 없어서 당연한 거고, 세계적 추세다."라고 주장하는 상황이라면, 국민들에게 왜 세금으로 클래식 음악을, 오케스트라를 지켜야 하는지 납득시키는 날은 오지 않을 것이다.

히로시마 관현악단이 2011년 초 306회 정기연주회를 열었다. 요금은 S석 5000엔, 학생석 1500엔 정도인데, 시민 중에는 이 돈을 감당하기 어려운 사람들도 있다. 그들을 위해 매일 60여 명에게 사흘간의 리허설을 공개한다. 연주회를 보기 어려운 사람은 리허설을 무료로 볼 수 있다. 히로시마는 원폭의 폐허 위에 시민들이 정성을 들여 재건한 도시이다. 인구는 약 110만 명으로 일본에서 중상위권에 드는 도시인데, 시민의 힘이 가장 강한 매력적인 도시이다. 시에서 내는 신문 제호가《시민과 시정》일 정도다. 히로시마는 일본에서 원자력발전의 비중이 가장 낮고, 원전 신화를 이끌던 일본 정치인들도 차마 히로시마 인근에는 원자력발전소를 건설하지 못했다. 이렇게 시민의 힘이 강한 도시에서 오케스트라도 시민과 함께할 수 있는 부분에 대해 늘 고민하고 있다고 한다.

우리나라에서도 정부나 지자체의 지원을 받는 공연단체들이 정말로 시민들과 호흡하기 위해 이런 시도들을 적극 도입해야 하지 않을까. 리허설, 백스테이지 투어, 마스터 클래스 등 방법은 많다. 하지만 이런 방법들을 마케팅의 측면이 아닌 향유자와의 교류라는 측면에서 고민해야 할 시점이다. 자신들만의 다양한 문화 프로그램을 만들어 시민들과 공유하고 함께 호흡하지 않으면 어려움을 호소해도 외면당하게 된다는 사실을 명심해야 한다.

**클래식 음반 판매 순위**
가온차트가 발표한 2010년 순위에 따르면 사라 브라이트만의 앨범이 3만 장 이상의 판매고를 올리며 클래식 음반 판매 1위를 기록했다. 이 앨범 이외에는 1만 장 이상 팔린 앨범이 없는 것으로 나타났다.

# 5 국악, 다시 민중 속으로

앨범과 공연 수익에 관한 이야기는 이미 클래식 분야에서 했기 때문에 국악에서 되풀이할 필요는 없을 것 같다. 정악과 속악의 차이가 과연 클래식과 대중음악의 차이 같은 것인가, 국창을 두었던 판소리는 국가 음악인가 아니면 민중 음악인가 하는 문제도 중요하기는 하지만 일단 뒤로 미뤄야겠다. 창작 국악도 있고 퓨전 국악도 있는데, 어차피 시장에서 대성공을 거둘 가능성은 크지 않다. 일본이나 중국을 비롯해 전통음악이 살아 있는 나라에서는 그런 시도를 하고 중요한 성과를 거두기도 한다. 그러니 지금이야 국악이 시민들에게 그다지 사랑받고 있지는 않지만, 앞으로의 일은 아무도 모른다. 종다양성협약이 처음 생길 때 신약 개발을 위한 동식물 DNA의 권리를 다루면서 지금과 같이 시장이 커질 줄 누가 알았겠는가? 마찬가지로 국악이 앞으로 침체일로를 걸을지 아니면 어떤 계기로 또다시 중흥기를 맞을지는 알 수 없는 일이다.

조선왕조 600년 동안 나름대로 진화를 계속한 국악은 소중한 유산이다. 일제시대에도 아악부를 1915년 이왕직 아악부로 개편했지만 그 자체를 말살하지는 않았다. 이왕직이라는 말은 이씨 왕가에서 운영한다는 의미인데, 이렇게 격하하는 이름을 붙여놓았지만, 그래도 전승은 시켰다. 해방 이후 이왕직 아악부는 국립국악원으로 개편되었다. 일제가 정악을 비롯한 우리 음악을 융성시킨 것은 아니지만, 최소한 그 예술적 가치를 인정해서 보존은 할 수 있도록 놓아두었다고 할 수 있다. 하물며 우리가 우리시대의 취향에 맞지 않는다고 국악을 홀대할 수는 없는 일이다.

1980년대에 '우리 음악'이라서 국악을 하는 게 아니라 "좋아서 하는" 시대를 열고자 했던 사람들이 있었다. 하지만 결국 그런 시대는 오지 않았다. 일부는 의무감에, 일부는 정부 지원을 기대해서, 일부는 그저 대학 진학을 위해 새로운 국악인의 대열에 들어갔다. 국악 계열 고등학교 정원에 비해 대학 정원이 넉넉한 편이기 때문에, 국악을 선택하면 사교육비는 좀 부담스럽지만 대학 가기는 상대적으로 수월하다. 물론 중산층에게나 해당되는 이야기인데, 이렇게 여유가 있는 이들에게 국악은 나쁘지 않은 선택이다. 이 과정에서 국악 전공자들은 일단 한 번 걸러진다. 이들의 기량은 50~60대 인간문화재급 연주자들과 경쟁이 되지 않는데, 새로 제도를 만들고 악단을 만들어 내던 지난 20년과 달리 최근 전공자들은 갈 데도 마땅치 않다. 게다가 요즘은 국악계에도 비정규직화가 강화되는 시점이다.

길게 보아 국악이 안고 있는 문제는 중산층 이상이 되어야 전공자나 연주자로 자리 잡을 수 있고 그 과정에서 너무 고급화로만 향하고 있다는 점이다. 하지만 대중들과 완전히 괴리된 채라면 그런 장르에서 제대로 된 '고급화'가 성공할 리도 없다. 게다가 국악은 민족의 음악이기 이전에 노동요이자 생활 음악이었다. 바로 그것이 국악의 힘인데 현실을 둘러보면 민중의 노래는 팝음악도 민중가요도 아닌 트로트라고 할 수 있다. 불과 50년 전 민요와 태평소가 있던 자리에 요즘은 트로트와 가요반주가 자리 잡았다. 국악의 진짜 경쟁자는 '양악'이라는 이름으로 불리는 클래식이 아니라 이 시대 민중의 음악

사수미
짐대예
올아셔

희금을
혀거를
드로라..

일부 고급 수요자들의 취향에만 맞춘 음악 전략으로
나아간다면 국악은 고립을 피할 수 없을지도 모른다.

인 트로트 아닐까? 국악은 트로트가 어떻게 지금의 자리에 섰을까를 연구해야 할 듯하다. 일부 고급 수요자들에게만 맞춘 음악은 결국 고립되게 마련이다. 경제위기 혹은 경제공황은 언제든 일어날 수 있는데 정부 예산에서 제일 먼저 삭감될 항목이 국악 예산이 아니라는 보장이 어디 있는가. 세종대왕 때에 아악을 정비하면서 궁중악사의 규모를 대폭 늘린 적이 있었다. 궁중 행사 규모면 상당수의 한성 백성들은 음악을 직접 들을 수 있었다. 심지어 왕조 시대에도 정악에서 관악편성과 대편성이 발달한 이유는 민중들과 함께 듣고자 하는 통치자의 의지가 있었기 때문이다.

사람들의 숨결을 느끼고 함께 호흡하려 하지 않으면 국악은 박제된 귀족 음악으로 전락해 정부 지원금으로 근근이 명맥을 이어 가게 된다. 사람들이 공연장을 찾지 않으면 공연장 밖으로 찾아나서야 할 것 아닌가? 상류층과 행정 관료들이 적극 지지하고 지원했는데도 클래식 음악산업이 실패한 이유에 대해 고민해야 한다. 그렇다고 국악 연주자들이나 작곡가들 혹은 기획자들이 한숨이 절로 나올 만큼 힘겨운 삶을 살아야 한다는 이야기는 아니다. 그러나 국악의 출발점이 '생활 음악'이라는 사실이, 2010년대에도 경제적 생명을 이어갈 수 있는 중요한 참조점임을 기억해야 한다.

**국악 공연 현황**
문예연감을 보면 최근 5년간 국악 공연은 연평균 약 2400회가량 무대에 올랐다. 이 공연 건수와 공연 횟수를 비교해보면 한 공연이 무대에서 평균 몇 회 공연되는지 알 수 있다.

# 6 낙원상가를 지키자

한국에서 왜 예술가들이 토건의 손을 굳게 잡았는지 일견 이해
는 되지만 과연 달리 선택할 수는 없었는가, 그런 생각을 종종 해본
다. 이른바 1퍼센트 법이 있는 미술의 경우는 그렇다 쳐도 사실 음악
은 토건적 요소가 그리 강하지 않다. 야구인들도 동대문운동장을 꼼
짝 못하고 빼앗겨버렸는데, 음악에서 세운상가의 기능은 야구에서
동대문운동장의 기능보다 훨씬 막중하고 포괄적이다. 동대문운동장
이 많은 야구선수에게 유소년 시절 기억의 장이라면, 낙원상가는 음
악산업의 가장 중요한 배후 단지이자 음악과 일반인들을 연결하는
최전선 교두보이다.

여담이지만 사실 낙원상가가 아직 버티고 있는 가장 중요한 요
인은 교회 음악이다. 서울은 전 세계에서 대형 교회가 가장 밀집된 도
시다. 낙원상가의 기본 매출이 교회에서 나오는데, 악기도 악기지만
대형 음향설비업계는 교회 없으면 바로 무너질 판이다. 가수들과 연
주자의 경우도 사정은 크게 다르지 않다. 우리나라 CCM(Contemporary
Christian Music)은 미국과는 달리 규모가 크지 않다. 하지만 도서시장에
서 그렇듯이 여전히 교회는 음악시장에서 가장 큰 손이다. 교회는 곧
한국 문화계에서 가장 영향력 있는 집단이 될 가능성이 크다.

우리 문화에서 전성기의 패턴을 보여주는 해는 2000년대 초이
다. 그 이후 음악과 관련된 가계 지출 지수들이 줄줄이 하락했다. 음
반 구입비는 대폭 하락했고 도서 구입비도 마찬가지였다. 악보 가게

들도 많이 문을 닫았다. 유일하게 괜찮은 지표는 악기 구입비이다. 2004년 우리나라 가계는 매달 1141원을 악기 구입에 썼는데, 2010년 1287원으로 약간 늘었다. 물론 물가 상승이나 소득 상승과 비교하면 미미한 수치지만, 카메라와 애완동물을 제외한 다른 부문의 지출은 거의 다 줄었으니 현상유지를 한 것만 해도 대단하다. 일반인들이 악기를 잡으면 음악 관련 지출은 늘어난다. 연주회도 더 많이 가고 음반도 더 많이 구입해 음악생태계 자체가 커진다. 일반인들이 악기를 구경하거나 사려고 할 때 제일 먼저 찾는 곳이 낙원상가이다. 내가 처음 산 해금은 연주자가 쓰던 것을 선생님의 주선으로 산 것인데, 사자마자 달려간 곳이 낙원상가였다. 아주 마음에 드는 검은색 가죽 케이스와 어깨에 매는 벨트를 주문 제작했을 때의 기분을 지금도 잊지 못한다. 그후 낙원상가에서 기타도 구입했다. 요즘도 틈만 나면 가서 베이스나 전자 첼로 따위를 황홀한 기분으로 구경하다가 돌아오곤 한다.

기술입국의 심장부라는 공구상가의 중심인 세운상가도 헐렸고 동대문운동장도 못 지킨 상황에서 음악산업의 전초기지이자 후방산업이 아직도 서울 시내 한복판에 버티고 있다니 그야말로 기적이다. 낡은 건물은 리노베이션을 하거나 정비하면 된다. 4대강의 문화재들을 그냥 밀어버리기 일쑤인 사람들 앞에서 낙원상가를 지키기란 음악의 탈토건 시대를 여는 것과 마찬가지이다. 문화의 확산은 덜렁 건물 하나 짓는다고 이루어질 리 없고, 음악생태계를 키우는 일은 토건과는 별 상관이 없다. 호화로운 지방 연주장 건립이 공연예술 분야에 몰고 온 위기를 보지 않았는가. 중요한 것은, 시민들이 음악을 가까이하고 악기 하나쯤은 연주할 수 있는 문화적 토대를 만드는 것이다. 그

일반인들이 악기를 잡으면 음악에 대한 지출은 늘어난다. 연주회도 더
많이 가고 음반도 더 구입하여, 음악생태계 자체를 키우게 될 것이다.

렇게 연주하며 즐기는 사람들이 자연스레 관심이 가는 음반도 사서 들으면서 음악의 사회적 기반을 조성해나갈 수 있을 것이다.

탈토건 흐름과 함께 음악에도 새로운 시장이 형성되는 전기를 맞게 된다. 정부 지원이 아니라 주거비 부담 경감이나 보편적 복지의 확산으로 가계에서 문화에 지출할 수 있는 여력이 생겨날 때 비로소 문화가 경제적 기반을 갖추게 되는 것이다. 생각해보자. 주5일제가 도입될 때, 우리는 그것을 토건적 발상으로만 받아들였다. 그래서 주말여행을 활성화한다면서 도로 늘리고, 관광산업 육성한다면서 지방에 시설물들만 늘렸다. 땅값 상승으로 토호들은 주체할 수 없이 돈을 벌었겠지만 관광산업 활성화로 지방경제가 전반적으로 개선되었다는 증거는 찾을 수 없다. 전 연령층, 전 직종에서 1990년대 후반과 지금의 주말 텔레비전 시청 시간도 별 차이가 없다. 문화는 우리 일상과 밀접한 관련을 맺게 마련인데 토건 시대에 우리는 이에 대해 크게 고민하지 않았다.

한국에서 토건과 사교육은 묘하게 연결되어 있는데, 음악계에도 한 달에 200만 원은 족히 넘는다는 입시용 사교육 비용이 흘러들어 왔다. 긴 안목으로 보면 우리 아이들이 중고등학교 시절에 자발적으로 음악을 접할 기회를 얻지 못하는 현실이 음악계에 가장 큰 위협 요소이다. 클래식이나 국악, 무용 같은 분야는 익숙해지는 데 상당한 시간과 교육이 필요하다. 음대 교수들이나 강사들이 입시용 레슨으로 짭짤한 수입을 올리는지 모르겠는데, 입시용 교육만 과도하게 팽창한 이런 구조가 음악산업의 기반을 밑에서부터 붕괴시키는 것이다.

자식의 삶이 풍요롭기를 바란다면, 부모는 중학교에 들어가는 아이에게 한 달에 CD 두 장씩을 사주었으면 한다. 그러면 1년에 스물네 장, 6년이면 144장이다. 하루에 12시간씩 들으면 2주일 동안 들을 수 있는 분량이다. 앨범 한 장에는 물론 히트한 타이틀곡도 실려 있지만, 한 가수나 연주자가 나름의 스토리와 플롯으로 만들어낸 서사구조가 있다. 귀에 익은 음악 파일 한두 개만 들을 때와는 다른 스토리를 이해하게 된다. 그것이 바로 맥락에 대한 공부이고, 숨겨진 구조들을 찾아내는 훈련이다. 그런 음악은 살아가면서 힘들 때마다 지난날을, 자신이 출발한 곳을 돌아볼 수 있게 해준다. 한마디로 삶의 동반자가 되는 것이다. 이렇게 삶에 음악이 친구처럼 스며들 때 개인의 삶도 풍성해질 뿐 아니라 우리 사회도 풍요로워진다. 중학교에 들어가서 처음 산 CD 한 장이 이런 놀라운 변화를 일구어낼 수 있다. 토건시대에 중산층은 아파트 투기하고 가난한 사람들은 치솟은 집값이나 월세를 감당하느라 헉헉거리면서 기초적인 문화조차 향수하지 못했다. 거듭 말하지만, 불도저가 못한 일을 중학생 소녀의 방에 있는 CD 한 장이 해낼 수 있다.

**대형 음악페스티벌**
우리나라에 대규모 대중음악 페스티벌이 자리 잡기 시작한 것은 90년대 중반 이후부터로, 10여 년의 역사를 갖고 있다. 2000년 이후 급격하게 침체된 음악산업의 대안으로 공연산업이 성장하기 시작하였다.

# 5

# 한국 스포츠에서 발전과 진보

# 1 파리 수영장에서 만난 할머니들

　오랫동안 성장제일주의, 경제근본주의가 한국을 뒤덮었다. 그리하여 많은 한국인들이 우울증이나 수면장애 혹은 집단 분노로 빠져드는 모습을 보인다. 스포츠는 선진국에서는 몸 건강은 물론 정신 건강을 보장해주는 주요 장치가 되었다. 건강보험료 지출을 줄이기 위해서는 사회체육에 대한 지출을 늘리는 편이 현명한 처방이다. 다이어트 약품을 팔기보다는 저지방 식단에 보조금을 주는 쪽이 더 도움이 된다는 이야기와 같은 이치이다.

　스포츠와 관련해서 기억에 남는 장면을 하나 꼽아보겠다. 프랑스 유학 시절 내가 주로 가던 곳은 올림픽을 치렀던 파리 10대학 내에 있던 수영장이었다. 이곳에는 68혁명과 관련된 일화도 많은데, 특히 당시 농성 중이던 학생들을 설득하기 위해 이곳을 찾은 교육부장관을 학생들이 수영장에 빠뜨린 일이 유명하다. 여기서 예순 살은 족히 넘어 보이는 할머니들과 할아버지들을 많이 만났는데 정말 천천히 수영을 하신다. 레인이 부족한 한국 수영장에서 할머니들을 만나면 좀 짜증이 나겠지만, 그곳은 워낙 사람이 적어서 불편하지 않았다. 나이 예순, 일흔에도 부부가 수영장에서 노년을 즐길 수 있는 삶……, 참 인상적이었다. 선진국 노년의 모습을 나는 수영장에서 처음 보았다. 내가 성인이 되어 기억하는 한국의 1인당 국민소득은 8000달러대에서 시작한다. 김영삼 정부 시절이었는데, '삶의 질'이라는 말이 정책의 키워드였다. 1만 달러를 넘어 2만 달러 시대로 가자는 캠페인과 함께 한참 토건 열풍이 불어닥쳤다. 내가 파리 수영장에서 노년을 즐기는 프랑스인들을 보았을 때 프랑스의 국민소득은 아직 2만 불을 넘지 못하던 시절이었다. 지역 소득으로는 파리와 리옹 정도가 그 수준에 근접해 있었다. 지금 우리의 국민소득은 2만 불이 넘지만 수영장에서 천천히 유영하면서 살아가는 노인들은 보기 어렵다.

수영장을 배경으로 한 영화 중에 제일 재미있게 본 것은 「워터보이즈」였다. 학교 체육의 일환으로 학교마다 수영장을 설치하던 시절의 일본 이야기이다. 수영장이 있는 공립학교라니, 부럽기만 하다. 제일 멋진 수영장은 「카모메 식당」에서 사치에가 생각을 정리할 때 수영을 하던, 헬싱키의 고풍스러운 건물 안에 있는 듯한 수영장이었다. 일본 영화에 나오는 수영장이 중산층임을 보여주기 위한 장치라면, 한국의 수영장들은 드라마 「신이라 불리운 사나이」에 나왔던 개인 수영장처럼 부유층의 상징으로 쓰인다.

모든 문화현상에는 계급 코드가 붙는다. 가장 계급적 특성이 약한 것이 영화와 드라마이고 오케스트라 연주와 오페라 같은 공연예술은 계급적 특징이 강하다. 계급과는 상관없이 고급문화를 즐기는 거의 유일한 계층이 학생과 지식인이라고 할 수 있다. 지식인은 소득은 적어도 문화적 취향만은 고급스러운 조금 독특한 계층이다. 스포츠는 어떤 분야보다 국가의 입김이 강하고 계급적 속성이 뚜렷한 분야이다. '세바트르(s'ébattre)', 서로 다투다라는 뜻에서 나온 스포츠는 근대국가의 산물인데, 지금 우리가 생각하는 것처럼 스펙터클로 변한 시점은 19세기 후반에서 20세기 초반이라고 할 수 있다. 19세기 영국을 중심으로 노동자들이 본격적으로 등장하면서 아스날이나 맨체

스터 유나이티드 같은 노동자들의 축구팀이 생겨나기 시작한다. 첼시는 조금 뒤에, 이런 노동자들을 싫어했던 도시 상류층이 만든 팀이다. 1990년대 들어 스포츠 마케팅 논리로 움직이는 대표적인 클럽들이지만, 스포츠라는 것이 원래 계급적 분리가 확연히 드러나는 분야이다. 지금도 프랑스의 올림픽 마르세유 팀은 사회당 정권 시절을 상징하고, 파리 생제르맹은 우파, 특히 극우파를 상징한다. 생제르맹 경기가 끝나면 길을 가던 아랍계 이민자들이 종종 생제르맹 훌리건들에게 집단 폭행을 당하는 일이 벌어진다.

우리나라에서는 스포츠 자체가 계급적이지는 않지만, 계급적 특징은 관찰되는 것 같다. 골프가 대표적인 계급 스포츠라고 할 수 있다. 우리나라에서 사람들이 가장 하고 싶어하는 스포츠는 수영(17.2퍼센트), 골프 (7.2퍼센트), 요가(6.5퍼센트), 헬스(6.0퍼센트) 순이다(문화부, 2008 체육지표보고서). 그러나 실제로 국민들이 참여하는 운동은 걷기(29.9퍼센트), 헬스(14.2퍼센트), 등산(13.6퍼센트), 축구(8.6퍼센트), 수영(5.6퍼센트), 배드민턴(5.6퍼센트), 자전거(5.0퍼센트) 순이고, 골프는 2.7퍼센트에 불과하다(체육과학연구원, '국민생활체육활동 참여 실태조사' 2008년). 골프만큼 계급적 특징이 강하지는 않지만, 반생태적인 토건 스포츠인 스키는 댄스스포츠(0.9퍼센트)보다 참여 인구가 적다.

7.2퍼센트의 국민이 골프를 치고 싶어하는데, 이들은 지배계층이 되고 싶어하는 사람들이라고 봐도 무방할 것 같다. 골프 인구 2.7퍼센트, 성별로 보면 남성 중 3.8퍼센트, 여성 중 1.4퍼센트인데, 이들이 사실상 한국의 지배자라고 볼 수 있을 것이다. 골프를 치고는 싶지만 현실적으로는 못 치는 나머지 4.5퍼센트가 지배층에 대한 적극적

협력자라고 하면 과도한 일반화일까? 영국을 비롯한 OECD 국가에서 여성 골퍼의 비중이 1퍼센트 정도인데, 한국은 여성 골퍼 수치가 약간 높은 편이다. 자, 이 수치를 조금 더 살펴보자. 대학원 졸업자의 9.7퍼센트가 골프를 치고, 대졸자의 4.9퍼센트가 골프를 친다. 월 300만 원 이하 소득자는 거의 골프를 못 치고, 400만 원 이상 소득자의 6.1퍼센트가 골프를 친다. 대학원 졸업 이상 그리고 400만 원 이상 소득자에게도 골프보다는 수영이 더 인기 스포츠이다. 직업으로 보면, 자영업이나 판매 서비스직 종사자는 각각 3.4퍼센트, 3.0퍼센트를 기록해 장사를 하려면 골프를 쳐야 한다는 말도 검증되지는 않는다. 사무직 종사자 역시 4.2퍼센트에 불과해서 회사 다니려면 골프 쳐야 한다는 말도 현실성은 없다. 전문직 종사자 10.2퍼센트 정도가 골프를 치니까 교수들이 골프 많이 친다는 이야기는 어느 정도 사실이고, 갑자기 수치가 높아지는 부류는 경영/관리직으로 42.6퍼센트이다. 사

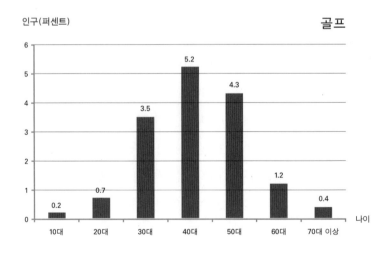

인구(퍼센트)                                                수영

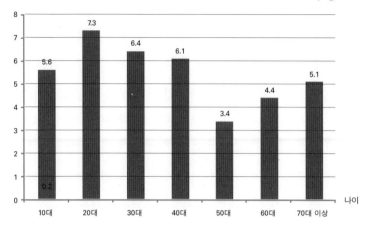

실 사장 중에서 절반 넘게 골프를 치지 않는다는 사실도 좀 놀랍기는 하다. 생각보다 안 치는 사장들이 많은 편이다. 이들은 등산(14.9퍼센트)과 걷기(12.8퍼센트)를 즐겨 했다. 이 통계가 어느 정도 현실을 반영한다면, 한국에서 골프는 소수 자본가 계급의 스포츠인 셈이다. 농민/어업인 중에서 골프 치는 사람은 0퍼센트이고, 이들은 걷기(43.6퍼센트), 등산(11.8퍼센트), 축구(7.3퍼센트)를 좋아했다. 기왕 비교를 시작한 김에 연령별 비교도 해보자.

위의 두 그래프는 각각 골프와 수영의 세대 내 분포도이다. 똑같은 도표를 고용률 등 세대간 수치 분석할 때 많이 봤는데, 세대 편차가 40~50대에게 집중된 전형적인 사례이다. 골프는 10대의 0.2퍼센트, 20대의 0.7퍼센트만 참여한다. 게다가 나이 먹으면 골프밖에 할 게 없다는 일부의 주장도 수치상으로는 입증되지 않는다. 60대 1.2퍼센트, 70대의 0.4퍼센트만이 골프에 참여한다. 수영은 60대 4.4퍼센

트, 70대는 5.1퍼센트로 수치가 더 올라간다. 그러니까 퍼블릭 골프장을 만든다고 골프장에 보조하는 사업은 계급적인 문제도 있지만, 40대와 50대에게 편중된 보조금 정책인 셈이다. 10대, 20대는 골프를 안 치고, 사실 60대 이상도 거의 안 친다. 수영은 세대 효과나 재산 효과가 없는 대표적인 스포츠이다. 월 400만 원 이상 소득자의 7.3퍼센트가 수영을 하지만, 100~150만 원 소득자도 4.2퍼센트가 수영을 해 가난한 사람도 수영을 즐긴다는 것을 알 수 있다. 351~400만 원 소득자(5.2퍼센트)보다 그리 낮지 않다. 농어민이 1.8퍼센트로 낮고, 전문/자유직이 9.3퍼센트로 높지만, 대체로 5~6퍼센트 수준으로 수영을 즐기기 때문에 직업적 편차도 거의 없다. 무직자도 3.1퍼센트가 수영을 한다. 걷기와 등산 정도를 제외하면 한국에서는 수영이 진짜 평등

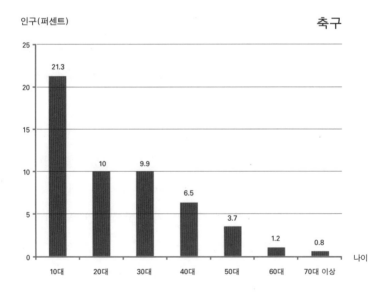

스포츠계에 스타만 있는가? 스포츠 강사는 물론이고 2군 선수,
연습생...... 최저 생활비도 못 받는 비정규직은 또 얼마나 많은가?

한 스포츠인 셈이다. 게다가 여성 참여율이 남성(3.3퍼센트)에 비해 두 배 이상 높은 8.3퍼센트라서 여성의 참여 효과도 상당히 우수하다. 물론 남성들이 주도하는 골프에 비해 사회적으로 그리 주목받지 못하고 수영장 늘려달라는 여론도 잘 형성하지 못한다. 참고로 10대와 20대에 대해 스포츠를 통한 복지를 높이려면, 축구와 농구 시설에 지원하는 편이 효과적이라는 게 분석 결과다. 젊어서 하다가 나이 먹으면 하기가 어려운 대표적인 스포츠가 축구와 농구이다.

그런데 한국에 대중적 스포츠는 있지만, 대중들을 대변해주는 스포츠는 없다. 우리의 스포츠 스타는 주로 국가를 대변하는 국수주의자가 되거나 광고주를 대변할 뿐이다. 스포츠 역시 문화적·정치적 문제와 깊은 관련이 있다. 확실히 한국의 엘리트 스포츠는 계급적이기는 한데, 자신들이 속한 계급이 아니라 회사를 대변한다. 그리고 골프는 사장들과 전문직, 고학력을 대변해준다. 물론 많은 운동선수들이 현실적으로는 노동자들보다 낮은 계급을 형성하지만 그들은 자기 계급이나 계층을 대변하지 않는다.

1968년 멕시코 올림픽 남자 200미터 시상식에서 1위를 차지한 미국의 토미 스미스와 3위를 차지한 존 카를로스는 시상식에서 흑인들의 울분을 담아 국가가 연주되는 순간 검은 장갑을 낀 손을 치켜든다. 그들은 흑인해방사에서 영원히 잊혀지지 않을 한 장면을 연출했다. 물론 이런 일도 한국에서는 벌어지지 않는다. 가난이 너무너무 싫었다는 스포츠 영웅은 있었어도, 가난한 사람을 대변하겠다는 영원한 축구 황제 펠레 같은 사람은 없었다.

자, 가만히 생각해보자. 흑인을 대변했던 스포츠 영웅의 역사는 토미 스미스에서 무하마드 알리까지, 흑인들이 어느 정도 권리를 가지게 되기까지 계속해서 이어졌다. 이제 흑인들이 스포츠계에서 힘을 쓰지 못하는 분야는 수영 정도이다. 그렇다면 우리의 스포츠 스타는 아시아인을 대변하는가? 그들은 대표할지는 몰라도 대변하지는 않는다. 그들은 오로지 자신과 가족 그리고 국민만을 대변한다.

원래 스펙터클이 영웅들의 화려한 성과를 보여주는 것이긴 하지만, 정말 깊은 곳에서 에너지를 끌어내기 위해서는 진정성 있게 자신의 계층을 대표해야 한다. 한국의 운동선수들은 지독할 정도로 국가와 토건 세력 그리고 회사를 대표한다. 나는 경제분석을 할 때 계급성을 강조하는 편은 아니다. 현실이 계급성으로 잘 설명되지도 않고, 1차 분석으로는 거의 아무런 연관성도 안 나와서 2차, 3차 분석을 해야 뭔가 나오는 경우가 대부분이기 때문이다. 상관분석이나 회귀분석을 해봐도 계급적 특징이 잘 드러나지 않는 경우가 많다. 그러나 한국 스포츠를 곰곰 뒤돌아보면 한 번쯤은 계급성에 대해 물어야 한다는 생각이 들었고 지금이 바로 그 시점인 듯하다.

국민체력지수에서 확인되는 한국 국민들의 체력은 OECD 최하위이다. 그야말로 우리는 저질체력이다. 거기다 자신이 스포츠를 제대로 즐기지 못하는 이유가 시설 부족 때문(14.2퍼센트)이 아니라 게을러서라고(64.3퍼센트) 자책하는 정말 착한 국민들이 한국인들이다. 자신이 게으르다고 생각하는 국민이 2000년에는 50퍼센트였으니까 해가 갈수록 늘어나는 셈이다.

다시 처음 이야기로 돌아가면 내가 프랑스에서 만났던 수영장의 할머니들은 사민주의 국가에서 은퇴한 평범한 노동자일 개연성이 높다. 그들은 선진국의 부유한 중산층이 아니다. 왜냐하면 내가 갔던 수영장들은 정부에서 운영하는 아주 값싼 수영장이었기 때문이다. 앞서 이야기한 일본의 수영장들 역시 공민 교육에 흡수된 수영 교육 시설이다. 우리는 바로 이런 길을 가야 하고, 그래야 스포츠와 관련된 고용이나 후생 수준도 높아진다. 지금 국제대회에 출전하던 수영 선수들이 강사로서 어떻게 살고 있는가, 잠깐 생각해보시길 바란다. 1990년대 민주화 과정을 거치면서 문화 부문에서도 나름대로 개방을 시도했고 담론을 만들어냈다. 또 노조들도 생겨났다. 하지만 스포츠 분야는 예외였다. 그나마 프로야구는 선수협 파동을 거치면서 노조 비슷한 거라도 만들었지만 다른 종목들에서 노조는 어림도 없는 소리다. 미국은 미식축구에도 노조가 있고 고액연봉을 받는 선수들이 파업을 한다. 수십억 연봉을 받는 선수들도 노동자냐고 반문할 수 있겠지만, 실제로 노동자로서 당당히 자신의 권리를 외친다. 이런 흐름에서 한국은 '글로벌 스탠더드'는 물론이고 국내 표준조차 맞추지 못하는 실정이다. 스포츠계에는 스타도 있지만 최저생계비에도 못 미치는 소득으로 살아가는 사람들이 훨씬 많다. 스포츠를 커다란 생태계로 볼 때, 지금은 그 토대가 너무나 취약하다. 게다가 왜 엘리트 스포츠를 더 키워야 하는지 경제학자 입장에서 시민들에게 설명할 말이 별로 없다.

한 가지 수치를 검토하고 정리하자. 2008년 국가대표 숫자는 994명으로, 2005년을 정점으로 줄어드는 중이다. 등록 선수 역시 12만 8249명으로 2003년을 정점으로 줄어드는 중이다. 시장의 확대로 고액 연봉을 받는 선수는 늘었겠지만 선수들의 숫자는 주는 중이다. 국가대표나 프로팀 등에 치중하는 엘리트 스포츠는 이미 한계에 이르렀다. 현재 체육중학교는 7개교가 있고 학생 수는 740명, 졸업생은 4079명이 있다. 체육고등학교는 더 많아서 15개교에 재학생 3625명, 졸업생 2만 9557명이 있다. 2007년 기준으로 대학의 체육학과 학생들만 5만 7000명이 넘는다. 학부생과 중복 계산될 수도 있는데, 석사과정 1470명, 박사과정 1328명이다. 여기에 전문대학생도 2만 3000명가량 된다. 국가대표는 정원이 1000명도 안 되고, 지금까지 스포츠 연금을 받는 사람은 100명 정도다. 이들을 다 연금이라는 배에 태우고 갈 방법도 없다. 엘리트 스포츠는 우리나라 경제 규모를 생각하면 키울 만큼 키웠는데, 이제는 정말 한계에 왔다. 어쩌자는 것이냐?

**국민 체력 실태**
'체격은 커지고 체력은 떨어지고'라는 헤드라인을 단 기사가 매년 반복될 만큼, 한국인들의 체격은 좋아졌지만 체력은 OECD 최저 수준으로 떨어진 실정이다.

## 2 스포츠의 압축성장과 해체 과정

지난 하계 올림픽 개최 도시와 관련하여 도쿄도지사가 동경 유치에 관한 의견을 낸 적이 있다. 도쿄 시민들은 웃기지 말라고 냉소했다. 결국 공무원들이 밀어붙였는데, 2차 투표에서 탈락했다. 최소한 일본은 엘리트 스포츠의 폐단과 스포츠 토건은 어느 정도 극복했고, 극우파들이나 국제대회 성적 하락을 이유로 다시 엘리트 스포츠로 전환하자고 주장한다. 하지만 이미 사회 스포츠로 자리 잡은 상태라서 옛날로 돌아가기는 쉽지 않다. 우리는 100미터 트랙이 없는 학교가 많지만, 일본은 학교에 수영장을 설치하는 일을 중요하게 여긴다. 물론 사회인들이 올림픽에 나가고 엘리트 스포츠를 지원하지 않으면 올림픽 메달 수는 준다. 그래서 우리는 2010년 아시안게임에서 일본을 이겼다. 그런데 진짜로 일본을 이긴 것일까?

지금까지 다른 분야에서 살펴본 것처럼 문화를 그저 시장으로만 본다면 여기에는 본원상품이 있다. 영화의 극장 관람객, 드라마의 본방 시청률, 잡지의 오프라인 간행물, 음악의 음반인데, 이런 상품의 판매가 줄면 나머지 파생상품을 아무리 늘려도 전체 시장 규모는 줄어들 수밖에 없다. 그렇다면 스포츠의 본원상품은 무엇일까? 올림픽 메달? 월드컵 4강? 이런 것들은 정부 지원금 규모는 결정할지 몰라도, 문화의 본원상품으로서의 기능은 거의 하지 못한다. 스포츠의 본원상품은 바로 일반인 체육이나 사회인 체육이다. 다른 말로 생활체육이다. 자, 우리가 열광하는 월드컵을 생각해보자.

유럽의 클럽팀이나 유소년 축구, 중남미나 아프리카 소년들의 축구 열기, 그것이 축구의 본원시장이고 경쟁력의 원천이라고 누구나 지적한다. 맞다. 우리에게는 그게 없다. 그래서 당장 돈을 투입하고, 외국의 유명 클럽에 보내 단기간에 성적을 높이려 한다. 그렇게 해서 우리는 장기적으로 무엇을 얻을까? 우리는 압축성장으로 경제를 끌어올렸지만 그 폐해 역시 안고 있다. 언젠가는 내수 중심의 경제로 전환해야 한다는 주장에 많은 사람들이 동의하고 있지 않은가? 그런 경제 구조의 폐해를 스포츠에서도 반복할 필요가 있을까? 영화 「우리 생애 최고의 순간」에서 보았듯이, 올림픽 금메달을 따도 비인기 종목은 거의 예외 없이 계속 비인기 종목이다. 국민들이 무심하다고들 하지만 사실 우리 국민은 핸드볼 별로 안 좋아한다. 금메달이 걸렸다고 억지로 사람들을 밀어넣은 시스템이 문제지 별로 흥미를 못 느끼는 사람들을 탓할 문제는 아니다. 이런 방식으로 체육의 저변을 넓히거나 다양성을 확보하기는 어렵다. '퍼펙트 텐'이라는 말을 만들어낸 한국 양궁은 세계 최고의 수준이지만 취미로 활을 배우는 사람은 거의 없고, "멀리 쏘는 게 너무 멋있어요."라면서 오히려 국궁을 배우는 사람을 더 많이 봤다. 그럼 월드컵은? 국내 리그가 어려워진 지 오래이다. 그나마 시민들의 정성으로 시민구단이 생겨난 정도가 특기할 점이다. 온갖 불량식품 파동이 나도 한국 사람들은 한 달만 지나면 완전히 잊어버린다. 국제대회 성과도 마찬가지다. 정권은 올림픽 메달 같은 국제대회 성과를 스포츠의 본원상품으로 생각하겠지만 실제 시장 반응은 별로 그렇지 않다. 생활체육으로 돌아오면 현실의 벽은 높고, 이런 공간에서 사람들은 그다지 국수주의적인 양상을 보이진 않는다. 다만 전형적인 내부 시장의 특성상 메달이 늘면 해당 종목의 지원자들은 늘어난다. 국민과 상당수의 스포츠 종목은 올림픽 기간을 빼면 거의 단절되어 있다.

한국 스포츠의 토건적 양상은 『디버블링』에서 충분히 다룬 적이 있으므로, 지금은 국수주의의 기원을 잠시 생각해보자. 냉전이 한창이던 시절, 국가주의와 함께 스포츠 국수주의가 기승을 부렸다. 스포츠에서 자본주의와 사회주의의 체제 대결이었던 셈인데, 핵 미사일이 서로를 겨누고 있던 시절에 양측 선수들이 만날 수 있었던 올림픽에서의 국수주의는 '평화의 기능' 정도로 용인했다. 1990년대 초반, 동구의 붕괴로 잠시 주춤했으나 이제는 시장이 나서서 스포츠 마케팅의 일환으로 다시 스포츠 국수주의를 강화했다. 차베스의 베네수엘라도 팬암이라는 중남미판 아시안게임에서 엄청 국주주의적인 모습을 보인다. 김성훈 사범이 지도하는 태권도에서 대회 막판에 메달이 나왔을 때, 차베스가 대통령 전용기를 보내준 적도 있다. 김성훈 사범은 베네수엘라에서는 완전 히딩크 급이다. 말은 시장경제라고 하지만, 21세기 경제는 국가가 상당한 역할을 하는 국민경제 요소가 강하기 때문에 지휘권을 잡은 정권 차원에서 국수주의를 정치적으로 조장하고 활용하는 사태는 피하기 어렵다. 그리고 너무 강화되지만 않으면 일정한 규모의 민족주의 자체가 해악이라고까지 하기는 어렵다. 그러나 우리는 해도 너무한다. 한국 스포츠에서 국수주의와 돈을 빼면 무엇이 남을까?

엘리트 스포츠 체계가 유신독재와 함께 시작해 신군부 시대에 최고조에 이르렀다는 거야 새삼 반복할 필요는 없겠다. 그런데 이를 너무 강화하다 보니 동구 소비에트 모델이 강하게 밀고 들어와 중학교나 고등학교 때부터 엘리트를 선발해서 별도 훈련을 시키는, 그야말로 '스포츠의 압축성장' 모델이 자리 잡았다. '꿈나무'를 따로 선발해 특수학교에서 교육하는 것은 러시아 모델인데 국민이나 지역사회의 지지와는 별 상관없이 정부가 전격 도입해 밀고 나갔다. 그리고 성과에 대한 경제적 보상으로 스포츠 연금을 도입했다. 연금은 다음 세대가 현 세대의 노후를 책임지는 시스템인데, 들어오는 돈은 없이 주기만 하는 이상한 연금이 생겨났다. 군사독재 시절이라서 아무도 여기에 입도 뻥끗 못 했다. 거기에 스포츠보다 더 복잡한 교육 문제까지 얽혀들면서 아무도 이의를 제기하지 못하는 신성한 영역이 되어버렸다. 스포츠라는 게 완전히 괴물이 된 것이다. 체육중학교나 체육고등학교가 엘리트 산실처럼 보이지만 사실 소비에트식 특수학교나 다름없다. 현재 우리네 체육고등학교에서는 올림픽과 국제대회의 성과라는 과실을 목표로 학생들의 정신적·육체적 자유를 박탈하고 있지 않은지 생각해볼 문제다.

OECD 국가 중에서 한국에만 있는 것이 중등 단계의 체육학교와 체육 연금이다. 자, 이것을 앞으로도 계속 유지해야 할까. 지금까지는 평준화 해체가 교육 발전이라고 생각하는 사람들이 많았기 때문에 예술고등학교를 포함해서 체고의 존재는 여론주도층에게 방패막이 역할을 했다. 그러나 한국이 거의 모든 분야에서 모델로 삼는 미국도 이런 식으로 하지는 않고, 대학 선수들에게도 학업 성취도를 요구한다. 이는 인권 차원에서 접근해야 하는 문제다. 어른들의 금메달 욕심으로 수천 명의 중고등학생들을 고립시킨 채로 강훈련을 시는 것은 잔인한 일이다. 이런 학교들을 당장 없애자는 이야기는 아니다. 넓은 차원에서 외고나 과학고 같은 특수 목적고를 어떻게 보고 평가할 것인가를 따져보고 방침을 정해야 한다. 없애면 어떨까? 다른 OECD 국가들처럼 정상적인 교육과정으로 흡수하고, 전체적으로는 국영수 중심인 학교 교육을 개선하는 과정에서 학교 체육 비중을 높이는 방향으로 가야 할 것이다. 한국이 진정한 선진국으로 발돋움하면 사회적 인권 수준도 높아지고 국수주의도 완화되면서 결국은 이런 장치들이 폐지될 것이다. 시장 메커니즘을 강조하는 한나라당이 집권했을 때, 정상적인 보수주의자들이라면 사회주의적 요소가 강한 이런 문제를 해결하려 했을 것이다. 체고 문제에 한해서 본다면 그들은 시장주의자라기보다는 국수주의자에 더 가까웠다. 하긴 스포츠에서는 지금까지 좌나 우나 국수주의에서 자유롭지 못했다.

두 번째 문제는 조금 더 간단하지만 파장은 직접적이다. 스포츠 연금을 어떻게 할 것인가? 현재까지의 연금 규모라면 크게 문제 삼을 정도는 아니다. 정부에서 있지도 않은 '퍼블릭'을 지원한다고 퍼블릭 골프장에 쏟아붓는 돈을 조금만 줄여도 된다. 기하급수적으로 늘어난다 해도 연간 100억 원은 넘지 않을 테니, 연금 줄여서 사회체육에 투자하자고 야박하게 말할 생각은 없다. 청춘을 바친 메달리스트들에게 "국가의 보상은 더 이상 없다."고 냉정하게 이야기하고 싶지는 않다. 올림픽 등 국제대회 개최한다고 정부와 지자체가 쏟아부을 돈, 그리고 부산 경륜장처럼 쓰지도 않을 시설물을 유지하는 데 들어가는 천문학적인 돈만 활용해도 지금보다 훨씬 수준 높은 사회체육 정책을 펼칠 수 있다. 하지만 근본적으로는 중국도 일시금 보상으로 끝

이러한 구조에서는 누구나 쇼비니즘에 빠질 수밖에 없다. 은메달
이나 동메달 따고 이토록 슬퍼하는 이상한 모습이 또 어디 있을까?

내는 마당에 왜 우리는 연금을 주고 있어야 하는가 하는 질문이 나올 수밖에 없다. 아마추어 스포츠는 순수한 열정으로 한다는 식의 이야기도 (프랑스나 독일 등지에서 직장을 가진 진짜 아마추어들의 이야기와 함께) 들려오지만 지금 올림픽이 돈과 아무런 관련이 없다는 이야기를 믿을 사람은 별로 없을 듯하다. 고생한 메달리스트는 국가의 포상금을 받거나 스폰서로부터 돈을 받게 된다. 나는 다른 나라처럼 한시적인 포상금을 주는 것에는 반대하지 않는다.

지금처럼 금메달 따면 연금을 주는 방식은, 금액이 문제가 아니라 국민들은 물론 선수들을 온통 국수주의자로 만들어버리기 때문에 사회적 비용이 너무 크다. 금메달을 따서 남은 삶을 해결하는 구조에서는 누구나 국수주의자가 될 수밖에 없다. 은메달 따고 눈물 흘리거나 시무룩해하는 이상한 모습이 자연스럽게 연출되는 상황이다. 전 세계에서 은메달이나 동메달 땄다고 슬퍼하는 선수는 한국 선수밖에 없다. 이건 정상이 아니다. 선수들의 반발을 줄이고, 성과와 지원금이 효율적으로 연동되는 시스템을 디자인해보자.

올림픽에서 국가별 순위를 매겨보고 좋은 성과를 내고 싶다면, 그것 역시 국민의 선택이기는 하다. 하지만 위에서 언급한 이유로 연금 형태는 일단 지급하기로 결정된 사람들의 몫은 그대로 두고 폐지하는 것이 장기적으로 옳다. 그렇다면 지원금 형태로 지불해야 할 텐데, 야구나 축구처럼 이미 시장에서 충분한 보상을 받고 있는 종목은 대상에서 제외해야 할 것 같다. 기준을 정한다면, 후보들을 포함해서 선수 평균 수입이 최저임금에 미치지 못하는 분야에 지급하는 방식을 생각할 수 있다. 또 비인기 종목도 스포츠의 다양성 확대라는 차원에서 지원할 수 있다. 어쨌든 올림픽 메달에 모든 것을 거는 지금의 방식을 계속 밀고 나가면, 우리는 영원히 국수주의자만 만들어내게 된다. 지급 방식은 월드컵은 물론 프로 스포츠의 주요 대회에서 사용하는 참가수당 방식이 적절할 듯하다. 메달을 땄을 때 일시에 주기보다는 일종의 경기수당 형식으로 경기에 참여할 때마다 지급하면 된다. 그러면 결승전에 올라가는 선수들이 더 많은 수당을 받지만, 참여에 의미를 두는 분야에도 일정액의 지원금을 지급할 수 있다. 정말로 성과에 대한 인센티브를 주고 싶다면, 예선전과 본선 혹은 결승전의 수당 계수를 조정해서 더 많이 참여할수록, 더 높이 올라갈수록 좀더 많은 수당을 지급하면 된다. 이렇게 하는 편이 국가대표에 대한 보상과 함께 연금 지급에 따른 부작용을 줄일 수 있을 것으로 보인다.

더 장기적으로 본다면, 엘리트 운동선수들이 코치와 감독 외에도 사회 스포츠 지도자나 관리자로 일할 수 있는 길을 폭넓게 열어놓고, 지원금을 통해서 이런 길을 보장해주는 것이 궁극적인 해법인데, 이런 단계로 한 번에 갈 수 있는 것은 아니다. 진짜 간단한 방법을 생각해본다면, 청소년 체력 문제 해결을 위해 체육 교육을 강화하면서 학교당 체육 교사를 2~3배 늘려서 전직 운동선수를 흡수하는 방식이 있다.

압축성장의 잔재와도 같은 지금의 엘리트 스포츠 구조를 무한정 유지할 수는 없다. 엘리트 스포츠를 키우면 민간 부문의 스포츠 시장도 절로 형성되고 궁극적으로는 사회체육도 발전할 것이라고 생각하던 시절이 있었지만, 실제로는 그렇게 되지 않았다. 오히려 한국 사회의 빈부격차가 급속히 심화되고 중산층이 몰락하면서 빈곤 계층은 물론이고 중산층들의 건강 관리도 진지하게 걱정해야 하는 상황이 도래했다.

장기적으로 엘리트 스포츠가 국민과 소통하고 합의할 수 있는 가장 큰 축은 바로 국민 보건이다. 문화체육부 아니 체육계만 볼 게 아니라 시야를 정부 전체 혹은 국가 전체로 넓혀보자. 대중 스포츠가 활성화되면 국민 체력이 좋아진다. 보건경제학의 논리를 빌리자면, 예방의학에 돈을 쓰면 의료비 지출이 줄어들어 의료보험에 대한 비중이 줄어든다. 이러면 손해를 보는 쪽도 있겠지만 주로 다이어트 보조제 등으로 큰돈을 버는 다국적 제약회사 정도일 테다. 어차피 그들의 영업이익은 대부분의 국민과는 상관없는 일이다. 예방의학계와 스포츠계가 한 편이 되고, 상업적 목적을 추구하는 병원과 다국적 의약업체가 한 편이 되겠지만 우리나라에서 병원은 아직 비영리 법인이 많기 때문에 크게 문제되지 않는다. 국민들이 살찌게 하고 다이어트 업체와 제약회사 그리고 영리 병원이 돈 버는 미국 모델과, 스포츠와 식품으로 국민들이 살찌지 않게 하고 대신 암처럼 많은 비용이 드는 질환에 국가가 거의 완벽하게 지원하는 유럽 모델 가운데 어느 쪽이 바람직한가. 답은 자명하다. 그리고 '스포츠 복지'가 여기서 한 축을 담당할 수 있다.

이런 압축성장의 장치들을 해체하면서 국민 보건과 스포츠 복지를 새로운 축으로 세우고 국민경제에 기여할 때 '스포츠 고용 확대'를 말할 수 있지 않을까? 더 많이 고용하는 대신 인건비보다 높은 성과를 내서 국민 보건에 이바지하여 정부는 물론이고 개인의 비용도 줄일 수 있다면 반대할 이유가 없다. 스포츠계는 스포츠생리학이라는, 일반인들에게 호응을 얻을 수 있는 분야에 좀더 시선을 돌려야 한다. 어느덧 고칼로리 식단으로 인한 성인병이 국민적 관심사가 되었고, 다이어트를 하려는 사람은 차고 넘친다. 그 사람들에게 개인별 특징에 따른 운동방식을 조언해주고 해당 프로그램을 관리해줄 수 있다면 얼마나 환영받겠는가? 영양사나 조리사처럼 학교나 회사마다 스포츠생리학 전문 상담사나 관리사를 배치하는 방안을 생각해보자. 이처럼 스포츠를 매개로 한 사회적 일자리로 체육인들을 상당수 수용할 수 있을 것이다.

스포츠 스타, 억대 연봉, 스포츠 마케팅, 이런 것들은 어차피 소수에게나 해당하는 이야기다. 스포츠 고용과 직업 안정성이야말로 지금 엘리트 스포츠계 선배들이 풀어야 할 과제라고 생각한다. 엘리트 스포츠가 국민들에게 메달 말고 실제로 뭘 줄 수 있는지 이야기해보자. 한때 국민 스포츠였던 레슬링과 권투가 지금은 비인기 종목이다. 메달리스트도 나왔고 영웅이 탄생하곤 했지만, 사람들의 관심이 멀어지는 현실을 어떻게 하겠는가? 억지로 되는 일이 아니다. 수영은 박태환이 등장하기 전에는 이렇다 하게 내세울 선수가 없다시피 했지만 국민들이 하고 싶은 운동 1위였다. 소득 및 사회적 변화와 잘 맞아떨어지는 운동이라서 그렇다. 사랑해달라고 아무리 호소해도 대중의 문화적 취향과 선호도는 쉽게 바뀌지 않는다. 한때 최고의 대중 스포츠였던 탁구가 외면받은 과정, 그걸 대체하는 듯했던 볼링이 결국 국민 속에서 자리 잡지 못한 과정, 이런 내부 흐름을 잘 생각해볼 필요가 있다. 정부가 태권도를 일편단심으로 밀었고 국민들도 그에 동의했지만, 태권도를 하는 성인은 한국에 거의 없다. 군대의 훈련 과정으로 들어가면서, 유아와 초등학생을 대상으로 한 사교육 시장에서 유치원과 피아노 학원과 경쟁하면서, 힘겹게 버텨왔다. 외국에서는 성인 태권도가 학생 태권도에 그닥 밀리지 않지만, 우리나라에서는 성인용 프로그램을 전혀 도입하지 않았다. 그러다 보니 성인 태권도가 정작 본국에서는 거의 사라져 참여율이 스포츠댄스(0.9퍼센트)에도 밀린다. 관절에 무리가 가고 부상 위험이 크다는 생각 때문에 성인들이 기피한다는 것도 이 현상을 충분히 설명하지는 못한다. 태권도에 대한 한국 사람들의 무관심은 유소년 사교육 프로그램으로 지나치게 특화되거나 지나치게 국수주의적인 성격을 띠게 되었기 때문인 듯하다. 유도 발상지인 일본에서 이런 식으로 성인 유도가 붕괴했다면 유도는 이미 올림픽 종목에서 빠졌을 것이다. 올림픽 메달 따는 순간 외에 태권도 경기의 텔레비전 시청률을 한번 체크해보시라. 스포츠 관련 통계에 태권도는 흔적조차 보이지 않는다. 엘리트 스포츠와 국수주의에 빠져 태권도라는 종목을 수십 년이나 밀었는데, 오히려 성인 스포츠로서의 태권도는 프랑스나 독일보다도 참여율이 낮다. 축구도 마찬가지다. 국수주의 스포츠라면 단연 선두에 있는 축구에서 아무리 국내 리그가 중요하다고 해봐야 야구에 한참 밀린다. 한국인이 자주 하는 스포츠 5위가 줄넘기이다. 국수주의나 엘리트 스포츠와는 아무 상관이 없는데도 잘만 된다. 1위는 걷기, 토건주의를 밑에서부터 붕괴시킬 수 있는 잠재력을 지닌 걷기 열풍이 제주 올레에서 시작되어 확산되고 있다. 이것 역시 스포츠 연금하고는 아무런 상관이 없다. 올림픽 메달이 한국 스포츠의 본원시장이라는 가설은 어떤 데이터로도 검증되지 않는다. 또 국제대회 우승에 따른 연금이 엘리트 스포츠가 먹고사는 길이라는 가설도 폐기할 때가 왔다. 좁은 문에 큰 덩치를 억지로 끼워 넣을 게 아니라 문을 활짝 열어야 한다. 그래야 덩치를 키우는 데 오히려 도움이 되는 시대가 되었다. 압축성장으로 생긴 스포츠 국수주의의 문은 경제적으로 이미 닫혔다. 정부도 연금이 누적되면 부담이 되기 때문에 더는 늘리지 못한다. 게다가 다른 연금과의 형평성도 문제가 될 것이다. 엘리트 스포츠는 금메달이라는 상징으로 '국민'들에게만 호소했는데, 이제 '시민'들에게 말을 걸어야 할 순간이 온 셈이다.

**국제경기대회 포상 제도**
국민체육진흥공단에서 시행하는 제도 중 '경기력향상연구연금'은 국민연금, 공무원연금, 사학교원연금과 상이하게 운용중인 제도로 전세계에서 유례를 찾아볼 수 없는 유일무이한 제도이다.

# 3 나홀로 헬스

헬스도 스포츠일까? 프랑스에서 국민 스포츠 현황을 분석할 때 헬스라는 항목은 없다. s'ébattre라는 단어의 원래 의미를 생각하면, 스포츠에는 경쟁의 요소가 들어간다. 반면 스포츠를 우리말로 번역할 때 사용하는 체육(體育)은 문자 그대로 체력을 키우는 것이다. 물론 여기서 새삼 분류 문제를 왈가왈부할 생각은 없는데, 스포츠와 재미라는 요소에 대해서는 생각해볼 필요가 있을 것 같다. 크게 스포츠의 유형을 크로노메트리, 크로노그라피, 그리고 전략 게임과 같은 단체 종목으로 나눌 수 있다. 크로노메트리는 문자 그대로 시간을 재는 기록경기다. 달리기, 수영, 스피드 스케이팅 등이 여기에 해당한다. 크로노그라피는 시간을 정해놓고 정해진 규칙을 가지고 평가하는 종목인데 체조, 피겨 스케이팅, 다이빙이 여기에 해당한다. 한쪽은 시간을 줄일수록 점수를 높여주고, 다른 쪽은 실수를 할 때마다 점수를 깎는 방식이다. 크로노메트리 방식으로 공부하는 사람을 우등생이라고 부른다. 똑같은 경쟁이지만 주어진 룰에서 덜 틀리는 방식이냐, 아니면 다른 사람과는 상관없이 성과를 높이면 되는 방식이냐 하는 차이가 있다. 단체 게임은 훨씬 복잡한데, 속도와 퍼포먼스는 물론이고 상대편과 우리편의 대응 양상에 따라서 복합적 전략을 사용한다. 미식축구의 공격 패턴은 매뉴얼에 나온 것만 해도 수백 가지가 넘는다는데, '무식한 흑인'들이 미식축구나 한다는 이야기는 말도 안 되는 소리다.

서로 실력을 겨루는 것이 스포츠의 본질이지만 개인 체력, 아니 체격을 상징자산으로 평가하는 시대를 맞아 경쟁의 요소가 사라지고 혼자서 운동하는 시대가 등장한다. 정치학자 퍼트넘이 '나 홀로 볼링: 미국의 쇠퇴하는 사회적 자본'이라는 테제를 미국 사회에 제시한 해가 2001년이다. 볼링은 혼자 치면 정말 재미없는 스포츠이다. 당구와 마찬가지로 상대방이 있어야 재미도 의미도 있어서 함께하는 스포츠의 전형이다. 그런 볼링을 혼자 즐기는 사람이 늘어나자 퍼트넘은 이를 시민사회가 해체되고 사회의 근간이 흔들리는 증거로 본 것이다. 한국에서도 경쟁과 협력 등 스포츠의 열정적인 요소, 즉 재미에 대해서 좀더 분석적으로 봐야 할 때가 되었다.

직장인들은 헬스장에 거의 혼자 간다. 탁구와 테니스는 파트너가 없으면 아예 할 수 없는 스포츠이다. 이런 스포츠들이 쇠락하고 헬스나 요가 아니면 수영처럼 스포츠로서의 재미는 덜해도 혼자 할 수 있는 종목들이 강세를 보인다. 운동의 사회적 수요는 계속해서 늘어날 전망이지만, 잠시 시간을 내서 동료나 지인들과 즐기는 운동은 점점 시들해지고 있다(이런 점에서 사회인 축구, 사회인 야구의 확대는 무척 이례적일 뿐만 아니라 고무적인 일이기도 하다). 한국 사회의 변화에 따른 결과인데 여기에 수동적으로 적응하는 것이 좋을지, 아니면 스포츠 자체를 사회적 흐름을 반전시키는 도구로 삼을지는 전략적으로 생각해보면 좋을 것 같다.

이 시점에서 문득 게임이론의 입문에 해당하는 로즈 게임이 생각난다. 데이트하는 남녀에 관한 게임인데, 어디를 가든 일단 데이트를 하면 성공이다. 그런데 남성은 권투경기를 보고 싶고, 여성은 극장을 가고 싶다. 어느 한쪽이 일방적으로 양보해야 게임이 풀리는데, 데이트에 실패하면 양쪽 모두 실패하는 게임이다. 충분한 데이터가 갖추어져 있는 영화 관람의 경우와 비교해보자. 2009년 한국에서 혼자서 영화를 본 사람은 2.4퍼센트이고, 극장에 가족과 간 사람은 48.9퍼센트, 이성친구와 간 사람은 19.6퍼센트이다(문화부의 문화향수실태조사, 2010년). 스포츠와 관련해서 가장 주목할 만한 수치는 여성 입장객이 40퍼센트나 된다는 점이다. 야구의 경우는 극장에서보다 로즈 게임을 풀기가 훨씬 쉬워진 셈이다.

같이 하는 것과 재미라는 두 가지 요소를 생각해보자. 본래 의미에서 보더라도 스포츠는 파트너나 경쟁 상대가 있는 쪽이 훨씬 더 재미있을 것 같다. 혼자 하는 재미로는「리니지」를 도저히 못 따라갈 것 같다. '진정으로 땀 흘리고 난 다음의 보람', 이건 실제로 하는 사람들 이야기지 일반 시민들이나 10대와 20대 히키코모리들에게는 남 이야기다. 게임을 오래하면서 마우스 클릭을 너무 자주 하느라 손목 관절을 다친 사람들을 운동장이나 헬스장으로 불러올 수 있을까? 중독성 높은 컴퓨터게임과는 경쟁이 되지 않을 것 같지만, 체육이 아니라 스포츠의 경쟁 요소들과 공동체 본연의 연대의 힘을 잘 활용하면 아예 불가능하지는 않을 것 같다.

더욱이 사회문화적으로 그 필요성이 날로 커지고 있다. 우리 사회를 가만히 살펴보자. 이제 한국에 나타날 변화는 세계화를 외치던 1990년대 분위기나 "일단 2만 불부터!"라고 외치던 2000년대와는 전혀 다른 양상을 띨 것이다. 사회경제적 변화에 의해 고립된 개인들이 늘어나는데 그렇다고 당장 혁명적인 세제 개편을 실시해 복지국가가 등장하는 모습을 기대하기도 어렵다. 유럽에 개인주의가 자리 잡던 1960년대에는 경제적으로 풍요로웠고, 마침 전개된 '대량생산 대량소비'의 흐름과 더불어 문화의 시대가 열렸다. 그러나 현재 우리 사회의 원자화와 결혼을 기피하는 풍조는 격차 사회와 함께 진행된다. 그렇다고 지역 공동체나 종교 공동체의 힘으로 이런 경향을 완화시키기도 어렵다. 선진국이 되면 사회적 경제 부문이 형성되면서 사회연대 흐름이 등장하지만 지금 우리는 어정쩡한 상태다. 일본 사회가 1980~1990년대에 겪었던, 고립된 개인 현상이 한국에도 나타나는데, 당시 일본만큼의 경제력이 축적되지 않은 한국에서 이 과정은 더 고통스러울 수밖에 없다. 이미 높은 자살률, 급속히 늘어나는 우울증 등의 현상으로 입증되고 있다. 이런 상황에서 스포츠가 도움의 손길을 내밀 수 있지 않을까?

한국을 이끌어온 경제계는 2세와 3세 경영으로 넘어가면서 도덕적 정당성을 잃었다. 1세대 리더들이 가지고 있던 사회적 카리스마가 3세대들에게는 없다. 이 상황에서 경제계(대기업)는 우리 사회의 문제를 해결은커녕 조장하고 있다. 그렇다고 정치권에서 새로운 정신이 출현하기도 어려울 것으로 보인다. 진보든 보수든 지난 10년 동안 시민단체의 논의와 대안에서 현실의 동력을 공급받았는데 시민단체 역시 재생산의 위기를 겪고 있다. 그렇다면 종교계는? 종교계의 힘의 근원은 신성성과 두려움인데, 2010년대 한국의 코드에 잘 들어맞지 않는다. 종교와는 정반대 길을 가는 버라이어티쇼가 일종의 우상파괴를 감행하면서 "망가져야 뜬다."는 시대 언어를 보여주지 않았는가. 스포츠의 힘은 스펙터클과 즐거움에서 나오는데, 국수주의를 강화하면서 스포츠 언어가 지나치게 경건하고 감동을 자극하는 경향이 있다. 야구 중계에서 사람들이 제일 좋아하는 것은 수비수가 '알' 까거나 주루 미스하는 장면이다. 1998년도 박세리가 US 여자오픈에서 우승할 때는 양희은의 「아침이슬」에 사람들이 깊이 감동했지만, 지금 스포츠 중계에서 태극기를 흔드는 장면이 사람들에게 어떤 감흥을 줄 수 있을지 모르겠다. 이런 과정에서 스포츠의 최대 장점인 즐거움이 약해졌다.

몸을 움직임으로써 느낄 수 있는 스포츠의 매력 자체를 재평가해야 한다. 점프만 하면서도 마냥 재미있어하는 대여섯 살짜리 아이들을 보면 이런 즐거움의 본질이 무엇인지 생각해보게 된다. 스포츠는 원초적이지만 그래서 더 강렬하다. 그러나 이런 즐거움을 지금 10대와 20대에게 다시 상기시키기 위해서는 오리엔테이션이 필요하다. 컴퓨터게임에 입문하는 데에는 훈련이 필요없지만, 사회체육, 만약 교육 용어를 빌리자면 평생체육 프로그램으로 들어오기 위해서는 오리엔테이션을 거칠 필요가 있다. 이는 단순한 돈의 문제는 아니다. 무직자의 3.1퍼센트가 수영을 한다. 아마 편의점 알바도 비슷한 비율로 수영을 할 것 같다. 간단히 생각해보면, 수영을 하는 무직자 3.1퍼센트는 어떤 식으로든 나락에 떨어지지 않고 다시 자신의 길을 찾을 가능성이 크다. 무직자들이 과연 무슨 생각을 하면서 수영장 문을 열고 들어가겠는가? 만약 이 비율이 30퍼센트가 된다면 어떤 일이 벌어지겠는가? 스포츠가 선사하는 즐거움의 사회문화적 기능에 대해서 아무도 반문하지 못할 것이고, 비로소 스포츠는 국민 삶의 일부로 자리잡을 것이다.

퍼트넘의 '나 홀로 볼링'이라는 테제는 미국을 강타했다. 한국도
이제 파트너가 필요한 스포츠가 아니라 혼자 하는 운동이 인기를 누린다.

여러 가지 이유로 사회생활에 어려움을 겪는 사람들이 적지 않다. 가장 대화하기 난감한 사람들이 불법 다단계에 빠진 이들인데, 돈의 가치와 힘 그리고 성공에 대해서 너무 강력한 세뇌 교육을 받아서 그런지 일상적인 대화도 어려운 경우가 많다. YMCA에서 이들을 위한 프로그램을 디자인해본 적이 있는데, 정말 쉽지 않았다. 효과로만 보면 한살림에서 하는 지역 학생 식사 지원 프로그램에 참여해보는 것이 좋을 것 같았지만, 한참 다단계에 빠져 있는 사람을 무슨 수로 그런 봉사 프로그램으로 이끌겠는가? 우울증의 경우는 더 어렵다. 운동을 하거나 독서 클럽에 나오면 도움이 된다고 의사들은 조언하지만, 여기에도 오리엔테이션 문제가 있다. 정책 용어로는 '비히클(vehicle)'이라고 표현하는데, 정책 대상이 있고 거기에 적합한 정책 수단도 있는데 이걸 전달하고 배달할 길이 없는 상황이다. 전통적으로는 가족이나 지역 공동체가 그 일을 했고, 한동안은 국가가 해야 한다고 했는데, 어떤 국가도 개인들을 세세하게 보살피지는 못한다. 2003년 프랑스에서 폭염으로 바캉스를 가지 못한 노인 1만 5000명이 사망했다. 이 사건 후에 우파 정부는 노동부를 '연대와 노동부'로 바꾸었다. 지금 한국에는 공동체도 정부도 없고 오직 가족이 모든 짐을 다 떠안아야 하는 상황이다. 시급히 정신과 전문의의 도움을 받아야 할 상황에서도 친구나 선후배들은 "너, 병원 가봐야 한다."는 말을 해주기 어렵다. 성인을 강제로 병원에 데려갈 수 있는 사람은 가족뿐이다.

이런 상황에서 스포츠가 개인과 사회적 영역의 중간에서 버퍼 역할을 해줄 수 있으리라고 본다. 당장 사회생활을 하기도 어렵고 미래의 전망을 가지기도 어려운 순간이 누구에게나 온다. 그때 과연 공적 장치의 도움을 받을 수 있는가. 퍼트넘의 '나 홀로 볼링'이라는 테제를 봤을 때, 미국도 문제가 심각하겠구나 생각했다. 그러나 10년쯤 지나 다시 한 번 이 테제를 생각해보니, 혼자서 볼링이라도 칠 수 있는 사회는 그래도 건강한 편이고 너무 외로워서 혼자 볼링이라도 치겠다고 생각하는 사람은 어쨌든 삶을 계속 꾸려나갈 거라는 생각이 들었다. 혼자 있는 사람들이나 무직자, 실업자, 알바생, 이런 사람들을 스포츠 시설에서 맞아줄 수 있다면 더 많은 사람들이 대중 스포츠의 지도자나 조언자가 되는 것을 반대할 이유가 있겠는가? 시설물을 늘리고 사람들이 마음 편히 오도록 하는 것은 기본이고, 좀더 적극적으로 나서서 혼자 있는 사람들이나 무직자들, 알바생들을 위한 프로그램을 개발해야 할 것이다. 상담을 통해서는 무엇을 통해서든 오리엔테이션을 하도록 하면 된다. 혼자 하든 같이 하든, 일단 공공 스포츠센터에 들어오는 순간 고립에서 빠져나와 다시 사회적 대화를 시작하게 되지 않겠는가? 그렇게 어렵사리 첫 발을 뗀 사람들이 돈이나 직업 없이도 가입할 수 있는 스포츠 네트워크를 만든다면 그 사회적 효과는 경제적으로 환산해도 엄청날 것이다.

이런 것들을 경제학 용어로 바꾸면, 스포츠의 사회적 서비스에 의한 공익적 가치 창출의 수요가 있다고 말할 수 있을 것이다. 좁게 이야기하면 한국 사회의 사회경제적 전환에 의한 버퍼 기능 혹은 치유 기능이라고 이야기할 수 있고, 넓게 이야기하면 국민경제의 안전망 구축 기능이라고 할 수 있다. 어쨌든 이것이 스포츠만이 줄 수 있는 재미의 가치에 대한 경제학적 해석이다. 일단 이런 정책 수요를 찾아내면, 이를 위한 정책 수단과 전략을 찾는 것은 기술적인 문제일 뿐이다. 얼마든지 창의성을 발휘할 수 있다. 스포츠에는 경쟁의 속성도 있지만 협력의 속성도 있다. 그 두 속성이 결합되면서 재미가 나오는 법이다. 혼자 헬스장 가는 것은 그다지 즐거운 일은 아니지만, 그마저도 하기 어려운 사람들이 점점 늘어나는 중이다. 일단 이런 논리를 세우고 나면, 사회체육과 지역별 아마추어 리그 혹은 특별대회 등 읍면 단위까지 스포츠 네트워크를 만들어야 하는 이유 혹은 알바생이나 실업자 밀집 지역에 스포츠 입문 프로그램을 만들어야 하는 이유를 정책적으로 설명하기가 훨씬 용이해진다. 스포츠를 통해 많은 사람이 삶의 질곡에서 벗어나고 생계를 꾸려나갈 방안을 찾을 수 있다면 그런 길이 경제적인 면에서도 국수주의 방식보다 더 타당해 보인다.

**동호인 체육 현황**
동호인 체육의 활성화는 국민생활체육진흥의 핵심사업으로 여겨진다. 2009년 체육연감의 자료를 기준으로 동호인 클럽 수 1000개 이상인 종목은 다음과 같이 조사되었다.

# 4 스포츠와 인권

최근 '학생 인권 조례' 관련한 문제는 우리에게 상당한 충격을 안겼다. "때리지 않고 어떻게 가르치느냐?" 이것이 바로 교육계 우파들의 생각인데, 아직까지 사람을 때리면 안 된다는 기본 철학조차 정립하지 못한 사람들이 교육을 해왔고 지금도 하고 있는 것이다. 때리지 않고 가르치는 것이 바로 '페다고지'라고 부르는 교육학 기법이 아닌가. 스포츠계의 진보 인사들은 대학 체육학과를 중심으로 소수 있는데, "일단 때려야 한다."는 인식은 이들도 별반 다르지 않은 듯하다. 아직 우리는 스포츠와 인권이라는 문제를 진지하게 제기한 적이 없다. 운동선수를 메달 따는 기계 아니면 돈 버는 기계 정도로 생각한 나머지 스포츠계에서 인권은 사각지대로 남아 있다.

스포츠에서 인권 문제는 기본적으로는 두 가지로 요약할 수 있을 것 같다. 첫째, 선수단 내의 위계 구조에서 벌어지는 문제들이다. 때린다거나 성폭행이 벌어진다거나 하는 문제는 그래도 논리적으로는 쉽게 설명된다. 물론 그렇다고 해서 해결이 쉽다는 말은 아니다. 민주화와 개방이라는 너무나 뻔한 정답을 들이밀 수밖에 없다. 그런데 부상이 예상되는 상황에서도 훈련이나 출전을 해야 하는 경우에는 상황이 복잡하다. 본인이 출전을 원할 수도 있기 때문이다. 프로야구처럼 1년 내내 경기가 열릴 뿐 아니라 10년이고 20년이고 지속된다면 선수를 보호하는 방향으로 관련 제도가 마련되고 정비될 것이다. 그러나 올림픽처럼 주기가 길고 다음 대회 출전이 불투명한 상태에서는 배당금이 워낙 높기 때문에 투기적인 '고위험 고수익' 전략을 선택할 가능성이 높다. 게다가 선수 인권 보호 인식이 낮을 때에는 더욱 "국가를 위해서 네 몸을 바쳐라."라고 요구하게 된다. 우리는 그것을 부상투혼이라고 칭송하며 도박이 성공하면 영웅적인 행위로 포장한다. 하지만 논리적으로 보면 우리는 그저 선수의 육체를 전장에 바치라고 강요한 부당 행위의 공범자가 될 뿐이다. 스포츠는 결코 전쟁이 아니다. 스포츠가 전쟁처럼 여겨지는 것은 금메달에 너무나 많은 것을 걸어놓은 포상 제도의 부작용이다. 게임이 돈이 되는 프로에서도 선수들 자신이 몸을 아끼는데, 걸어놓은 판돈도 없는 아마추어 게임에서 선수들이 부상당한 상태로 시합에 출전하는 것은 기본적으로 인권 문제이다. 그러나 이유야 어찌됐건 선수 스스로 출전을 고집할 수도 있기 때문에 가이드라인을 정하거나 제도를 만들어 관리할 필요가 있다. 세상에 선수 생명보다 중요한 금메달은 있을 수 없다. 감독도 원하고 선수 본인도 원하면 부상투혼을 비롯해서 뭐든지 해도 되는가? 물론 그렇지 않다. 금지약물을 사용한 선수는 본인이 원했든 원하지 않았든 강력한 처벌을 받는다. 이는 선수를 처벌하는 장치인 것 같지만 사실은 선수를 보호하기 위한 장치이다. 감독이 도핑을 지시할 때, 도핑 금지 규약에 의거해 선수는 안 된다고 말할 수 있다. 요즘은 이런 문제를 '스포츠 윤리'라는 이름으로 격상시켜서 완전히 정착된 제도로 간주한다. F1 게임에서 브라질의 전설적 스타였던 알톤 세나가 경기 중 사망하자 안전 규정 등이 더 강화되었다. 격투기에서도 상대방에게 부상을 줄 수 있는 위험한 기술들을 강력하게 금지하는 추세이고 이런 규범이 제도화되고 있다. 그런데 정작 아마추어 경기에서 이런 제도들이 미비하다.

둘째, 교육권과 관련된 인권 문제이다. 그야말로 한국 스포츠 고유의 문제라고 할 수 있다. 중등 예체능학교에서 일반적으로 나타나는 문제라고 할 수도 있는데 개인적으로 샘플 조사한 바에 따르면 스포츠 분야가 좀더 파행적이었다. 음악 계열을 비롯한 예술고등학교들은 학교의 허락을 받지 않고 콩쿠르에 참가하는 것을 금지한다. 또 교육부가 배정한 기본 수업 시간과 비율은 지키는 편이었다. 물론 학생들은 학교에 알리지 않고 몰래 참가하기도 하는데, 입상을 하면 학교 측과 실랑이가 벌어지기도 한다. 그에 비하면 체육고등학교 쪽은 기본 수업 관리가 훨씬 안 돼 있다. 물론 합숙을 해야 하고 학업 성취도보다는 대회 성적이 대학 진학에 더 영향을 미치는 현실에서 불가피한 측면도 있다. 원칙으로만 따지면 중학교까지는 의무교육이므로 이런 일이 벌어져서는 안 되고, 고등학교부터는 의무교육이 아니므로 신경 안 써도 된다는 게 기존의 논리이다. 그러나 고등학교는 물론이고 대학교의 경우도 학습권 측면에서 이 문제에 접근할 필요가 있다. 어쨌든 고등학교 단계와 대학교 단계에서 이렇게 파행적으로 선수들 학습 관리를 하는 나라는 우리나라밖에 없다. 정부나 선수촌에서도 학습권을 보장하고 정상적인 학교생활을 해나가도록 권장하는 것 같은데 현장에서는 지키지 않는다. 방향은 뚜렷한데 기존 관행을 바꿀 만큼 명분이 확실치 않은 상황이다. 기능론적인 설명으로는 운동과 학업을 병행하면 오히려 좋은 성과를 거둔다. 사례조사를 통해 장기 데이터를 분석하면 그런 결과가 나올 것이다. 10대 때의 혹사와 폐쇄적 훈련이 종합적인 사유 능력을 저하시키고 이것이 20대의 선수 생활에 영향을 미친다는 가설을 놓고 선수들의 삶을 추적하는 코호트 조사를 해보면 좀더 확실한 결과를 알 수 있을 것이다. OECD 국가들의 경우 이런 비상식적인 관행은 받아들여지지 않고, 운동을 하는 선수들도 일반 학생과 마찬가지로 공부를 하도록 한다. 공민교육 체계를 스스로 만든 나라와, 일단 외형부터 가져온 나라의 차이가 여기서 드러나는 셈이다. '학습권' 차원에서 이런 선언을 하고 가능하면 지키도록 해서 '소년 선수'가 아니라 '학생 선수'를 육성하는 것이 합리적이라고 본다.

선수들의 학습권에는 인권 향상이라는 점 외에 두 가지 장점이 더 있다. 우선은 국수주의에 입각한 스포츠든 프로 스포츠든 한국에서는 포화 상태에 이르렀다는 점을 기억해야 한다. 국가와 대기업을 통한 압축성장은 최초에는 빠르게 시장을 형성할 수 있지만, 결국에는 생태계 하단부에 해당하는 생활체육과 대중의 지지가 따라주지 못하기 때문에 금방 성장의 한계에 부딪히고 생태계도 허약해진다. 1부 리그를 뒷받침하는 2부 리그와 사회인 리그, 독립 리그 등 수만 개의 팀을 기반으로 하여 열 몇 개 팀이 경쟁하는 외국과는 비교조차 할 수 없다. 게다가 우리는 사회적 기반이 전혀 없는 '비인기 종목'도 올림픽에 메달이 걸려 있다는 이유만으로 여기까지 밀고 왔다. 그렇다고 그 종목이 인기가 많아졌는가 하면 그것도 아니다. 선수, 감독, 교수로 형성된 엘리트 코스를 따라가기 어려운 선수들이 대부분이다. 그들이 현역을 떠난 후에 사회체육에서 나름의 역할을 할 수 있게 하려면 일반 지식과 전문 지식을 조화롭게 습득할 수 있는 기회를 부여해야 한다. 그리하여 엘리트 스포츠계가 배출한 사람들이 자신의 지

사회체육 현장은 인권의 소외지대인가. 물에 들어간 채 근무하는 수영 강사
나 제초제에 노출되는 골프장 캐디 등 종사자들의 보건 문제도 논의되어야 한다.

식과 능력을 사용해 사회에 기여하도록 이끌어주어야 한다. 두 번째 장점도 큰 맥락에서는 이와 비슷하다. 모든 분야에서 엘리트 교육을 하다 보면 보통 사람들과 괴리되는 자기들만의 지식체계가 생긴다. 물론 장점도 있겠지만, 나쁜 방향으로 흐르면 고립되는 문제가 있다. 체육계 자체가 사회적으로 그렇게 고립되는 것이 좋은가 나쁜가에 관한 이야기다. 선수들의 학습권보장은 이런 엘리트 스포츠를 해체하는 가장 기본적인 조처가 될 것이다.

　엘리트 스포츠를 벗어나 사회체육 분야로 넘어가면 인권 문제는 더더욱 심각하다. 개인적으로 조사한 현장들은 참혹했다. 비정규직 일반의 인권 문제뿐만 아니라 감정노동으로 인한 문제들도 심각하다. 사회체육 분야 비정규직의 평균 임금은 조사가 어려웠는데 150만 원을 넘는 경우는 드물었다. 여기에 실제로 몸을 움직여야 하는 스포츠의 특성이 결합한다. 가령 제일 심각해 보인 이들은 수영장의 여자 강사들이었다. 내가 만나본 수영 강사들 대부분은 엘리트 선수 출신이었다. 대부분 비정규직이었는데 다들 저체온증을 호소했다. 물에 장시간 들어가 있으면 어쩔 수 없이 그런 증상이 나타나는데, 사실 수영 교육을 위해서 늘 물에 들어가 있을 필요는 없지만 수강생들이 그것을 당연한 일로 생각한다는 것이었다. 전신수영복을 입어도 크게 도움이 되지는 않으니 결국 물에 들어가는 시간 자체를 줄이는 수밖에 없다. 남자들도 마찬가지로 저체온증을 호소하는데, 가임여성들은 불임 등 부작용에 대한 공포가 아주 컸다. 이것은 수강생들에게 이해를 구하는 캠페인으로도 간단히 해결될 수 있는 일인 듯하다. '수영 선생님'에게 그런 고충이 있다는 걸 알고도 억지로 물에 들어오라고 할 사람은 별로 없을 것이기 때문이다. 해법은 단순하지만 이 사례는 사회체육의 문제를 고스란히 보여준다. 많은 비정규직 노동자들이 그렇듯이, 그들은 자신을 지키거나 대변할 장치를 갖기 어렵다. 그렇다고 메달에만 매달리는 엘리트 스포츠 체제에서 수영 강사들의 고충을 대변하는 분위기도 아니다. 특별히 돈이 더 드는 일도 아닌데 캠페인조차 벌이기 어려운 상황이다. 내가 수영장 강사에 대한 조사를 하던 즈음에 참여연대에서 소비자 권리를 보장하자는 취지로 수영장 관련 캠페인을 진행한 적이 있었다. 여성들은 매달 생리로 수영장에 갈 수 없는 날이 있는데, 남성과 같은 비용을 내는 것은 불합리하다는 것이다. 이 문제는 적절한 해법을 찾는 방향으로 논의되었는데, 이러한 소비자 권리 찾기와 비교하면 사회체육에서의 인권이 얼마나 무시되고 있는지 알 만하지 않은가?

수영장보다 더 심각한 곳은 골프장이다. 사실 겉으로 드러난 문제는 성희롱이었지만, 제초제 사용 등으로 캐디들이 건강이 심각하게 위협받는 상황이었다. 캐디들 사이에서는 불임, 난임 혹은 기형아 출산 등을 비롯한 건강에 관한 불안이 광범위하게 확산돼 있으나 목구멍이 포도청이라 어쩔 수가 없다. 사실상 엘리트 스포츠와 별 연관이 없는 이런 분야는 노조 결성을 통해서만 문제를 해결할 수 있다. 하지만 골프장을 키우려는 토건 세력과 노조 결성을 막으려는 정부의 의도가 결합돼 있어 사태 해결이 매우 어려운 실정이다.

한국 스포츠, 특히 사회체육 분야는 잠재력이 충분하고, 다른 문화 분야와 달리 어렵지 않게 고용을 두세 배 늘릴 수 있을 듯하다. 스포츠에 대한 개인 지출이 당장 늘지 않는다 하더라도 보건 비용은 높아지는 방향으로 갈 것이다. 가능성은 충분한데 더 많은 사람들을 끌어들여 함께 가자고 하기에 현재 상황이 너무나 열악하다. 한마디로 인권 소외 지역인데 들여다보는 사람도 외치는 사람도 없어서 참담할 정도다.

일단 인권센터부터 만들 필요가 있을 것 같다. 스포츠와 조금이라도 관련이 있는 사람들의 인권 현황을 조사하고 애로를 느끼는 사람들이 그때그때 상의라도 할 수 있도록 해주자. 월급을 당장 올려줄 수도 없고, 스포츠센터의 강사들을 당장 정규직으로 전환해서 정년을 보장해줄 수는 없겠지만, 당장 시급한 인권 문제들을 해결해줄 수 있을 것이다. 우리는 워낙에 이 분야에 해놓은 게 없다. 스포츠 인권 논의도 엘리트 스포츠에만 집중되어 있는데 전 분야로 확대해 고민해야 한다. 물론 국가인권위원회가 있지만, 스포츠계 내부에 별도의 센터를 두면 소소한 문제를 해결하는 데 도움이 될 것이다.

**스포츠 선수 인권 관련 사건들**
스포츠계의 다소 경직된 위계질서와 엘리트 체육 장려 분위기 속에서, 지도자의 선수 폭력이나 성폭력, 어린 선수들에 대한 학습권 침해 등 선수들의 인권을 침해한 사건은 끊임없이 발생했다.

# 5 스포츠에서 발전, 진보, 아방가르드란?

경제학자들은 숫자를 좋아하는 것 같지만, 사실 숫자는 경제분석의 한 단계에서 쓰일 뿐 처음부터 숫자를 붙들고 작업을 시작하지는 않는다. 무엇을 보고 싶은가 혹은 무엇을 분석하고 싶은가, 이것은 연구자들의 집단적 이데올로기나 개인적 선호도에 따라 많이 달라진다. 자신의 준거집단 역시 큰 영향을 미친다. 성장은 국민소득이나 시장 규모로 잡을 수 있으니 다루기가 가장 쉬운 개념이고, 발전은 양적인 변수에 구조 변수가 추가되어 분석이 어려워진다. 저개발, 개발도상, 개발 같은 개념들을 설정해야 하는데, 여기에는 단순한 성장 개념에는 없는 국민경제의 전략(수입을 대체할 것인가, 수출을 먼저 할 것인가.)이 들어간다. 진보라는 개념은 더 어렵다. 정치적인 개념이 가세해, 객관적으로 논의하기가 아주 어려워진다. 진보에서 조금 더 정치적인 측면을 부각시키면 이제 좌우라는 개념이 나온다. 여기서는 정량적인 시각이나 수치보다는 담론 혹은 주장이 더 강력해진다.

경제학자인 나는 국민경제 혹은 지역경제, 또는 에너지/자원이나 생태 문제에 이런 개념들을 다양하게 접목하면서 분석해왔다. 1990년대 중반까지는 국가자본주의적 흐름이 강했고 그 뒤 15년 정도는 시장 메커니즘이 강조되었다. 그 와중에 소위 토건경제가 절정으로 치달았다. 대부분의 수치는 이런 가설에 잘 들어맞는다. 정치적으로 수도권 분산에 방점을 둔 균형발전이라는 개념이 지수화되기도 했고, 중소기업 지원에 대한 상생발전 지수를 공기업 평가에 사용하기도 했다. 규제개혁 폐지를 지수화하기도 했다. 기준이 바뀌면 지난 정권에서는 발전했다는 평가를 받은 분야가 오히려 뒤떨어져 보이기도 한다. 사람들의 실제 살림살이는 더 어려워졌는데, 객관적 거시지표들은 계속 좋아진다. 이런 문제를 해결하기 위해서 MEW(Measurement of Welfare)라는 후생지수나 PPP(Purchasing Power Parity) 따위를 사용하기도 한다. PPP를 대입해보면 중국은 우리가 아는 것보다 훨씬 잘사는 나라이다. 여기서는 물가 수준이 사라진다. 극단적인 구매력 지수로는 '빅맥'지수를 쓰기도 한다. 맥도날드의 대표 상품인 빅맥의 가격이 세계 어느 곳이든 동일하다는 전제하에 각국의 물가차이를 나타내는 지수이다. 환경 문제를 대변하기 위해서는 그린GNP 같은 지수를 내는데, 중국에서는 지수를 내보니까 오히려 성장률이 마이너스로 나와서 발표를 못 한다는 흉흉한 소문이 돈다. 우리나라에서도 김대중 정부 시절부터 연구를 시작했는데, 아직 공식 발표는 안 하고 있다.

자, 스포츠에 이런 질문을 던져보자. 스포츠에서의 성장은 선수와 구단의 수 같은 1차 변수에서 경기장 혹은 시설물 같은 스톡 변수들이나 연간 스포츠 지출액이나 총매출액 같은 플로 변수들을 사용할 수 있을 것이다. 물론 이런 식으로 통계가 나오지는 않기 때문에 1차 자료들을 모아 추정해서 다시 시계열 자료로 전환하는 복잡하고 귀찮은 작업들을 해야 한다. 건국 이후 한국 스포츠의 성장 궤적을 그려보는 작업은 체육학과의 박사논문으로 훌륭한 주제가 될 것 같다. 어쨌든 성장이라는 개념은 변수를 살펴보면 되는, 실무는 귀찮지만 알고리듬은 단순한 작업이다. 이 작업을 통해 우리가 성장했는가, 성장했다면 얼마나 성장했는가를 알 수 있다. 이 긴 작업을 단순하게 하자면 그냥 올림픽 메달 수를 전부 더해도 된다. 올림픽 메달이 그 나라의 스포츠 수준이라는 일반적으로는 유효한 가설을 따르면 뭔가 결과치가 나오기는 할 것이다.

그런데 이 질문을 '발전'이라고 바꾸면 훨씬 어려워진다. "한국 스포츠의 발전을 위하여"라는 표현은 국가대표 선수들이나 감독들의 인터뷰에 종종 등장한다. 그런데 과연 무엇이 발전인가, 이렇게 물으면 대답이 어려워진다. 이건 국민경제에서도 마찬가지이다. 수출만 늘면 발전인가? 내수는 어떻게 할 것인가? 고용은? 그리고 국민경제의 안정성 혹은 삶의 질은? 이런 질문들이 당장 따라붙는다. 프로야구에서의 발전이란 무엇인가? KBO 및 여론주도층은 구단이 많이 늘어나고, 일본이나 미국처럼 팀을 늘려 양대 리그로 가는 것이 발전이라고 생각하는 듯하다. 이것은 수평적 발전이다. 그러나 2부 리그를 더 활성화시키고, 3부 리그도 만들고, 사회인 리그도 지금보다 훨씬 다층적으로 운영하는 것은 수직적 발전이다. 어쨌든 야구인들이나 야구팬들도 양적 팽창과 함께 질적인 향상도 함께 도모해야 한다는 점에 모두 동의할 것이다. 지금처럼 대기업이 기업 마케팅의 일환으로 구단을 하나씩 운영하는 것이 옳은가, 아니면 지역 구단으로 전환해 시민들의 참여 폭을 넓히는 것이 옳은가, 이런 근본적인 질문을 던질 수 있다. 발전이라는 개념을 스포츠 전체에 확대 적용하면 단순히 올림픽 금메달 개수나 월드컵 순위만으로 발전했다고 말하기는 어렵다는 이야기다. 그렇다고 기계적으로 운동장 개수나 설비 숫자만으로도 이야기하기 어렵다. 전체 임금으로 계산한다 하더라도 문제는 있다.

스포츠 마케팅의 등장으로 상위 프로선수들의 임금은 높아졌지만 외주화와 비정규직화로 한때 그들의 동료이기도 했던 사회체육 지도자의 상황은 더 어려워졌다. 인기 종목과 비인기 종목의 격차는 더 벌어졌고, 권투, 레슬링의 뒤를 이어 이제 씨름마저도 국가의 직접 지원을 요청하는 지경에 이르렀다. 자, 스포츠의 발전이란 무엇인가? 객관적인 지표로는 현재 한국인의 체력은 OECD 최하위 수준이고, 몸건강과 정신건강이 심각한 상태다. 우리의 경우는 체력은 떨어지고 평균수명만 늘어나 의학의 발달 덕을 봤을 뿐 여기에 스포츠계가 기여했다고 말하기는 어렵다. 한국 경제에 대한 일반적 평가는, 외형은 성장했으나 내부 구조는 부실하고, 수출주도형 경제로 어느 정도 성과를 냈으나 내수시장이 협소해 장기 발전이 어렵다는 것이다. 여기에서 내부 구조를 구단의 재정 건전성으로 바꾸고, 내수를 국민 체력 수준으로 바꾸면 바로 스포츠 발전에 대한 평가라고 해도 지나치지 않다. 경제의 수출중심주의는 스포츠의 국제대회 실적주의로, 토건경제는 국제대회 유치와 골프장을 통한 토건화로 정확히 등치된다.

국제적으로 시야를 확대해보자. 1980년대까지는 어떻게 하면 국가가 국민들에게 더 좋은 여건을 만들어주면서 스포츠 복지를 늘릴 수 있는가가 화두였고 중요한 발전의 척도였다. 그리고 1990년대 세계화와 함께 스포츠의 덩치 불리기가 시작되었는데, 영국과 프랑스의 축구 클럽들이 이 시기에 스포츠 마케팅을 적극 도입하기 시작했다. 프랑스의 경우 좌파들이 구단의 '재정 건전성'이라는 잣대를 들이대며 스포츠 거품 키우기를 반대했다. 적자를 보더라도 일단 규모를 키우는 것이 나을지, 아니면 적정 규모에서 흑자 기조를 유지하는 것이 나을지 논쟁을 하자면 끝이 없을 것이다.

스포츠 발전의 패러다임도 시대별 유행이 있는데, 지금 돌아보면 절대적인 하나의 척도로 발전을 운위하기는 어렵다는 생각이 든다. 한국은 동원경제 장치로 국수주의 스포츠가 시작되었다가, 1990년대 민주화와 함께 사회체육이라는 패러다임이 부각되었다. 이어 민영화·클럽화 같은 신자유주의 담론이 등장했다. 이렇게 정책의 흐름이 외부 충격에 따라 변하다 보니 유행에 따라 흘러가는 느낌이 강했고, 엘리트 스포츠와 사회 스포츠가 극단적으로 분리된 2원 구조를 형성했다. 어쨌든 스포츠 국수주의는 여전히 강렬하고, 토건은 아직 정리되지 않았고, 스포츠 업계 내부의 노동조건은 점점 열악해지는데 국민들의 건강은 나날이 위협받고 있다. 이런 악성 구조를 해체하고, 엘리트 스포츠 중심주의에서 탈피해 사회체육을 활성화하며, 전체적으로 허리가 두터운(상근직이 많은) 생태계 형성이 내가 생각하는 한국 스포츠의 발전이다.

한국 스포츠에서 진보란 무엇일까? 스포츠 자본을 해체하고 대기업 팀은 전부 청산하고 올림픽 메달 위주의 엘리트 스포츠는 모두 해체하면 되는 걸까? 하지만 그렇게 단순한 이야기는 아닐 것 같다. 근본주의에 빠지면 정책적으로 할 이야기가 없을 수도 있다. 그러나 1990년대 이후, 진보라는 이름으로 논의한 결과 중요한 사회적 결과물을 낳은 것도 사실이다. 인권에 대한 이야기가 그 예다. 지역의 작은 대회나 사회인 리그가 필요하고 이를 통해 자치 역량을 기르고 공동체를 복원해야 한다는 이야기도 전형적인 진보 담론이다. 일본 프로야구에서는 온실가스 감축을 위해 야간경기 점등 시간을 줄이기 위해 경기 시간 단축 논의가 나오기도 했다. 더 넓게 보자면 진보 차원에서 스포츠 복지를 거론할 수 있을 것이다. 그러나 스포츠에 고유한 진보 개념은 무엇일까, 이런 질문이 여전히 남는다.

궁극적으로 우리가 노동시간을 줄이고 복지를 늘리고 여가를 늘린다면 문화와 스포츠 분야의 기관이 노동 관련 기관보다 더 중요해질 것이다. 산업화 시대에는 노동정책이 중요했지만, 후기 산업화 이후 혹은 탈산업화 시대에는 문화와 스포츠가 세상을 움직이는 중요한 축으로 등장한다. 그렇다면 스포츠에서 어떠한 가치를 지향할 것인가, 또 우리 사회에서 어떻게 공존과 연대의 정신을 재생산할 것인가를 고민해야 할 시기가 아닌가 한다. 다른 문화 영역에서는 인터넷과 스마트폰의 등장으로 구매체가 위협받고 있는 상황이다. 신매체의 물결 속에서 구매체를 보존하면서 어떻게 본원시장을 지켜내고 조화를 이룰 것인가라는 심각한 도전에 직면해 있다. 그러나 스포츠에는 그런 도전이 나타나지 않았다. e스포츠가 생겨나 국내리그는 물론 국제대회도 창설되었지만 전통적인 스포츠에는 큰 위협이 되지 않았다. 오히려 고정 팬과 지지자가 늘었으면 늘었지 실제 스포츠가 게임에 위협받는 일은 생기지 않았다. 아마도 육체와 물질이라는 스포츠 고유의 속성이 있기 때문일 것이다. 이런 장점을 활용해 사람들을 엮어주고 만나게 해주는 기능을 강화하는 것이야말로 스포츠 진보 논의에서 중요한 축을 담당할 것이라고 생각한다.

내가 생각하는 스포츠에서의 정의(正義)를 간단히 정리하고 싶

스포츠에서의 '정의': 시장에만 맡긴다면 부자 동네에 더 좋은 스포츠 시설이 몰리게
된다. 그러나 가난한 동네에도 복지로서의 스포츠가 더 확대되어야 하는 것 아닐까?

다. 그야말로 '정의(正義)의 정의(定意)', 즉 정의를 어떻게 규정할 것인가에 대해서는 여러 입장이 있을 수 있지만, 특정 분야에 적용된 정의의 담론에는 주로 형평성과 약자 보호에 관한 내용이 담겨 있다. 경제 정의는 불합리한 경제 제도로 인한 약자들의 소외 같은 불합리를 시정하기 위한 개념이다. 환경 정의는 환경변화에 취약할 수밖에 없는 저소득층의 피해를 어떻게 완화할 것인가를 고민하는 것이고, 에너지 정의는 에너지 취약층, 즉 겨울에 전기료나 가스비를 내기 어려운 사람들이 따뜻하게 지낼 수 있는 방안을 생각하는 것이다. 스포츠 정의는 스포츠 소외 계층과 저소득층에 대한 복지로서 스포츠를 어떻게 확대할 것인가에 대한 담론이 될 듯하다. 시장이 작동하는 방식을 따르면 재정자립도가 높은 지자체에서 공공 수영장 등 스포츠 시설을 많이 만들고 부유층 거주지에 더 좋은 시설을 지어놓으면 된다. 그런 것을 스포츠에서는 정의롭지 않다고 말할 수 있는 게 아닐까? 가난하면 달리기를 하면 된다지만 적절한 운동화와 가이드라인 없이 달리기만 하면 몇 달 내에 무릎에 손상이 오고 발목 인대를 다칠 수도 있다. 복근 열풍으로 남자들이 느닷없이 운동기구를 들기 시작했지만, 잘못하면 근육 파열로 고생한다. 제대로 트레이너에게 교육을 받지 못한 사람들이 요가를 가르치면서 결국 몇 년 후에 수강생들이 허리부상 등으로 고생하지 않았던가? 이런 것들이 스포츠 정의에 해당하는 문제들이다. 가난한 동네의 사회 시설들에도 스포츠 상담사나 스포츠생리학 담당자들이 필요하다는 데에는 모두 동의할 것이다. 이런 것들이 바로 스포츠 정의라는 항목에 해당한다. 물론 정의란 여러 맥락에서 다른 방식으로 검토할 수 있지만, 정의에 대한 질문 자체가 스포츠를 더욱 다채롭게 해줄 것이다.

　스포츠에 관한 이야기를 마감하면서 던지고 싶은 마지막 질문은 스포츠의 아방가르드이다. 전위 혹은 아방가르드 자체가 사전적으로 규정할 수 있는 개념도 아니어서 방향을 잡기도 쉽지 않다. 진화경제학에서는 다양한 돌연변이가 등장하고 그 일부가 차세대에 우점종이 되면서 진화가 계속된다고 설명한다. 운동의 역사는 유구하지만, 스포츠의 역사는 이제 한 세기 조금 넘었고 특히 한국에서 국가시책으로 형성된 스포츠의 역사는 50년 조금 넘는다. 아직은 수많은 돌연변이가 등장하고, 더 많은 아방가르드가 나타날 수 있을 정도로 역사가 일천한 영역이다. 앙팡 테리블이라고 불렸던 고종수가 아방가르드였을까, 아니면 전신수영복 시절 그것을 입지 않아서 더욱 박수를 받았던 박태환이 아방가르드였을까? 형식이든, 그 안에 담기는 내용이든, 실험적 성격이 다분한 것들을 아방가르드라고 부른다. 그런 예가 차범근 감독의 어린이 축구교실이 아니었을까 싶기도 하다. 유명 선수가 직접 실행한 이런 일들에는 실험적 요소들이 많았다. 스포츠에서도 기술혁신과 규칙 개정 혹은 사회적 관계 재정립 등 여러 측면에서 아방가르드가 등장할 수 있다. 한 가지 확실한 것은 엘리트 체육이 아방가르드는 아니라는 점이다. 오히려 새로운 아방가르드는 시민과의 소통, 엘리트 스포츠와 사회 스포츠의 교류, 스포츠와 교육의 만남 같은 과정에서 등장할 가능성이 높아 보인다.

　베트남전쟁 당시 징집을 거부했던 무하마드 알리는 단순한 스포츠 스타가 아니라 역사의 전설로 남았고, 최근 야구장에 모습을 나타냈을 때 코치들까지 그의 사인을 받기 위해서 줄을 섰다. 그가 '떠버리 알리'로 불린 것은 우연이 아니었을 것이다. 사회에 대해 하고 싶은 말이 오죽 많았겠는가. 흑인에 대해, 평화에 대해, 혹은 아프리카의 발전에 대해서도 이야기하고 싶었을 것이다. 무하마드 알리는 삶도 극적이었지만 말도 극적이었다. 실로 아방가르드한 선수라고 말해도 지나치지 않을 것 같다. 하지만 한국 스포츠는 군사문화의 근엄주의, 1980년대 운동권 문화의 엄숙주의, 여기에 강력한 국수주의가 결합되어 너무 과묵하고 근엄한 모습을 띠게 되었다. 그러나 이는 2010년대의 문화 코드에는 걸맞지 않다. 동원경제를 위한 국수주의를 극복한 다음 세대의 아방가르드는 (분야와 형식은 모르겠지만) 지난 시대의 어둡고 음침한 모습을 떨치고 아주 수다스럽게 다가올 것 같다. 기자회견장이나 팬 사인회가 아니라 간담회장이나 포럼, 생활 속에서 스포츠를 만나면 그것이 바로 아방가르드가 아닐까?

**스포츠 관련 직업, 얼마나 버나**
한국고용정보원의 2008년 조사 자료에 따르면 경기 지도자와 프로선수, 스포츠 및 레크리에이션 강사 등 관련 직종을 합한 종사자 수는 약 10만 명이라고 한다. 그중 프로선수의 월 평균 수입은 293만 원으로 나타났다.

열두 권으로 된 경제대장정 시리즈의 아홉 번째 책으로 문화경제학을 다루기로 마음먹은 것은 『88만원 세대』의 초고를 어느 정도 끝내고 마땅한 출판사를 찾던 시절의 일이다. 그동안 《시사인》의 지면을 빌려 1년 가까이 연재했고, '미디어 다음'의 연예면에 관련 칼럼을 쓰기도 했다. 토건경제의 비중을 줄이면서도 경제적으로 윤택한 삶을 꾸려가기 위해서는 문화경제 부문이 더 커져야 한다는 막연한 생각이 출발점이었다. 수년간 문화경제학이라는 이름으로 정말 많은 사람들을 만났고, 여의도에서 충무로까지, 광주에서 부산까지, 참고할 만한 이야기를 들을 수 있는 곳이면 어디든 찾아갔다.

　경제학자들은 막연히 국민소득이 높아지면 자연스럽게 먹고사는 데 들어가는 돈의 비중이 줄어들고 문화비 지출이 늘어날 것이라고 생각한다. 나도 그렇게 생각했고, 유럽이나 일본에서도 자연스럽게 문화경제 쪽으로 전환되는 모습을 보았다. 실제로 작업을 하면서 수치들을 찾아보니 그런 흐름이 정점에 이른 해는 분야별로 조금 다르지만 2003~2004년이었다. 그후에는 오히려 식비가 늘어나고 문화비 지출액은 줄어들고 있다. 이런 기괴한 현상을 해석하기가 참 어려웠다. 영화가 좀더 버텼는데, 역시 2006년을 경계로 대부분의 수치가 나빠지고 있다. 이 모든 것이 신자유주의 때문이라고 하기에는 문제가 너무 복합적이다. 토건경제와 수출주도형 경제 그리고 '신빈곤 현상'이 결국 문화의 생산현장을 질식시켜버린 듯하다.

문화 생산자로 살고 싶어하는 20대는 점점 더 늘어나는데, 한 분야도 빠짐없이 그만 좀 들어와라, 혹은 너무 많이 들어왔다고 외치고 있었다. 이러다가는 탈토건이 아니라 탈문화가 먼저 들이닥칠 지경이었다. 좀 재미있는 일 하면서, 가난해도 영혼의 자유를 추구하면서 살자는데 그런 기반을 만들어내기가 정말 불가능한가, 그런 생각이 머리에서 떠나지 않았다. 한국문화예술위원회가 생겨나면 좀 좋아지지 않을까 생각했지만 실제 수치로는 전혀 그렇지 않았다. 공교롭게도 위원회가 생긴 뒤로 오히려 더 나빠졌다.

2010년대, 지난 10년과는 다른 경제가 펼쳐지고 사람들의 삶도 질적으로 달라졌으면 좋겠다. 그러기 위해서라도 문화에 더 많은 비중을 두고 더 많은 돈이 흘러들어가도록 지원해야 한다. 그러나 지금의 흐름을 되돌리지 못하면 현상유지도 어려울 것이다.

우리 모두가 노력하자는 식의 하나마나한 이야기를 하고 싶지는 않다. 그러나 문화에 종사하는 사람들이(생산자든 기획자든, 혹은 유통 관계자든) 동료를 한 명씩만 더 만들기 위해 노력하면 이 시장은 두 배로 커진다. 때로는 나누고 양보도 해야겠지만 고용 규모가 두 배가 되면 산업의 안정성은 그 이상으로 높아진다. 문화를 일종의 생태계로 본다면, 지금은 전체 규모를 키우는 것이 내부 다양성을 제고하고 안정성을 높여나가는 방법일 것이다.

어쨌든 수년 동안 참 재미있는 작업을 한 셈인데, 이제 떠나보내려니 아쉬울 따름이다. 이 작업을 하면서 보고 싶은 영화는 원 없이 봤다. 또 드라마나 영화 제작 과정을 상세히 살펴볼 수도 있었으며, 개인적인 궁금증도 많이 해소했다.

문화 영역에 대한 이런저런 분석을 시도하면서 교과서에서만 보던 레몬시장 얘기를 다시 떠올리게 되었다. 좋은 레몬은 어떤 것일까? 물론 보면 알 수 있겠지만, 도매상에서 거래할 때에는 그냥 자루에 담긴 레몬을 거래하게 되니까, 결국은 상품을 잘 모르고 구매하게된다. 중고차도 마찬가지이다. 어지간한 전문가가 아니라면 중고차의 품질에 대해서 잘 모른다. 아켈로프의 레몬시장 분석으로부터 정보경제학이 시작되었는데, 문화의 경우가 딱 이렇다는 것을 알게 되었다. 제품의 불확실성이 매우 높은 것이 문화의 특징이다. 영화가 대표적이다. 좋은 영화는 무엇일까? 각자의 주관과 미학에 따라 천차만별이겠지만, 일단 봐야 좋은지 나쁜지 알 수 있지 않은가? 보지도 않고 미리 알아보기는 어렵다. 그렇다면 보면 알 수 있는가? 일반인들이 그림의 가치를 객관적으로 추정해서 시장 가격을 알아내기는 거의 불가능하다. 대개는 누가 좋다고 해야 좋은 줄 안다. 레몬시장과 중고차시장에서는 상인이 속이느냐 속이지 않느냐에 관한 평판이라는 변수를 도입해서 이 문제를 푼다. 예술의 경우는 이것도 쉽지 않다. 객관적으로 좋은 것과 나쁜 것이라는 품질을 측정하기가 어렵다. 1000만 명이 본 상업 영화와 고작 몇 만 명이 본 전위적인 예술영화 사이에, 일반 상품 같은 품질 비교 논리 자체가 성립하지 않는다. 그러다 보니 해석이라는 행위가 단순히 평판 혹은 명성을 뛰어넘어 그 자체로 또 하나의 경제 영역 혹은 생산 영역이라고 할 정도로 커지게 된다. 좁게 보면 전문가들의 평론만이 해석일 수 있지만, 넓게 보면 문자로 출간되는 텍스트만이 아니라 블로그, 트위터를 비롯한 모든 '입소문'이 이런 해석의 영역에 해당한다. 1차 생산과 2차 생산의 기계적인 분류가 별 의미가 없어지는 것이, 정상적인 문화 생산자나 문화 기획자라면 일반인들의 입소문이나 취향 등을 다음 제작에 더 많이 반영하기 때문이다. 그런 점에서는 해석의 영역을 어떻게 분석할 것인가, 이런 것들이 경제학에서 새로운 질문 거리로 남게 되었다. 해석의 중요성은 아무리 강조해도 지나치지 않을 것 같은데, 불행히도 경제 평론이나 해석으로 먹고살기가 점점 더 어려워지는 것 또한 사실이다. 비단 전문가만이 아니라 더 많은 사람들이 다양한 해석을 내놓을 때, 1차 상품 혹은 본원시장의 가치도 더 커질 수 있다. 결국 우리가 문화경제로 전환한다는 것은 1차 생산의 증대만을 의미하지는 않고, 더 다양한 층위의 해석이 속속 등장한다는 것을 의미한다.

마지막으로, 여기까지 읽은 독자들께 부탁드린다. 지난 10년 동안 어려워진 분야는 문화뿐만이 아니다. 농업, 과학기술, 언론과 정당 등 거의 모든 분야가 어려워졌다. 우리가 지켜야 할 가치를 버리고 돈만 좇고 수출이 최고라는 도그마에 매달리다 보니 공공이든 시장이든 대부분의 영역이 어려움에 직면했다. 우리 시대에 농업을 지키는 일과 문화를 지키는 일은 결코 따로 떨어져 있지 않다. 이 응용경제학 시리즈의 나머지 세 권 역시, '사회적 지지'와 연대를 통해 우리가 지키고 발전시켜야 할 것들을 다루고 있다. 부디 문화를 지키고 키워야 한다는 데 동의한다면, 같은 이유로 한국 농업도 지켜야 한다는 점을 생각해주시기를 간곡히 부탁드린다. 농업을 죽인 사람과 문화를 죽인 사람은 본질적으로 다르지 않다. 작동 메커니즘으로 보아 과학기술을 토건으로 변질시킨 사람과도 다르지 않다. 문화 생산자가 농업을 지켜야 한다고 주장할 때, 한국 농민들도 문화의 중요성을 다시 생각할 것이다.

문화를 포함해 내가 다룰 세 개의 테마 역시 약자에 관한 것이다. 언론은 어떤가. 그들은 강해 보이지만 지난 10년의 경제 흐름에서 서 있을 공간을 찾지 못한 약자이다. 정당 역시 마찬가지이다. 한국인들은 당에 가입하려 들지 않는다. 이런 구조에서 정당은 기업에 손을 벌려야 하고 올곧게 자기 목소리를 내기도 어려운 상황이다. 여기에 '진보'라는 말을 붙이면, 대부분의 분야는 약자가 된다. 언론은 강할 것 같지만 '진보 언론'은 약하고, '진보 정당'도 가난하다. 그 구성원 역시 대부분 사회적 약자들이다.

화려해 보이지만 화려함의 이면에는 가난과 아픔들이 한국 사회 곳곳에 배어 있다. 그런 문제들을 하나씩 풀면서, 누구나 자신이 하고 싶은 일을 당당하게 선택할 수 있고, 또 그 선택이 비참한 경제적 고통으로 귀결되지 않는 경제, 그것이 바로 우리가 가야 할 방향이고, 그 수단 중의 하나가 문화경제일 것이다. 토건의 시대를 넘어, 드디어 문화가 강물처럼 흘러 우리들의 삶이자 일이 되는, 한때 존 스튜어트 밀이 꿈꾸었던 그런 미래가 우리에게 열릴 것인가? 열리지 않으면 함께 열어버리자!

# 문화로 먹고살기

**경제학자 우석훈의 한국 문화산업 대해부**

1판 1쇄 펴냄 2011년 8월 25일
1판 7쇄 펴냄 2017년 3월 20일

지은이 우석훈
그린이 김태권
펴낸이 박상준
펴낸곳 반비

출판등록 1997. 3. 24.(제16-1444호)
(06027) 서울특별시 강남구 도산대로1길 62
대표전화 515-2000, 팩시밀리 515-2007
편집부 517-4263, 팩시밀리 514-2329
블로그 http://banbi.tistory.com
페이스북 http://www.facebook.com/Banbibooks
트위터 http://twitter.com/banbibooks

글 ⓒ 우석훈, 2011. 그림 ⓒ 김태권, 2011. Printed in Seoul, Korea.

ISBN 978-89-8371-542-5 (03300)

반비는 민음사출판그룹의 인문·교양 브랜드입니다.